北印传媒管理文库

传媒管理论道之
创新·战略·绩效

王关义 李治堂 主编

RESEARCH ON THE MEDIA MANAGEMENT
INNOVATION, STRATEGY AND PERFORMANCE

图书在版编目（CIP）数据

传媒管理论道之创新·战略·绩效/王关义，李治堂主编．—北京：经济管理出版社，2013.9
ISBN 978-7-5096-2655-9

Ⅰ.①传… Ⅱ.①王… ②李… Ⅲ.①企业管理—文集 Ⅳ.①F270-53

中国版本图书馆 CIP 数据核字（2013）第 229099 号

组稿编辑：申桂萍
责任编辑：孙　宇
责任印制：黄章平
责任校对：李玉敏

出版发行：经济管理出版社
　　　　　（北京市海淀区北蜂窝 8 号中雅大厦 A 座 11 层 100038）
网　　址：www.E-mp.com.cn
电　　话：（010）51915602
印　　刷：三河市延风印装厂
经　　销：新华书店
开　　本：720mm×1000mm/16
印　　张：15
字　　数：287 千字
版　　次：2014 年 3 月第 1 版　　2014 年 3 月第 1 次印刷
书　　号：ISBN 978-7-5096-2655-9
定　　价：42.00 元

·版权所有　翻印必究·
凡购本社图书，如有印装错误，由本社读者服务部负责调换。
联系地址：北京阜外月坛北小街 2 号
电话：（010）68022974　　邮编：100836

前　　言

科教兴国战略和可持续发展战略的实施，推动了我国高等教育的快速发展，2013年我国研究生计划招生人数60.8万人，十年之间研究生招生数实现了翻番，在校生规模达到160多万人。研究生层次的人才培养，直接服务于我国经济社会发展对高层次人才的需要，也是实现创新型国家建设和人力资源强国建设目标的重要途径。与国内其他高校一样，北京印刷学院的研究生教育近年来也得到快速发展。学校坚持特色发展，着力建设传媒科技、传媒文化、传媒管理、传媒艺术四大特色学科专业群，目前拥有4个北京市重点建设学科，7个一级学科硕士学位授权点，2个专业硕士授权点，19个二级学科硕士学位授权点，26个本科专业。

企业管理学科是学校的重点建设学科之一，担负着为我国新闻出版业培养高层次管理人才的重任。企业管理学科于2006年获得硕士学位授权资格，2007年开始正式招生。企业管理硕士点下设管理理论与财务管理、市场营销、人力资源管理、信息资源管理四个研究方向，培养具有坚实的企业管理理论基础、较强的企业管理技能、能胜任各类企业管理工作的高级应用型管理人才。

本学科现有教授和兼职教授10多人，副教授16人，具有和正在攻读博士学位的教师26人。有国家新闻出版行业领军人才2名，北京市新闻出版行业领军人才1名，北京市拔尖创新人才1名。原新闻出版署署长于友先、机械工业出版社社长王文斌等一批知名专家为本学科校外兼职导师。该学科依托北京出版产业与文化研究基地、现代传媒产业经济与管理重点实验室等科研机构，完成了包括国家社会科学基金、国家自然科学基金、科技部软科学项目、新闻出版总署重大科研项目、教育部人文社科项目等高层次课题15项，出版学术专著和教材50多部，《中国印刷业发展研究报告》获教育部高等学校科学研究优秀成果奖，《现代企业管理》等5部教材获北京市精品教材奖。高等教育出版社、机械工业出版社、电子工业出版社、人民邮电出版社等一批著名出版企业为校外实习基地。

近年来，企业管理硕士点大力加强基础和规范建设，不断探索新形势下研究生培养和教育模式，坚持理论与实际相结合、校内学习与校外实践相结合、一般问题研究与行业特色研究相结合的教育理念，坚持高标准、严要求，夯实学科基础、强化实践能力、加强学科训练，研究生培养质量稳步提升，毕业研究生大多选择出国留学深造、考取公务员以及到国内著名出版单位就业，得到了用人单位的好评。

硕士学位论文是研究生培养的综合教学环节。硕士论文水平的高低，反映了研究生的基础理论水平和从事科学研究的潜力。一篇好的硕士论文，从选题、文献准备、文献综述、研究设计、研究过程、研究结果到论文写作，都体现了作者对问题的认识与理解，对前人研究的学习与借鉴，对研究内容的把握和研究过程的控制，对研究结果的思考与阐释，对问题的回答与未来研究的展望等。一篇硕士论文，凝结着研究生和指导教师的辛勤付出，也代表着一个学科建设的成果。知识的价值在于分享和传播，为了分享已毕业研究生在论文阶段的探索和思考，也为了激励后来者更好地投身学术研究，提高水平，我们遴选比较优秀的企业管理专业研究生论文结集出版。本论文集收录了企业管理专业2010级6名研究生的学位论文，主题涉及出版企业营销策略、商业银行公司治理、出版企业上市与可持续增长、战略薪酬体系、印刷企业供应链等一般和特殊管理问题。

本书的出版，得到北京印刷学院企业管理学科建设和研究生培养专项资金的资助，得到经济管理出版社的大力支持。在此，对一直关心企业管理学科建设的学校领导和业界的朋友表示衷心的感谢，对企业管理学科全体研究生和硕士生导师的辛勤付出表示诚挚敬意。由于作者和编者的水平有限，书中错漏之处敬请专家、同行不吝指正。

编者
2014年3月

目　录

第一篇　数字化环境下出版企业营销策略创新研究 ··················· 1
 一、绪论 ·· 1
 二、相关营销理论概述 ·· 7
 三、数字化环境下出版业的发展趋势 ······································ 12
 四、数字化环境下出版企业产品组合调整策略创新 ············· 18
 五、数字化环境下出版企业定价模式创新 ···························· 23
 六、数字化环境下出版企业分销渠道创新 ···························· 29
 七、数字化环境下出版企业促销策略创新 ···························· 35
 八、结语 ·· 40

第二篇　商业银行公司治理与创新绩效的关系研究 ·················· 45
 一、绪论 ·· 45
 二、理论基础和文献综述 ·· 49
 三、实证研究设计 ·· 59
 四、实证检验 ·· 66
 五、结论 ·· 76
 附录　原始数据 ·· 80

第三篇　基于财务视角的我国出版上市公司可持续增长研究 ··· 90
 一、绪论 ·· 90
 二、可持续增长理论综述 ·· 95
 三、企业可持续增长模型 ·· 102
 四、我国出版上市公司可持续增长情况的实证研究 ··········· 111
 五、可持续增长模型对我国出版上市公司的管理启示及对策建议 ··· 121

第四篇　我国出版上市企业面临的问题与对策研究 ················ 128
 一、绪论 ·· 128

二、相关概念界定及理论基础概述 ………………………………… 132
三、出版上市企业的现状——基于13家出版上市企业的分析 …… 137
四、出版上市企业上市后存在的问题分析 ………………………… 146
五、促进出版上市企业发展的对策性思考 ………………………… 151
六、结语 ……………………………………………………………… 160

第五篇 我国中小文化创意企业战略薪酬体系研究 ……………… 164
一、绪论 ……………………………………………………………… 164
二、相关理论综述 …………………………………………………… 169
三、中小文化创意企业的薪酬管理现状及问题 …………………… 176
四、中小文化创意企业战略薪酬体系的构建 ……………………… 179
五、实证研究 ………………………………………………………… 191
六、结语 ……………………………………………………………… 196

第六篇 印刷企业供应链管理问题研究 …………………………… 199
一、绪论 ……………………………………………………………… 199
二、研究的概念梳理及理论基础 …………………………………… 202
三、印刷企业供应链管理的现状分析 ……………………………… 213
四、印刷企业供应链管理存在的主要问题 ………………………… 217
五、印刷企业完善供应链管理的主要对策 ………………………… 222
六、结语 ……………………………………………………………… 229

第一篇　数字化环境下出版企业营销策略创新研究*

一、绪论

（一）选题背景及研究意义

1. 选题背景

出版是人类文明传承的重要力量，当前其不可避免地受到数字化浪潮的冲击，以新技术为基础的数字出版更被认为是"出版业的未来"。

中国互联网络信息中心发布的《第30次中国互联网络发展状况统计报告》显示："截至2012年6月底，中国的网民数量达到5.38亿，互联网普及率为39.9%，2012年上半年网民增量为2450万，普及率提升1.6个百分点；中国的手机网民依然是拉动中国总体网民规模攀升的主要动力，数量高达3.88亿。"

中华人民共和国新闻出版总署发布的《新闻出版业"十二五"时期发展规划》中明确指出："鼓励和支持出版企业开发拥有自主知识产权的关键技术，发展以内容生产数字化、产品形态数字化、传播渠道网络化、管理过程数字化为主要特征，以网络出版、手机出版为主要代表的数字出版等新兴业态；推动数字内容加工、存储、传输、阅读等技术和装备的研发与制造，发展电子阅读及有声阅读，实现新闻出版内容资源深度整合；要加强出版项目的数字化建设，加快国家数字出版基地的建设。"

截至2011年底，欧美部分出版集团的数字出版相关收益在其总收益中所占比例都已超出50%。例如，励德·爱思唯尔出版集团63%的收益、汤姆森路透出版集团90%的收益、培生教育出版集团60%以上的收益均来自数字出版及网

---

* 作者简介：王丹，北京印刷学院企业管理专业2010级硕士研究生，指导教师为王海云教授。

络相关业务。2011年，中国新闻出版业总产出达到14568.6亿元，数字出版业总产出为1377.9亿元，数字出版总产出占出版业总产出的9.5%左右。由以上数据可看出，中国出版业的发展与欧美出版集团相比仍存在较大的差距。

数字技术的快速发展为出版企业在数字化环境下的发展提供了技术支持，国家政策的支持为出版企业在数字化环境下的发展提供了经济基础。但是，面对与发达国家出版集团之间存在的较大差距，中国出版企业应该从自身的角度进行反思，如何进行管理、如何进行营销，才能最大化地利用现有的技术和经济支持。

近年来，现代出版企业的竞争已发展为出版理念和营销策略的全面抗衡，出版企业也越来越意识到营销在企业运营过程中的重要性。出版企业市场机会的大小以及出版产品市场需求的高低主要取决于营销策略的制定。然而，在消费者需求多元化、个性化发展的数字化环境下，营销仍是中国出版企业经营管理中的"短板"之一，出版企业若想将有市场潜在需求的产品顺利出版，就必须全方位开展营销工作，实行营销策略创新。

2. 研究意义

数字化的发展在对传统出版企业产生冲击的同时也带来了更多的发展机遇。如果出版企业能够充分利用数字化环境，那么数字化对出版企业的影响将一定是利大于弊。

在出版媒体、产品形态、营销方式等都发生变化的数字化环境下，出版企业需要对其产品组合、定价模式、分销渠道、促销策略以及组织结构等方面进行调整、创新。本章在兼顾"数字化环境"、"出版企业"和"营销策略"这三个要素的基础上，综合运用营销组合理论、长尾理论、整合营销传播等现代管理理论，对出版企业的营销策略创新进行系统的理论与实践研究，以期为出版企业在数字化环境下制定营销策略时提供参考思路和方法。

（二）文献综述

数字化环境在给出版企业带来机遇的同时也带来了挑战。传统出版企业的营销策略只有适时地做出调整，才能更好地满足出版企业发展的需要。

王雷军在《浅谈新时期企业营销管理的创新》一文中指出，企业经营管理的程序和内容在以消费者需求为中心营销观念的指导下也相应地进行了优化；当前企业营销管理主要存在定价策略问题、营销队伍建设问题和信息技术使用问题。企业的管理活动要以消费者需求为中心，侧重于对营销活动的管理和控制，以建立系统的、高效的营销管理程序。

1. 关于出版产品及出版产品组合的研究

在《把握国际出版业走向》一文中，董云虎指出，面对数字化的挑战，中国出版企业应树立与数字出版相应的新理念，把出版产品内容放在首位，树立精品意识，积极采取数字新技术，努力进行平台整合、产业整合和资源整合。

居红云、周海忠在《中小出版社如何形成数字化出版产品线》一文中指出，在数字化环境下，出版企业应根据自身优势和特色资源，充分利用传统媒体和数字媒体的优势，打造特色出版产品的产品线；或者以出版产品品牌为基础，从收集、整理资源着手，建立特色数字资源库和网络平台，实现多种媒体同时发布，逐步形成出版企业的特色产品线。

陈媛媛在《从图书的产品调整战略看出版社在产品组合策略上存在的问题》一文中提到图书产品组合战略的调整主要包括扩展战略、收缩战略和延伸策略。她指出出版产品组合策略上存在的问题主要有：盲目实施扩展战略，不重视出版产品质量；过于重视规模，不实施收缩策略；没有维护好已打出品牌的出版产品；没有做好延伸策略的基础工作。

孟凡舟、姜世华在《论图书产品组合》一文中提出了五种产品组合策略，即扩大图书产品组合、缩减图书产品组合、加深图书产品组合、图书产品差异策略和图书产品定位策略。

卢绍军在《图书产品结构及其组合策略》一文中提出了图书产品综合发展策略、图书产品宽度扩展策略、图书产品深度开拓策略、图书产品定位策略、最佳图书产品组合策略五种产品组合策略。并指出出版企业应根据图书市场需求、图书出版发行企业的生产经营条件、经济效益选择适合自己的产品组合策略。

内容固然是出版企业的核心，但是出版企业应在重视内容的基础上，结合考虑消费者的需求。数字化环境下，出版产品形态不再局限于纸质媒体，而是出现多样化的特征，出版企业也应根据自身的实力、市场的需求对出版产品组合进行动态的调整。

2. 关于出版产品定价的研究

丹尼尔·温纳在《数字化转型，出版社如何博弈》一文中指出，出版社面对数字化转型，不能仅靠折扣价格、大量免费电子书来培育市场，还要学会如何运用定价策略，深入理解需求弹性，让电子书店也要变得成熟起来并能够开展更为完善的销售规划、产品营销活动及零售方式。

在《数字产品特征与定价策略的经济学分析》一文中，袁洪清通过对数字出版产品经济学特征和物理特征的分析，提出捆绑销售定价、个性化定价、联合购买与租借定价以及版本划分与升级定价等定价策略。

土晓玲、孙德林在《数字产品及其定价策略》一文中提出数字产品更适合采用个性化定价策略、版本划分策略、群体定价策略和转换成本与锁定策略等市场价值定价策略。

杜江萍、薛智韵通过《数字产品免费价格策略探析》一文提出了捆绑免费策略、部分免费策略、限制免费策略和完全免费策略等不同类型的数字产品免费定价策略。

张铭洪、陈蓉在《数字产品定价策略》中提出出版企业可以根据消费者的需求进行差别定价，出版企业不仅可以对有产品差异的出版产品实行差别定价，还可以对同一产品实行差别定价。

范翠玲在《数字信息商品定价策略探讨》一文中通过运用西方经济学的边际效用理论和马克思的劳动价值论对出版产品的分析，提出以消费者为中心的差别定价策略应该建立在群体消费的基础上。

卓凯在《互联网环境中的价格歧视——基于数字产品定价的应用分析》一文中指出，数字出版产品的个性化和定制化为实施差别定价打下了基础。

肖光恩、方凯在《数字化产品定价策略浅析》一文中提出应根据数字出版产品在生命周期不同阶段的特征分别制定渗透定价、捆绑定价、区分定价、限制定价等不同的定价策略。

王刊良在《数字化产品的经济特征、分类及其定价策略研究》一文中提出应该依据消费者获得及使用数字化产品的方式对其进行定价。

通过以上的文献研究可以看出，以成本为导向的定价方法仍为现在的出版企业所广泛使用，但是由于影响出版产品定价因素的多样化，出版企业在给出版产品定价时不能只考虑成本，而应综合考虑多种因素。

3. 关于出版企业分销渠道的研究

赵明霞在《出版社图书分销渠道趋势研究综述》一文中指出，出版企业图书分销渠道是指图书从出版企业向消费者转移时取得图书所有权或转移其所有权的企业或个人的总称。出版产品的分销渠道包括出版企业及其自办图书发行机构、经销商、终端消费者以及不同类型的辅助商。作者从出版企业分销渠道的不同角度出发，将其分为长渠道和短渠道，直接渠道和间接渠道，选择型渠道、密集型渠道和排他型渠道。

牛全保、邹英杰在《网店与实体店的渠道冲突探索》一文中提出垂直渠道、水平渠道和多渠道的划分方法。

于殿利在《出版社自办发行，一个历史的过渡》一文中提出，出版企业自办发行是特定历史时期的一种过渡形式，出版业分销渠道在将来的发展中仍需要新型的经销商。

贺剑锋在《我国出版业结构问题及其调整》中指出，出版企业应对渠道长短和销售网点数量综合考虑，分销渠道变短、销售网点变多的扁平化分销渠道是出版企业分销渠道的发展趋势。

金宇在《出版数字化对图书营销的影响》一文中，认为可通过拓宽数字出版的销售内容和市场来扩大传统图书的营销范围，出版企业可利用数字出版产品边际成本较低的优势促进图书的销售。在营销宣传策略中引入数字技术是出版企业进行营销活动的有力保障。

任晓宁在《数字巨头大举涌入　传统出版喜忧参半》一文中，认为在数字化环境下中国出版企业正面临着国内移动运营商、技术商、平台商和国外大型出版企业的威胁，在此环境下中国出版企业的优势在于内容资源，找准定位是出版企业取胜的关键。

李东在《从图书市场格局变化探索发行"中盘"运作模式》一文中指出，经销商的几种发展模式，即社办发行公司、网络经销商、专业代理公司、专业物流公司、专业图书营销公司等。

赵朋举、周立钢在《营销数据库——出版社开展图书关系营销的引擎和支柱》一文中指出，出版企业已经通过建立文献数据库（即对内容进行数字化）以适应信息化发展的需要，却还没有建立起相应的营销数据库，营销管理活动相对来说比较粗放、混乱，在客户关系管理过程中出现诸如发行和终端断裂的现象。通过对营销数据库的建设，出版企业可以更好地管理客户关系，有针对性地进行营销，提高营销效率，从而获取更高的投资回报率。

在数字化环境下，分销渠道出现扁平化的特征，出版企业为了提高运作效率、节约成本，应该综合运用传统分销渠道和新兴的网络渠道，并且要善于使用营销工具维护分销渠道。

4. 关于出版产品促销策略的研究

姜新棋在《强化图书宣传意识，创新图书宣传方法》一文中指出，图书的促销传播工作对出版企业在激烈的出版市场竞争中能否生存和发展具有重要意义。

陈东新在《图书促销新思路》一文中指出，出版市场每年都有大量的图书，其中有很多品种重复的图书。对于同样的版本、类似的内容，各个出版企业的销量却是不同的。因此，出版企业的营销队伍以及促销宣传的方式对出版企业的发展前景有着至关重要的影响。

罗紫初在《跨世纪的出版业思考》一书中指出，出版企业若要更新宣传观念，就要做到：首先要树立宣传投资的观念，在一定范围内，投入与回报是成正比的；其次要重视企业形象和品牌的宣传；最后要树立宣传促销的观念，重视出版产品的宣传促销工作。

蔡文田、曹恒轩在《论图书营销组合策略》一文中指出，目前图书的促销策略主要有人员推销、广告促销、公共关系促销和营业推广促销。

何皓在《当前图书发行的分销与促销策略初探》一文中围绕在数字化环境下如何扩大图书销售的问题,总结并提出了一些促销策略,即有针对性的信息发布、造势与借势、价格折扣、突出品牌优势以及互联网手段的运用。

方永锦在《基于图书生命周期理论的图书广告促销策略探析》一文中指出,图书广告的时效性非常强。图书也和其他产品一样有生命周期,即引入期、成长期、成熟期和衰退期,并且每一时期都有其独特之处。因此,出版企业应该根据图书生命周期各个时期的不同特征来制定图书的宣传促销策略,这样才能使图书促销效果达到最大化。

出版产品市场虽然仍是垄断竞争的市场,但随着网络信息技术的快速发展,消费者的需求日益多样化和个性化,买方市场已逐渐形成。因此,在数字化环境下,出版产品的促销是非常必要和重要的。出版企业在制定促销组合策略时应融入整合营销传播的思想,综合运用各种媒体、各种方式进行促销,并形成双向沟通,同时为塑造出版企业的品牌、形成出版产品的品牌奠定基础。

综合上述观点可以看出,在数字化环境下,出版企业要做到既满足消费者的显性需求,又能识别消费者的潜在需求,这就需要在产品组合策略、定价模式、分销渠道和促销策略方面做出相应的调整,以满足企业竞争、发展的需要。

(三) 研究思路及方法

1. 研究思路

本章的研究思路为,首先通过运用文献分析法对出版企业营销组合策略的相关文献进行整理、分析,总结出版业在数字化环境下的发展趋势;其次通过对相关理论的学习来确定本章研究的重点方向,即产品组合调整策略、定价模式、分销渠道、促销策略。在研究的过程中结合对比分析法和案例分析法,对出版企业应如何进行营销策略创新才能在数字化环境下取得更好的发展提出具有实践性的理论建议,具体如图1-1所示。

2. 研究方法

(1) 文献分析法。广泛搜集国内外相关文献,了解研究现状,充分吸收现有研究成果,并在此基础上提出问题和进行创新。

(2) 比较研究法。对传统出版企业和数字化环境下出版企业的营销策略进行对比,从而归纳、总结出版企业在数字化环境下对哪些营销策略进行了创新。

(3) 案例分析法。结合具体的案例对提出的营销策略创新理论进行分析说明。

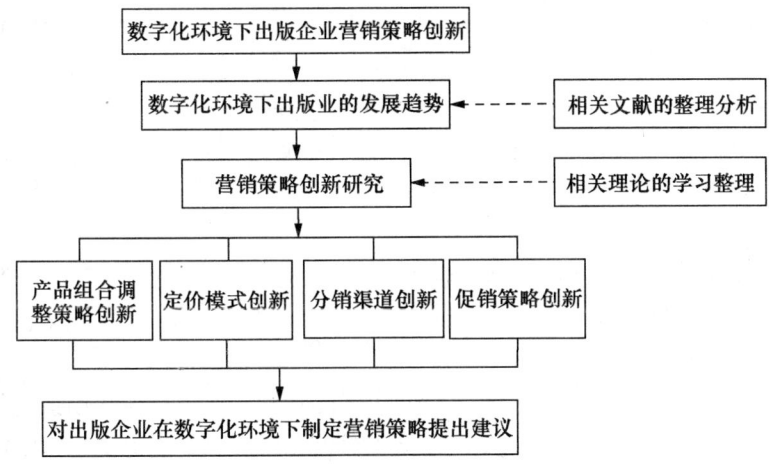

图1-1 本章研究思路

(四) 概念界定

1. 出版企业

这里研究的出版企业是指截至笔者研究开始的在全国 580 家出版社中已完成转企改制的 528 家经营性出版社,其中不包含公益性质的出版社。

2. 出版产品

本章所研究的出版产品主要包括图书、电子出版物、音像制品和电子书、数据库等数字出版物。

二、相关营销理论概述

(一) 营销组合理论

1. 4Ps 营销理论

4Ps 营销理论(The Marketing Theory of 4Ps)是在 20 世纪 60 年代随着营销组合理论的提出而出现的。1953 年,尼尔博登在美国市场营销学会的就职演说中创造了"市场营销组合"(Marketing Mix)这一术语,其意是指"营销变量"在某种程度上会对市场需求产生影响。为了寻求一定的市场反应,企业要对这些要素进行有效的组合,从而满足市场需求,获得最大利润。营销组合实际上有几十个要素，杰罗姆·麦肯锡（E. Jerome McCarthy）于1960年在《基础营销》（Basic Marketing）一书中第一次将这些要素归纳为产品（Product）、价格（Price）、渠道（Place）、促销（Promotion）四个基本策略的组合，即著名的4Ps理论。

产品策略主要是指企业以向目标市场提供各种满足消费者需求产品的方式来实现其营销目标。产品策略是对产品的品种、包装、品牌以及服务等相关因素的组合和运用。

定价策略主要是指企业以按照市场规律制定价格和变动价格等方式来实现其营销目标。定价策略是对产品的价格、价格折扣、付款期限、商业信用以及各种定价方法和技巧等的组合及运用。

分销策略主要是指企业通过选择合适的分销渠道，组织产品流通来实现其营销目标。分销策略包括对经销商选择、经销商点设置、渠道覆盖面以及储运等相关因素的组合和运用。

促销策略主要是指企业通过使用多种宣传传播方法刺激消费者的需求以促成交易的方式来实现其营销目标。促销策略是对人员推销、广告、公共关系以及营业推广等促销方式的综合运用。

2. 4Cs营销理论

1990年，美国学者罗伯特·劳特朋（Robert Lauterborn）教授提出了与4Ps营销理论相对应的4Cs营销理论。4C分别指消费者（Consumer）、成本（Cost）、便利（Convenience）和沟通（Communication）。

消费者策略就是强调考虑消费者的需求，即企业不仅要关心产品的功能、质量和包装，还要考虑企业的产品是否符合消费者的需求，是否能够给消费者带来实际的价值。企业在设计和开发产品时要考虑消费者的需求，使消费者的需求真正融入企业生产、投资、开发与研究等计划的制订中。

成本策略是企业考虑消费者在满足需求时需要承担的成本，而不是从企业的角度考虑要达到的利润目标。从4Ps的"价格"到4Cs的"成本"的转变，实际上就是企业从考虑盈利目标转变为考虑满足消费者需求的成本。

便利策略是企业根据消费者的利益和需要构建分销渠道，以减少流通环节，降低流通成本，从而将流通成本让利给消费者。

沟通策略是指企业应通过与消费者进行有效的双向沟通，找到能同时实现各自目标的方法，建立基于双方共同利益的新型关系。

（二）长尾理论

"长尾"（The Long Tail）这一概念是由克里斯·安德森（Chris Anderson）最早提出，用来描述诸如亚马逊和Netflix之类网站的商业模式。克里斯·安德森认为在存储和流通渠道足够大的情况下，需求量或销量不高的产品共同占据的市场份额就可以和少数的畅销产品所占据的市场份额相匹敌，甚至更大，如图1-2所示：

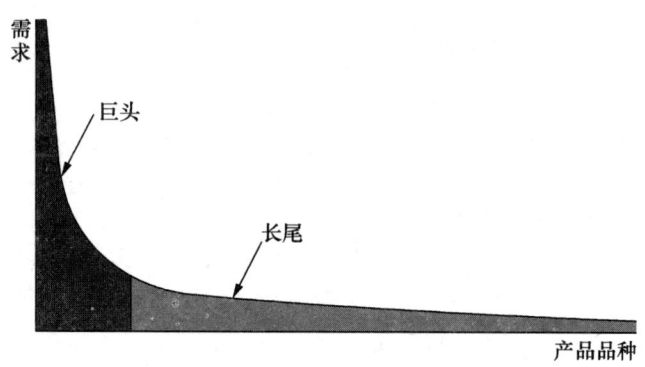

图1-2 长尾理论示意图

长尾市场也可称为"利基市场"，菲利普·科特勒在《营销管理》一书中将"利基"定义为：利基是更窄地确定某些群体，这是一个小市场并且它的需要没有被服务好，或者说"有获取利益的基础"。

长尾理论强调企业发展的未来是经常被人遗忘的、代表"冷门产品"的长尾，而不是代表"畅销产品"的头部。这意味着当消费者面对众多的选择时，真正想要的产品或服务可能会发生重大的变化。长尾价值重构的目的是满足个性化需求，通过网络提供一些具有价值以及个性化的产品，在得到消费者认同时，激发其隐性需求，开启一种面向固定细分市场的、个性化的商业经营模式。

（三）关系营销理论

美国的营销学学者巴巴拉·本德·杰克逊于1985年最先提出关系营销（Relationship Marketing）。他认为关系营销是获得、建立和维持与消费者紧密的长期关系，对于具有长远眼光和高转换成本的消费者，企业要善于运用关系营销。

菲利普·科特勒指出关系营销可以指导营销人员如何与消费者进行沟通和交流，是营销人员必须具备的业务能力。关系营销应成为企业和消费者之间创造亲密关系和相互依赖关系的艺术，与消费者建立并维持牢固关系可以增加销售机会。

通过关系营销的内涵我们可以看出，关系营销是识别、建立和维护企业与其利益相关人友好关系的活动，其实质就是在交易关系的基础上建立一种非买卖型的关系，从而能持久地维持交易关系。关系营销能帮助企业提升短期利润，实现战略目标。

在数字化环境下，数字技术、网络成为关系营销不可或缺的工具，企业与相关主体之间的关系也呈现出"虚拟化"的特征。除了网络之外，对市场细分、产品研发、市场定位以及营销策略的制定、实施与控制都起重要作用的营销数据库也是实施关系营销的重要工具。

（四）价格歧视理论

价格歧视（Price Discrimination）实质上是一种价格差异，通常是指企业在向不同的消费者提供相同等级、相同质量的产品或服务时，对不同的消费者实行不同的销售价格或收费标准。价格歧视是垄断企业通过差别价格来获取超额利润的定价策略之一，是一种重要的垄断定价行为。根据价格差别的程度，可将价格歧视划分为三个等级：

一级价格歧视是假定企业知道每一个消费者对任何数量的产品所要支付的最高价钱，并且以此确定产品价格，所确定的价格正好等于消费者对产品的需求价格，从而获得消费者的全部消费剩余价值，这种极端的情况，在现实中发生的概率是很小的。

二级价格歧视是假定企业了解消费者的需求曲线，并把需求曲线分为不同的区段，根据消费者的购买数量来确定产品价格，企业获得消费者的一部分消费剩余价值。

三级价格歧视是指企业对不同市场的不同消费者实行不同的价格。

价格歧视是垄断者获取最大垄断利润的一种手段，这会导致不公平竞争，理所当然地应该加以限制。但是，限制价格歧视并不意味着要取消一切价格歧视。有差别的定价其实可以满足不同层次消费群体的利益，从一定程度上说，可以让企业和消费者的利益都得到最大化，所以企业应合理地加以利用。

（五）整合营销传播理论

整合营销传播理论（Integrated Marketing Communication）在20世纪90年代兴起于美国。美国西北大学教授唐·E.舒尔茨博士等人于1993年出版了第一部系统论述整合营销传播的专著《整合营销传播》，他们认为："整合营销传播是一个业务战略过程，即利用现有的潜在的消费者能接触到的与产品或服务相关的各种信息源，制定、优化、执行并评价协调的、可测度的、有说服力的品牌传播计划，这些活动的目标群体包括消费者、潜在消费者、内部和外部受众及其他目标。"

美国科罗拉多大学的汤姆·邓肯认为:"整合营销传播是一个运用品牌价值管理客户关系的过程;具体来讲,它是一个交叉作用过程,一方面通过战略性地传递信息、运用数据库操作和有目的地对话来影响消费者和关系利益人,与此同时也创造和培养可获利的关系。"

从舒尔茨到邓肯,其间还有许多关于整合营销传播的定义,其观点不完全一致,正如舒尔茨教授指出的那样,随着营销环境的不断变化,整合营销传播也在不断地调整和改变。但其核心思想始终是,以通过企业与消费者的沟通满足消费者需要的价值为取向。在确定企业统一的促销策略之后,充分利用各种不同传播方式的优势,以实现企业促销宣传的强冲击力与低成本。

(六)产品生命周期理论

产品生命周期(Product Life Cycle)是产品的市场寿命,即一种新产品从进入市场到被市场淘汰的整个过程。一般来说,产品的生命周期可以分为四个阶段,即引入期、成长期、成熟期和衰退期。菲利普·科特勒教授从市场营销学的角度对产品生命周期理论进行概括,他指出:"产品生命周期包括四个方面,即产品的生命是有限的;销售者在产品的不同阶段面对不同的挑战;产品利润在产品生命周期不同的阶段有高有低;产品在不同阶段需要不同的营销、财务、生产和人力资源战略。"产品生命周期和企业制定营销策略有着直接的联系。企业要想达到利润最大化,就必须认真研究和运用产品的生命周期理论。

引入期是指产品从设计到投入市场的阶段。这一时期产品品种少,消费者对产品还不了解,除少数追求新奇的消费者外,几乎无人实际购买该产品。企业需要投入大量的促销费用对产品进行宣传推广以扩大销路。该阶段由于技术、资金、市场等方面的限制,产品生产量较小,成本较高,销售量有限,企业获利较难,亏损的概率较大。

成长期是指产品需求增长阶段。这一时期市场需求量以及销售额都会快速上升,生产成本大幅度下降,利润增长迅速,由于利润可观,竞争者将进入市场参与竞争,从而导致同类产品的供应量增加,产品价格会有所下调,企业利润增长速度放缓,最后达到生命周期利润的最高点。

成熟期是指产品占有了一定的市场份额并且市场销售比较稳定的阶段。经过成长期之后,随着竞争品和替代品的增多,市场需求趋于饱和。在此阶段,销售增长速度缓慢直至转而下降,同类产品生产企业面对激烈的竞争,不得不增加在产品质量、品种、包装、服务等方面的投入。

衰退期是指产品已经进入了淘汰阶段。技术的不断发展以及消费者消费习惯的改变,使得产品的销量和利润持续下降,已经不能适应市场需求。市场上出现的新产品以更优质的性价比吸引了消费者的注意力。此时,一些企业会因为利润较低或者无利可图而停止该产品的生产,其生命周期也就陆续结束,最后完全退出市场。

三、数字化环境下出版业的发展趋势

伴随数字技术和网络的飞速发展,出版业日益加快从出版流程、出版媒体、产品形态到出版产品传播与流通方式再到跨行业合作的数字化转型。在数字化环境下,出版业的发展趋势如何?面对如此的发展趋势,出版企业应当采取何种策略来应对?这是出版企业以及每一个出版人都应当思考的问题。就目前来说,出版媒体多元化、产品形态立体化、营销方式数字化以及跨行业多产业联合化成为未来出版业的发展趋势。

(一) 出版媒体多元化

2012年4月,中国新闻出版研究院发布《第九次全国国民阅读调查报告》,调查结果显示:2011年中国18~70周岁国民包括图书报刊和数字出版产品在内的各种媒介的综合阅读率为77.6%,比2010年的77.1%增加了0.5个百分点。其中,图书阅读率为53.9%,比2010年的52.3%增加了1.6个百分点;数字化阅读方式,包括网络在线阅读、手机阅读、电子阅读器阅读、光盘阅读、PDA/MP4/MP5阅读等的接触率为38.6%,比2010年的32.8%上升了5.8个百分点,如图1-3所示。2006~2011年手机出版和博客出版的营业收入,如图1-4所示。

由图1-3可看出,包含电子、网络、移动等媒体在内的数字媒介阅读率持续增长且增长幅度较大,由图1-4可看出,手机出版、博客出版等新型出版媒体营业收入和利润逐年增加,这也就意味着出版媒体多元化发展具有一定的可行性。虽然图书的阅读率增长幅度较小,但仍高于数字媒介阅读率,并且数字媒介的发展仍需依赖传统出版业的各种要素来提升内容、优化流程和建立品牌。因此,在数字化环境下,纸质媒体在短时期内不会消失,而是通过提供更加个性化的服务与电子、网络和移动等媒体长期并存,形成出版媒体多元化的发展格局。

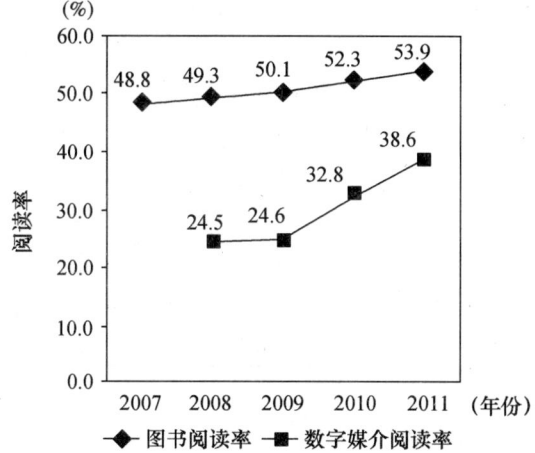

图 1-3　2007~2011 年国民阅读率走势图

注：数据来源于第九次全国国民阅读调查报告；2007 年的数字媒介阅读率数据缺失。

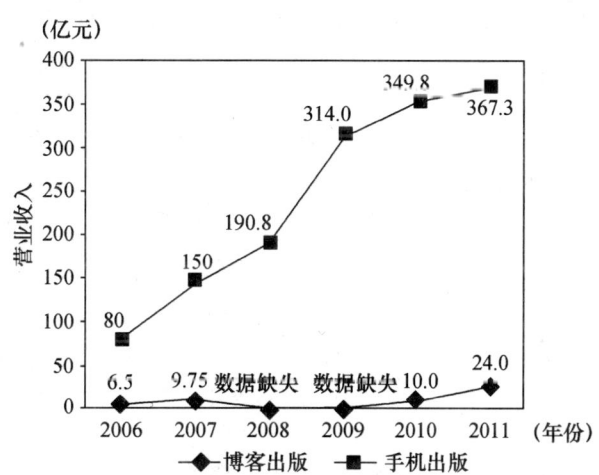

图 1-4　2006~2011 年手机出版和博客出版的营业收入

注：数据来源于 2011~2012 中国数字出版产业年度报告；2008 年、2009 年的博客营业收入数据缺失。

出版媒体多元化是以数字技术为基础，将同一内容资源通过纸质媒体、电子媒体、网络媒体和移动媒体等多种媒体同步出版，实现全方位、立体化和多层次出版。出版媒体多元化呈现出的是在新媒介不断推进过程中的优化，体现了多种媒体的同步性和融合性。

目前，国外市场上的培生、贝塔斯曼、励德·爱思唯尔等出版集团均通过收购和合并等方式进军多种出版媒体领域,从而形成整合的全媒体出版平台。

中国的一些出版企业也已经采用多种媒体出版策略,并获得了良好的成效。例如,江苏凤凰出版传媒集团以图书、网站、博客和手机阅读等多种媒体形式,同步出版《非诚勿扰》、《走进百家名村》、《也该穷人发财了》等作品,实现了多种媒体同步出版。再如作家出版社独家引进发行,根据奥斯卡获奖影片改编的小说《贫民窟的百万富翁》,在销售纸质图书的同时,采用互联网、手持阅读器电子图书、手机出版等多种媒体同步发行,实现了内容资源的共享和多次利用,满足了对时间、空间以及阅读形式有不同要求的消费者的需求,延长了出版产品的生命周期。

但是就中国出版业的发展现状来看,出版媒体多元化还处于起步阶段,出版企业只会针对非常热门并且有实力的内容资源采取出版媒体多元化策略,大部分的内容资源尚未有充足的资金以及知名度来支撑其进行全媒体传播。因此,出版媒体多元化发展的道路还很长,需要出版理念以及数字技术的不断创新,才能逐步实现出版媒体多元化。

(二) 产品形态立体化

出版媒体多元化的发展趋势自然造就了出版产品形态的立体化。出版企业在生产纸质图书的同时,生产面向网络和手机等新型媒体的数字出版产品,实现产品形态的立体化,最大限度地利用有限资源,减少分别运作造成的资金、技术和人力的重复投入,降低出版成本,提高效率,增加出版产品的价值。

新闻出版总署发布的《2011年新闻出版产业分析报告》显示:2011年,全国共出版图书37.0万种,较2010年增长12.5%,图书出版实现营业收入664.4亿元,增长19.8%,利润总额94.2亿元,增长22.2%。全国共出版音像制品19408种,较2010年降低10.0%,音像制品出版实现营业收入26.1亿元,增长29.1%;增加值8.2亿元,增长11.6%;利润总额2.8亿元,增长15.6%。全国共出版电子出版产品11154种,较2010年降低0.2%;电子出版物出版实现营业收入6.2亿元,降低15.5%;增加值3.1亿元,增长8.8%;利润总额1.3亿元,增长28.0%。2011年,数字出版实现营业收入1377.9亿元,较2010年增长31.0%,利润总额106.7亿元,增长19.1%。2009~2011年纸质图书、电子书等出版产品的营业收入如表1-1所示。

表1-1　2009~2011年出版业部分出版产品的营业收入　单位：亿元

出版物形态 \ 年份	2009	2010	2011
纸质图书	462.8	537.9	664.4
手机出版	314.0	349.8	367.3
博客出版	—	10.0	24.0
电子书（电子书+内置内容的电子阅读器）	14.0（4+10）	24.8（5+19.8）	16.5（7+9.5）
音像制品	19.4	20.2	26.1
电子出版物	6.3	7.4	6.2

注：数据来源于新闻总署出版网站和2011~2012年中国数字出版产业年度报告。

表1-1显示，纸质图书的营业收入仍高居各类出版产品营业收入之首，但是其他形态出版产品的营业收入也呈现逐年递增的趋势，尤其是手机出版，增长势头迅猛。由此可以看出，除了纸质图书，其他形态的出版产品也有较大的市场需求，这就为出版产品形态立体化发展提供了市场基础。

目前，教育类出版产品的立体化做得比较成功，从单一的纸质教材发展到网络课堂、教学课件、教学资源库、音像制品、教材应用和服务支撑平台等多种形式的立体化形态。例如，清华大学出版社为了配合高校工程型和应用型学科专业的建设和发展，在计算机教材立体化建设方面进行了很好的尝试，一批内容新、体系新、方法新、手段新的高水平计算机课程教材作为教学改革的阶段性成果，在高校中得到了广泛使用。再如，北京语言大学出版社对《汉语乐园》、《汉语会话301句》、《汉语教程》、《轻松学中文》等多种品牌教材进行了多语种立体开发，配以纸质图书出版、电子音像出版、网络出版，以及传统语言培训和网络培训，深入打造品牌效应，使产品遍布全球多地。

除了教育出版，大众出版也在产品形态立体化方面取得了一定的成就。由于中国数字版权系统及相关法律法规的不完善，专业出版的立体化发展还处于相对落后的水平。但随着数字版权系统的不断完善以及数字技术的迅速发展，专业出版产品形态立体化也指日可待。

（三）营销方式网络化

根据中国互联网络信息中心发布的《第30次中国互联网络发展状况统计报告》，截至2012年6月底，中国网民数达5.38亿，互联网普及率为39.9%，如图1-5所示；手机网民数达3.88亿，较2011年底增加了约3270万人，网民中用手机接入互联网的用户占比由2011年底的69.3%提升至72.2%，如图1-6所示；博客和个人空间用户数量为 3.53 亿，较 2011 年底增长 3467 万，增长率为 10.9%，在网民使用率方面，博客和个人空间用户占网民比例为 65.7%，比 2011 年底提升了 3.6 个百分点；微博用户数达到 2.74 亿，较 2011 年底增长 9.5%，网民使用率为 50.9%，比 2011 年底增加了 2.2 个百分点。这些数字的增长趋势为出版企业采用网络化营销提供了良好的受众基础。

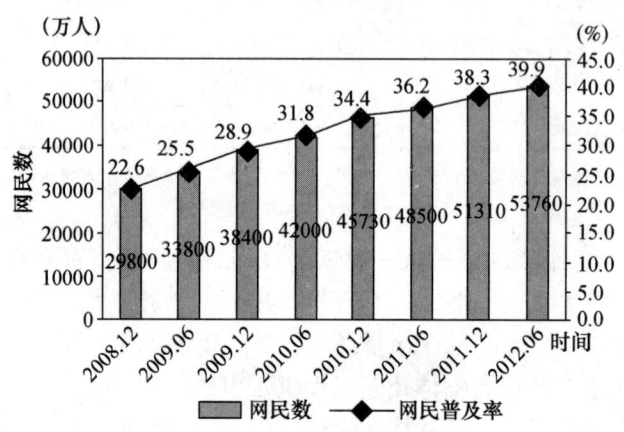

图 1-5 中国网民规模和互联网普及率

注：数据来源于《第 30 次中国互联网络发展状况统计报告》。

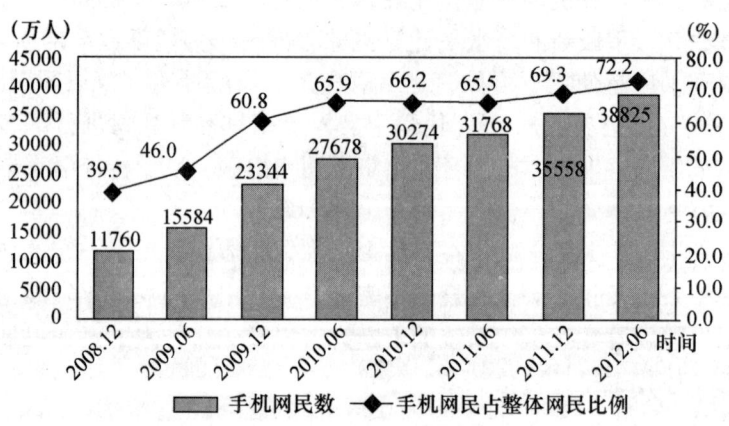

图 1-6 中国手机网民规模及其占网民比例

注：数据来源于《第 30 次中国互联网络发展状况统计报告》。

出版产品的营销网络化实现了分销渠道的扁平化，促进宣传的双向沟通，以及资源的有效整合，提高了工作效率，以及通过互动，了解到消费者的真实需求。利用出版企业网站，消费者可以随时了解出版企业的最新出版信息，了解出版产品的基本情况；利用博客，可以让消费者深入了解出版企业的企业文化，国内很多出版企业都开通了新浪、搜狐博客，吸引了很多作家和消费者浏览留言；利用出版产品二维码，起到了有效保护版权的作用，还能针对消费者的个性化需求实现增值服务，提高消费者的积极性。传统出版是相对封闭的单向输出过程，消费者在出版产品上市之前对其是不了解的。数字化技术使这个流程变成了双向沟通，出版企业拟出版哪一类出版产品，可以通过数字化平台向特定消费者发布信息，征求消费者的意见，让更多的目标消费者参与到出版前期工作中，这也有利于出版产品的售后工作。

（四）跨行业多产业联合化

2011年5月，在第七届深圳文博会期间，北京方正阿帕比技术有限公司与电子工业出版社在深圳会展中心召开新闻发布会，签署战略合作协议，决定发挥各自优势，加强深度合作，联手开创数字出版的广阔天地。该战略合作协议的签署，象征着中国数字出版产业的融合趋势愈发明显，产业链上的企业开始认识到合作共赢的重要性。

2011年11月，民族出版社与北京大智通达信息技术有限公司签署《阅读中国民族》移动媒体运营平台业务合作协议。今后，消费者通过《阅读中国民族》移动媒体运营平台，可以在线阅读民族出版社出版的民文版图书。

2011年12月，安徽出版集团与中国移动安徽公司正式签署战略合作协议，今后三年中，双方将各自利用自身资源和行业优势，共同推动无线城市项目之资讯服务建设；加强交流沟通，深入推进宣传方面的合作；共同推动无线增值产品的创新和发展；安徽出版集团依靠安徽移动的渠道优势，扩大报刊发行业务；双方共同推进针对特殊群体的无线传播产品研发和市场推广工作等。

除了电子工业出版社、民族出版社、安徽出版集团，还有许多的出版企业都进行了跨行业、多产业联合。

数字出版业的基本链条是以作者、出版企业为源头，以数字图书馆、网上书店、阅读网站等为渠道，通过网络、电脑、手机、手持电子书阅读器等设备为消费者服务。这样作者、出版企业、数字图书馆、网上书店、技术提供商、消费者等就形成了数字出版的产业链，这条产业链决定了传统出版业与数字出版业之间密不可分的关系。因此，出版企业应积极推进与技术提供商、电信运营商等行业的合作，并在自己的核心竞争领域进行创新，不断探索手机出版、微博出版等新兴出版媒体以及按需出版等与时俱进的出版模式。出版企业可以通过跨行业多产业的联合，整合和优化出版产业链，不断完善出版平台，增强竞争力。

传媒管理论道之创新·战略·绩效

四、数字化环境下出版企业产品组合调整策略创新

出版产品是人们为了满足自身的信息需求而生产出来的社会信息载体。出版产品组合的基本单元是出版产品线。出版产品线的数量、出版产品线所包含的不同规格的出版产品数量以及出版产品之间的相关性决定了不同的出版产品组合。

在数字化环境下,出版企业的产品形态发生了很大的变化,出版市场在纸质图书销售额全面增长的情况下,电子图书、多媒体出版、博客出版、数字网络期刊和手机出版等均取得了突破性的进展。因此,随着出版市场宏观环境、消费者需求和企业自身实力的变化,出版企业的产品组合也需要及时做出必要的调整。出版产品组合调整策略主要可分为产品线的广度扩展、深度开发和收缩三种类型。

(一)产品线广度扩展策略

出版产品线广度扩展可以充分利用出版企业自身技术、人力、市场、资金、销售渠道等方面的资源,可以发挥各种不同出版产品线之间相互促进的协同作用,同时还可以分散经营的风险。目前,出版企业可以从图书多品种发展、培训业务、数字出版产品等角度进行产品线的广度扩展。

1. 图书

2011年,全国共出版图书37.0万种,较2010年增长12.5%,在出版业整体发展环境呈现数字化的趋势下,出版业的图书品种仍呈现逐年上升的趋势,出版企业在有充足的资金和技术条件的情况下,可以适当地增加新的图书产品线,以扩大消费者群体,占领更大的市场份额。一般来说,图书产品线的广度扩展是指发展与现有图书产品线关联性较小的图书品种。例如,科技类出版社出版科学文艺类、生活类图书等。关联性较小的图书产品线扩展对出版企业的技术实力和经济实力有较高要求,不适合规模较小的出版企业。

2. 培训

与专业的培训机构相比,出版企业在老师(可以是作者)、授课内容(出版企业内的资源)等方面更具有优势,培训也成为继图书之后出版企业开拓的又一个新的经济增长点。培训主要分为实体培训和网络培训两种,在数字化环境下将二者进行有效的整合是出版企业开拓培训业务的发展趋势。

(1) 实体培训。实体培训主要是出版企业通过开办培训学校或者是定期举办培训班、研修班、论坛等培训形式开拓市场。很多的出版企业已经看到这一领域的良好发展前景,纷纷根据自身的资源特色和优势进军培训领域。例如,清华大学出版社早在2001年之前就涉足培训业务,培训活动以课程研修班、论坛等多种形式开展,如已举办的"控制工程领域工程硕士培养课程研修班"、"计算机实践教学论坛"等。清华大学出版社的计算机与信息分社已举办多次培训活动,每年会有10次以上的会议,内容涉及计算机基础和专业教育、电子商务、软件工程、电子信息基础、自动化、计算机实践教学、应用型教学等诸多方面;外语教学与研究出版社(以下简称外研社)是在2010年开始进军英语培训行业,与北京外国语大学共同合作,成立了"壹佳英语培训中心",开创了实体培训业务,采用直营的方式,仅经营一年就略有盈利。培训中心的发展速度很快,2011年,外研社在北京的丰台区、石景山区、朝阳区又成立了3所分校,进一步在培训领域站稳了脚跟。

(2) 网络培训平台。在实体培训市场不断扩大的同时,数字化环境也为出版企业开展网络培训平台提供了条件。网络培训平台是以出版产品为基础,利用互联网等现代传输技术和平台,为消费者提供相关在线信息、辅导、培训等服务,这是数字技术和网络技术给出版业带来的新增效益。目前,很多出版企业都开展了网络培训平台,并获得了盈利。例如,2010年6月,人民教育出版社旗下的人教云汉数媒科技有限公司联合北京东田教育科技有限公司成立了经营性学习网站——人教学习网(http://www.gopep.cn),它将全国特级教师的优质资源通过网络传递给终端用户,搭建了一个面对老师、学生及家长的交互式培训平台;2010年10月,电子工业出版社发布了"世纪畅优项目管理网络学习平台",此平台主要包括项目管理系列图书的在线学习、电子图书馆、培训、PMP认证与教学支持服务四大模块。

3. 数据库

出版企业可以将出版资源库中有价值的出版产品,根据其性质和特点进行数字化和拆分,例如,可分为论著、教材教辅、辞书等类型,既而形成数据库。出版资源库里的出版资源会有多种类型,针对不同性质的图书资源采用不同的建设方式,形成不同类型的数据库,如按摘要、标题、关键词、作者、文章内容等结构拆分的论著库,按篇章节拆分的教材库等。例如,人民教育出版社建成了"中国百年中小学教科书全文数据库"。

4. 阅读器终端

在数字化环境下,出版企业在不遗余力地进行数字内容生产的同时,纷纷推出自己的阅读器终端。2010年3月,上海世纪出版集团推出"辞海悦读器",内置《辞海》和101卷的《中华文化通志》等鸿篇巨制和其他数百种图书；2010年4月，中国出版集团公司推出"大佳阅读器"，包含来自其旗下16家出版社的108种畅销、常销精品图书，分为畅销读物、文学艺术、政治、历史等十个类别；2011年1月，天津人民出版社有限公司与津科翰林公司合作，推出了"天香阅读器"，该阅读器的主题内容是"彰显天津文化，构建时代经典"，并围绕着"津典"这一主题，精选历年留存的大量精品图书。

阅读载体、阅读习惯和阅读方式正在发生着巨大的改变，人们逐渐适应了从"纸质阅读"到"屏幕阅读"的转型，电子阅读器作为一种产业，其兴起已经成为事实并代表着一种发展趋势。目前，独自开发阅读器终端的出版企业并不多，多数是采取和第三方合作的方式，联合开发出版企业的专属阅读器，实现内容和终端的对接。

5. 影视

近年来，包括凤凰出版传媒集团、中南出版传媒集团、青岛出版集团、广东省出版集团在内的众多出版集团纷纷进军影视业。例如，为了实现资源的最大化利用，凤凰出版传媒集团于2010年成立凤凰传奇影业公司，整合了江苏本土优秀作家资源、集团文艺作品出版资源，将更多出版作品搬上荧屏，从而实现了出版资源和影视制作的优势互补，全国的热播剧《裸婚时代》正是凤凰传奇影业公司投资出品的电视剧之一。除此之外，出版企业还可以以"图书与栏目进行结合"的形式涉足影视，例如，青岛出版集团在2012年年初就以图书《生活早参考》为契机，牵手中央电视台进行栏目合作；广东省出版集团同广东电视台的快乐益智频道有着长期合作，并已成为其股东之一。

出版企业涉足影视业，充分发挥资源优势，突破了传统出版业产品资源单一利用的瓶颈，扩展了出版产品线的广度。

（二）产品线深度开发策略

产品线深度开发策略是一种基于数字化环境下出版产品形态立体化的发展趋势，以现有的出版产品线为基础，增加该出版产品线的出版产品品种和规格的调整策略。在数字化环境下，出版产品不仅包括纸质图书和期刊，还包括电子图书、数字期刊、网络课堂、教学课件和多媒体光盘等数字出版产品。例如，外研社出版的《新概念英语》系列图书，不仅纸质图书大卖，还带动了磁带、光盘、网络课堂等产品的立体化发展。出版企业采用产品线深度开发策略，可以较为容易地实现出版产品的系列化，即用较少的资金，较快的速度发展新的出版产品，满足出版市场各类消费者的不同需求。

1. 纸质图书

虽然数字化环境对纸质图书产生了一定的冲击，但是由于传统的阅读习惯等因素,纸质图书在短时期内并不会消失,而是与数字出版产品共存、互为补充。在数字化环境下,对于最基本形态的纸质图书,出版企业可以通过提供增值服务和个性化服务等形式来吸引消费者。

(1) 增加图书版本。在图书版本中增加精装本、珍藏本、缩印本、日文版、英文版等不同的版本,以满足不同消费群体的需求。

(2) 增加图书品种。产品线深度开发策略下的增加图书品种是指发展与现有图书产品线关联性较大的图书,即以现有的经验和技术为基础进行品种的扩展。例如,建筑类出版社可以在建筑科技出版产品线的基础上发展建筑美术图书、城市建设图书和雕塑图像集等产品线。

(3) 提供按需出版服务。按需出版(Publishing on Demand,POD)是指采用先进的数据处理技术、数字印刷技术,将出版产品信息全部存储在计算机系统中,根据需要随时直接印刷成书,省去制版等中间环节,能够一册起印、即需即印的出版方式。与传统出版相比,按需出版简化了出版流程,缩短了出版周期,实现了图书出版的零库存,因此被称为"绿色出版"。按需出版打破了过去必须"先印后卖"的出版流程,可以实现"先卖后印"的效益最大化。

对纸质图书采用深度开发策略,可以充分利用出版企业自身的设备、技术和经验,形成某一类出版产品的优势,可以利用增加高价出版产品的出版和销售,提高现有出版产品的声望和销售量,也可以出版和销售低价出版产品,吸引购买力较低的消费者购买低档的出版产品。

2. 电子书

数字技术的快速发展、阅读终端的多样化、不断增长的网民数量、碎片化的阅读趋势、浅阅读式的阅读习惯等都为电子书的盛行打下了良好的受众基础。

以纸质图书的文本为依据,依靠集团公司的资源或者与第三方公司合作,打造电子图书等延伸产品乃至电子书库、在线图书馆等网络平台。这种做法,不仅使出版产品的集成性、覆盖率和使用率大幅度提高,而且也使制作成本和营销成本进一步降低,是传统出版转向数字出版的便捷之路。

近年来,中国的电子书营业收入逐年增长,但是与欧美等发达国家相比,增长速度较慢。以美国的电子书为例,2007年其销售额为2.5亿元,2008年增至3.7亿元,2009年达到9.7亿元,2010年为56.7亿元,2011年为127.3亿元,与中国电子书的销售额对比如图1-7所示。

由图1-7可看出,中国的电子书发展空间仍然很大。出版企业在发展电子书时也要注意电子书格式的多样化,既要满足手机出版的需要,又要和其他阅读器终端兼容,这样同一内容资源就可以重复利用,以多种形态呈现给目标消费者。

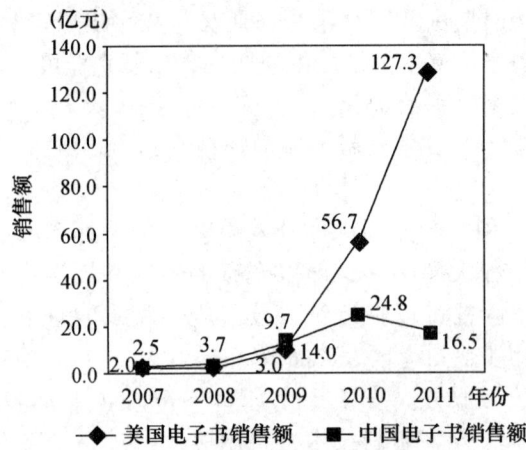

图 1-7 美国与中国电子书的销售额对比

注：数据来源于美国出版商协会，http://www.publishers.org/ 和 2011~2012 年中国数字出版产业年度报告；中国电子书 2009~2011 年的销售额由电子书和内置内容的电子阅读器共同组成。

3. 网络课堂

网络课堂是按照一定教学策略组织的网络教学平台，是通过网络进行的教学内容以及教学活动的总体表现。网络课堂体现了数字化环境下新形态教材的特征，即共享性、灵活性和动态性等。网络课堂有助于系统地掌握各种能力，是一种交互式能力训练系统。如果想要避免纸质类教材结构的封闭性以及不能及时收录新知识、淘汰旧内容等缺陷，网络课堂就要保证教材在知识结构上的开放性。

4. 音像制品

音像制品是指录有内容的录音带、录像带、唱片、激光唱盘和激光视盘等，包括音像软件、学习软件（包含 CD、VCD、DVD、DVCD、EVCD、蓝光碟等）。

发挥传统出版企业在作者、书稿等方面的资源优势，不仅用更优质的文本内容去吸引更广大的消费者，而且还可为其他介质的出版提供文本内容，收到"一本多利"的延伸效益，如推出与书相配套的多媒体光盘。

对于社会反响比较好的图书产品可以开发成影视作品，例如，江苏凤凰文艺出版社出版的《孽债》、《上错花轿嫁对郎》、《交错时光的爱恋》、《我要做好孩子》等小说先后被改编成为影视剧；人民文学出版社 2009 年出版的《决战南京》于 2010 年由中国出版集团投资改编成电视剧。

（三）产品线收缩策略

从本章第三部分对数字化环境下出版业发展趋势的分析中可以看出，中国图书的营业收入和利润仍呈增长趋势，但增长速度变缓；数字出版营业收入和利润增长迅速，并且占整个出版行业总收入的比例逐年增加。

相比之下，数字化环境对欧美出版企业的影响更为显著，根据美国出版商协会统计，从2009年第四季度到2010年第三季度，在传统出版产品营业收入减少的情况下，电子书的营业收入增长了70%，其中仅2010年兰登书屋电子书营业收入同比增长就高达250%。2010年9月28日，亚马逊创始人兼CEO杰夫·贝索斯在新品发布会上提到，2010年7月，亚马逊电子书的销量就超过了纸质书。

数字出版产品的快速发展不但挤占了纸质图书的市场份额，而且加速了一些纸质图书退出市场的进程。因此，出版企业在实施拓展策略的同时，也要关注企业内有哪些纸质图书的利润和市场需求均呈现下降趋势；有哪些出版产品已经进入生命周期的衰退期；有哪些纸质出版产品应该用数字出版产品取代，从而延长其生命周期，获得更多的利润。

大到整个出版业，小到企业内具体的出版产品，出版企业都要运用营销工具及时地进行分析，对已经不盈利甚至亏损的出版产品适时地采取产品线收缩策略，将更多的资金和技术应用到本社的重点出版产品上，将重点出版产品进行深度开拓，这样出版企业才能不断形成核心竞争力，为实施扩展策略打下坚实的基础，跟上国际出版业的发展趋势。

五、数字化环境下出版企业定价模式创新

出版产品的价格是消费者购买时考虑的重要因素之一，价格定得太高，必然会限制很多低收入者购买，最终影响出版产品的销量。价格定得过低，又会损害出版企业的利益，从而影响其出版的积极性以及出版产品的质量。由此可见，出版产品的定价是一把双刃剑，如何通过合理定价协调消费者和出版企业的利益是一门科学，更是一门艺术。

（一）影响出版产品定价的因素

在数字化环境下，影响出版产品定价的因素也发生了一定的变化。此时，出版企业在给出版产品定价时，不能只单一地考虑某一种因素，而是应综合考虑各因素，从而制定出使出版企业和消费者的利益都达到最大化的定价模式。

1. 成本因素

一般来说，出版产品成本是出版产品价格的最低界限，它包括直接成本和间

接成本：直接成本包括编校费、稿费、排版费、材料费、印刷费等费用；间接成本包括管理费、利润、税金、样书、库存、损耗等费用。

虽然以成本为导向的定价模式存在一定的缺陷，但是目前，大多数的出版企业仍采用该定价模式。以成本为导向定价的出版产品价格主要是由印刷成本、作者版权税、预期利润、经销商折扣和销售税金五部分构成。通常情况下，图书的印刷成本占图书定价的25%～30%，作者版权税占图书定价的8%～15%，出版社合理利润占图书定价的10%～20%，经销商折扣为图书定价的5%～10%，零售商折扣占图书定价的25%～35%。

而对于数字出版产品来说，由于其可以以低成本进行复制，所以数字出版产品成本结构呈现出了高固定成本、低边际成本的特征，极低的边际成本使得以成本为导向的定价策略在数字出版产品市场上几乎失效。

2. 价值因素

出版产品是使用价值与价值的统一体，其使用价值是文化属性，满足的是人们的精神文化需求；价值则是出版产品的本质属性，是抽象劳动的凝结。按照马克思主义经济学的原理，出版产品的价格是出版产品价值的货币表现形式。换言之，出版产品的价值是出版产品价格的基础，是出版产品定价最本质的依据。一般说来，名家创作的出版产品、名社出版的出版产品价值较高，能更充分地满足消费者的阅读需求，因而其价格也相应较高。

在现实生活中，有很多的藏书爱好者，他们千方百计地寻找一本书，找到之后便爱不释手。这显然不是排版或纸张等因素引起的，而是这本书所承载的内容和思想价值得到了消费者的高度认可。在完全市场条件下，出版产品的竞争已从价格、加工工艺升华到出版产品内容、品牌的竞争。这种竞争体现在出版企业为了一部书稿资源或者是知名作者而争得"头破血流"，这充分表明，对于出版企业而言，出版产品的价值具有巨大的可预期性，是出版产品定价的重要因素。

3. 消费者群体因素

消费者需求的变化和消费者群体的梯次分布，对于出版产品市场行情及出版产品价格都具有潜在的影响，是出版产品价格研究中不可忽视的重要因素。数字化环境下，消费者对出版产品的需求不仅具有多元化、多层次的特点，而且，需求变化的频率也比较快。由于大部分出版产品并不是必需品，消费者对于不感兴趣或觉得没有用的出版产品，是不会购买的。因此，兴趣是引起消费者购买欲望的主要因素，对消费者阅读兴趣变化趋势的研究把握是确定出版产品定价的重要环节。

除了消费者的偏向需求之外，消费者群体的数量，也就是潜在用户及并发用户数对出版产品的定价也会有所影响。

4. 价格弹性因素

所谓出版产品的价格弹性是指出版产品需求与价格的关系。在一定范围内，价格高低对价格弹性小的出版产品需求的影响不大，对价格弹性大的出版产品需求的影响明显。因此，出版企业在定价时，必须先了解哪些出版产品价格弹性小，哪些出版产品价格弹性比较大；定高价，出版产品销量会减少多少，定低价，会增加多少消费者购买等问题。对于价格弹性小的出版产品，可以考虑在合理印数的前提下定高价；对价格弹性大的出版产品，则要尽量采取"薄利多销"的策略。

出版产品的价格弹性与出版产品的可替代程度、出版产品目标消费者的收入水平、销售渠道、销售周期等因素有关。一般而言，替代品较多的出版产品的价格弹性高，价格应定得相对低一些；目标消费者的收入水平高，相应的出版产品价格弹性低，价格可定高些；垄断发行的出版产品价格弹性较低；专业出版产品因属于长销类出版产品，价格弹性较低；大众出版产品，如一些畅销书，因时效性强，价格弹性较高。

5. 市场供求因素

在影响出版产品定价的众多因素中，能直接决定出版企业获利多少的是市场需求这一因素。除了市场需求，出版企业还要考虑市场中的供应因素，即竞争品、替代品的供应量和价格，出版企业可以通过走访其他出版企业、图书馆、书店等了解竞争者的情况。在掌握了市场供求的详细资料后，出版企业就可以通过对比分析，定出出版产品价格的参考范围。

一般来说，当同类出版产品激烈竞争且市场需求量较大时，可实行渗透定价策略；当同类出版产品竞争较少、市场需求居中时，可实行撇脂定价策略（又称高价法）。

6. 出版政策因素

"中国对出版业一直采取扶持政策，例如，设立出版发展专项资金，对优秀学术著作出版给予补贴；设立出版产品对外推广专项资金，对外向型优秀出版产品出版给予补贴；对面向'三农'的出版产品出版也给予许多优惠政策。"一般来说，为了提高市场占有率和竞争力，有政策补贴的出版产品可实行适当的低定价策略。在取得经济效益的同时，担负起社会效益，是出版企业必须承担的社会责任。出版企业可针对经济效益不好但有较好的社会效益，同时又能向公众展示出版企业良好形象的出版产品设置专项补亏基金，使那些销量不高但学术水平高、社会效益好的出版产品得以出版。

由于出版企业在定价过程中要考虑的影响因素大多数都是一种估计和设想，具有不确定性，并且出版产品的价格也不是一成不变的，而是要根据环境的变化进行调整，所以出版企业定价是一个"制定——执行——再制定"的动态和重新组合的过程。

（二）基于消费成本的捆绑定价模式构建

4Cs营销理论强调，在新的经济形势下，企业在定价时不仅要考虑企业的盈利，还要考虑消费者在满足需求时需要承担的成本，即消费成本。通常情况下，大多数的消费者都喜欢物美价廉的产品，出版企业就可以充分利用消费者的这一心理，通过出版产品捆绑定价，降低消费者的搜寻成本和交易费用。

在数字化环境下，出版企业可以通过数字技术和网络平台等途径了解到消费者愿意为出版产品所支付的最高价格。然后在考虑消费者成本的基础上，对出版产品进行有效的组合，以期为消费者创造最大价值、节约最多成本的同时，扩大市场的占有率，获得更多的收益。

1. 同质类出版产品捆绑的定价模式

同质类出版产品主要是"同"在两方面：一方面是同内容的出版产品；另一方面是同作者的出版产品。

（1）"同"内容的出版产品捆绑。除了内容相同的出版产品，"同"内容的出版产品还包括"内容相关"的出版产品。对于内容相同的出版产品，出版企业可以对它的不同版本进行捆绑，例如，对于经典著作类图书，有些消费者在阅读时喜欢使用普通版本，而又有收藏方面的需求，出版企业可以针对这一类消费者推出"普通版本＋经典收藏版"的捆绑组合；对于内容相关的出版产品，出版企业可以以"系列出版产品"的形式进行捆绑，例如，美容美体类出版产品、文学类出版产品和计算机类出版产品。

（2）同作者的出版产品捆绑。数字化环境的发展，使得长尾理论在出版业的应用得以实现，出版企业可以利用消费者对作者的喜爱，将同一作者的畅销书和"长尾"上的图书进行捆绑组合并以一定的折扣销售给消费者。例如，莫莉蓟野的《猫国物语》和《子猫絮语》。除此之外，出版企业还可利用作者的名气将其出版过的图书进行统一的装帧设计之后捆绑在一起出售，例如，首位获得诺贝尔文学奖的中国作家莫言的《莫言长篇小说集》。

2. 互补类出版产品捆绑的定价模式

互补类出版产品主要体现在两方面：一方面是出版产品形态上的互补；另一方面是出版产品内容上的互补。

（1）形态互补的出版产品捆绑。多种形态的出版产品捆绑是将同一出版产品的不同出版形态进行捆绑，给予消费者一定的价格优惠或者是增值服务。同一出版产品可以有纸质版、电子版、电子课件、网络课堂、网络视频等不同的形态，出版企业可将出版产品的全部或者其中的几种形态进行捆绑。例如，Kluwer

Academic Publishers、Blackwell Science、Ejnar Munksgaard 等出版企业均对不同版本绑定的销售组合采取一定的价格折扣，只要付出纸质版出版产品价格的110%～120%，就可以获得纸质版与电子版的捆绑组合。

（2）内容互补的出版产品捆绑。顾名思义，内容互补的出版产品组合要在内容上相辅相成互为补充，这一出版产品组合的典型代表是教育类图书，将主教材和教辅类出版产品进行捆绑销售。例如，高等数学和高等数学习题全解指南的捆绑组合。

3. 与第三方产品捆绑的定价模式

与第三方产品的捆绑定价大多数都实行的是"免费"定价模式，即将出版产品与第三方合作的平台或者终端进行捆绑。例如，将数字出版产品的使用权与手机用户进行绑定，为其提供免费的电子书包等服务，通过提供这种免费服务，出版企业可占领最新的媒体终端，从而为占领更大的市场打下基础。

（三）需求差别定价模式构建

需求差别定价源于价格歧视理论，是出版企业根据消费者对出版产品的需求大小和偏好程度进行市场细分之后，针对不同的目标市场或单个消费者实施差别化的定价。实施需求差别定价模式的关键在于出版企业能否按照消费者需求弹性的不同，识别和区分消费者的购买意愿和购买能力。

数字化环境为出版企业实行需求差别定价模式提供了条件：首先，数字技术和网络平台增强了出版企业了解消费者需求和偏好的能力，出版企业可利用电子账单、消费者的搜索记录或者是免费试用等手段来获取消费者的需求信息；其次，互联网为出版企业和消费者之间的直接沟通提供了渠道，出版企业在定价方面可以更加灵活；最后，互联网及相关信息技术的快速发展使得出版产品的生产成本呈下降趋势，尤其是数字出版产品。

1. 三级需求差别定价模式

三级需求差别定价模式强调的是对于支付意愿和消费特征不同的消费群体要分类对待，可使用优惠券、会员制等策略。

（1）根据出版产品的不同品牌进行差别定价。需求差别定价也是一种心理定价，有的消费者为了确保出版产品的品质，愿意支付一定程度的溢价。出版企业可以从消费者的价值认同角度调整出版产品的特质，对于同一内容的出版产品使用不同的材料、装帧形式以及包装，从而形成平装版和精装版等不同的版本。向不同的消费者群体提供不同的版本，以满足消费者多层次、个性化的需求，以凤凰出版社出版的《三国演义》一书为例，该书有少儿版、插图版、批注版、普通版（宣纸）、豪华版（宣纸）等多种版本，19.8～590元不等的价格也满足了不同层次消费群体的需求。

（2）根据出版产品的价格弹性进行差别定价。不同的消费者群体对出版产品价格的敏感程度是不一样的，由需求定律可知，在一定范围内，价格与需求量成反比。但是，每个出版产品的价格弹性系数不同，对于价格弹性大的出版产品，可实行渗透定价策略，对于价格弹性小的出版产品，可实行撇脂定价策略。例如，对于内容比较专业、学术性强的出版产品，市场缺乏替代品，其市场需求的价格弹性不大，且销售时间长，一般采用撇脂定价策略。

2. 二级需求差别定价模式

二级需求差别定价模式可划分为以下几类：

（1）按购买数量差别定价。按购买数量差别定价即是按照消费者不同的购买数量进行差别定价。一般来说，出版企业会给购买数量较大的消费者一定的价格优惠。例如，CALIS集团购买 BIOSIS Preview 数据库时，费用比单个图书馆购买节省了大约两万美元，而其在购买 EBSCO 公司的 Academic Search Premier、Business Source Premier 数据库时，费用比单个图书馆购买节约了 30%~40%。

（2）按照出版产品功能属性差别定价。按照出版产品功能属性差别定价是出版企业根据消费者的需求，将出版产品的内容、赠品以及相关的增值服务层次化。例如，出版企业将数据库内容按照不同消费者的需求进行削减，或者针对同一数据库提供的检索、下载、数据传递等服务等有所区别。

（3）按时间差别定价。按时间进行差别定价，一方面是针对出版产品的时效性而言，例如，对时效性要求非常高的电子书，在一定时期内拥有很高的人气和价值，但随着时间的推移，人们对其需求逐渐降低。因此，对于内容较新的数字出版产品，可适当地定高价，而内容相对陈旧的则可以低价出售；另一方面是针对不同出版产品销售的淡旺季而言，例如，开学前后与假期，是学生消费群体的需求高潮期，这一消费群体的特征是愿意等待打折购买其需要的出版产品，出版企业可在这一时段打折促销出版产品，减少库存。出版企业可选择一年中的某几天打折销售所有出版产品，激发消费者的潜在需求。

3. 一级需求差别定价模式

一级需求差别定价模式强调的是"个人"，即出版企业根据每一个消费者的个性化需求制定价格。这一差别定价模式可令出版企业获得全部的消费者剩余，达到经济效益最大化，也可令消费者得到更多的消费满足感。

目前采用一级差别定价模式的出版企业并不多见。但是随着数字技术的快速发展，按需出版等新型的出版模式的日益普及，以及搜索消费者信息、了解消费者需求的边际成本的逐渐缩减，一级差别定价会成为出版企业定价模式的发展趋势。

数字化环境下的出版产品定价并不是简单的成本核算问题，而是边际成本、出版产品形态、市场供求、营销策略和出版政策等多种因素合力作用下的风险决策行为。在一个垄断竞争的市场上，需求差别定价是一种有效的定价模式，使出版企业和消费者双方各取所需，在满足消费者多层次需求的同时提升了出版企业的竞争力和市场销量。

六、数字化环境下出版企业分销渠道创新

"出版企业分销渠道是指出版产品从出版企业向消费者转移时，取得出版产品所有权或转移其所有权的企业或个人的总称。"传统的分销渠道是由生产商、经销商、代理商和零售商组成的单向的、静止的实体渠道。

在数字化环境下，"以计算机、通信、网络等技术为依托，出版产品分销渠道不再仅由各个分销实体组成，它可以是虚实结合的，甚至可以是完全虚拟的，即所谓的 E–Distribution"。数字化对传统分销渠道的整合主要体现在中间环节的减少上，使分销渠道呈现出扁平化、直接化和多元化的特征。因此，出版企业的分销渠道模式应该是进行数字化创新后的传统渠道和新型网上渠道的融合，具有虚实结合和双向互动的鲜明特色。

（一）分销渠道的长度设计

分销渠道的长度结构，又称为层级结构，是指按照其包含的渠道经销商（购销环节），即渠道层级数量的多少来定义的一种渠道结构。一般可根据包含渠道层级的多少，将一条分销渠道分为零级、一级、二级和三级渠道等。

1. 零级渠道构建

零级渠道又称直接渠道，数字化环境使出版企业与消费者之间的沟通更加方便，因此传统的经销商在信息沟通方面以及产品流通方面都显得多余。许多出版企业开始通过开办出版社网站、设立读者服务部等直销方式直接服务于消费者，有些出版企业甚至号召消费者参与出版产品的设计，使产销结合得更加紧密。传统的分销渠道很难满足这种生产经营模式的要求，因此，出版企业应积极探索更加快捷高效的新渠道模式。

(1) 实体书店。虽然数字化环境的发展让很多的实体书店关张歇业，但是出版企业仍可以根据自己的经济实力和市场需要，建立具有"数字化"特色的实体书店。以美国鲍德斯集团为例，虽然其在 2011 年已破产，但是其"新概念

书店数字中心"的特色经营模式还是值得我们借鉴的。这个"数字中心"共藏有240万首歌曲和1.5万种有声图书供消费者下载;它与lulu.com合作,推出自助出版服务。同时,书店内还安装了多部与鲍德斯在线书店联网的电脑,为消费者提供查询服务。此外,它还出售电子阅读器等数字产品,为有当场下载电子书阅读需求的消费者提供方便。

(2)企业网站。由于独立运作能力与网络技术能力等条件限制,目前,出版企业自身网站的最大功能在于展示出版产品,进行企业的形象和品牌宣传,而不是在线销售出版产品。然而随着网络的日益普及和数字技术的快速发展,在线销售已成为分销渠道的一种发展趋势,既可为出版企业节约库存、管理等成本,又可为消费者提供最大的便利。因此,出版企业可以对现有平台进行改造,丰富网站的内容,建立网站销售平台。例如,通力计算机通信技术(上海)有限公司的"点击动漫网",只要在其网站上安装阅读器,消费者在浏览漫画书时,动漫人物就会"跃然纸上",声像俱全,给消费者带来立体化的阅读享受。

(3)"上门"推销。出版企业销售部的业务人员可以采用目录营销、电话营销、上门拜访等方式直接与客户联系。出版企业主动出击,这样可以对消费者的情况有更细致的了解,可以根据消费者的情况制定出个性化方案。例如,出版企业针对各高校图书馆销售出版产品的数据库时,出版企业的销售人员可以主动与高校图书馆的相关负责人取得联系,根据该高校的专业特色、图书馆藏书情况以及数字图书馆的建设情况有针对性地销售。

2. 一级渠道构建

"传统的分销渠道主要为国营渠道(即主渠道,也就是全国各省、市、区的新华书店)和民营渠道(即'二渠道')两大类。"虽然这两类渠道为出版企业的发展打下了坚实的基础,但在出版业新的发展趋势下,仅依靠这两类渠道已不能满足现代出版企业快速发展的需要。随着数字化技术的发展以及出版企业组织结构的调整,出现了诸如网络渠道、专业出版产品渠道等许多新型的分销渠道。目前,出版企业不仅需要进行直销,还需借助外力来开拓渠道,所以一级渠道的建设对出版企业的发展也非常重要。

(1)与传统分销渠道合作的创新。第一,观念创新。目前,在出版产品品种日益增多而展示空间相对有限的情况下,出版企业要创新服务观念,实施全方位的服务。一方面,要改变以前盲目主发的做法,实施出版产品"信息先行"策略,使经销商有足够的时间了解新出版产品,根据具体的市场情况分析,预测出版产品的市场需求,从而确定合理的预订量,把退货量降低到最小;另一方面,要改变出版产品促销任务归属的传统观念,认为出版产品发到经销商后,针对消费者的出版产品宣传推广工作只是经销商的工作,忽略了最了解出版产品内容价值的作者和责任编辑在营销中的重要性，出版企业应该配合经销商对消费者开展深度营销。

第二，组织创新。消费者需求的不确定性导致了出版产品市场需求的随机性。出版企业要结合市场需求随机性的特点以及出版业的发展趋势，重组营销组织，尤其是针对数字出版产品的营销部门，给营销人员提供针对提高他们规划、管理、控制渠道等能力的业务培训，以配合经销商管理好、引导好出版产品在市场上的发行。

（2）与网络渠道的合作。除了自建网络渠道，出版企业还可以借助第三方网络渠道等方式来构建出版产品的网络分销渠道。建立网络分销渠道对出版企业有着积极的意义，网络渠道使分销渠道由粗放变得细化，其目标由向尽可能多的消费者销售同一种出版产品转变为向同一个消费者销售尽可能多的出版产品。目前，出版企业建立网络渠道可选择以下几种方式：

第一，专业的网络书店。专业的网络书店是数字化环境下新分销渠道的主流，网上零售、拍卖等都是网上书店的经营方式。由于容易找到需要的出版产品，且送货时间短，售后服务有保证，消费者若想要通过网络渠道来搜寻或购买出版产品时，大多数会选择大型、专业、图书品种齐全的网上书城。因此，出版企业要加快与综合实力强的专业网络书店的合作步伐，如当当网、卓越亚马逊网、京东网等专业网络书店，并不断地创新合作方式。

出版企业在与专业网络书店进行合作时，需要注意：①与多家有实力、正规的网络书店同时合作；②新出版产品上市后，将出版产品的信息资料及时传递给网络书店；③与网络书店协商并签订包括出版产品的供货折扣、退货周期等内容的购销协议。

第二，门户网站。门户网站本身既是数字出版产品，同时又是数字出版产品的分销渠道。门户网站的发展形成了资源向少数具有竞争力的网站聚集的态势，这些都为数字出版产品的传播提供了良好的环境。例如新浪网在提供在线新闻的基础上，发展起了包括电子杂志、在线读书、视频内容、微博、博客、软件下载、网络游戏等数字出版产品或数字出版产品传播平台。建立在传统出版产品基础上的新闻门户网站也在不断发展。2006年，浙江在线首推全国第一份原版原式的数字报纸等。

第三，综合文献库。综合文献库是建立在互联网基础上的期刊集合库。目前，已形成了万方数据、同方知网、维普资讯、龙源期刊等知名的综合文献库。传统的纸质期刊大多数是通过订阅获得，对于消费者而言，收集分散在不同期刊、不同时期而属同一主题的相关文献是一件非常困难的事情，这就给综合文献库的发展提供了巨大的成长空间，使得综合文献库成为数字出版产品发行分销的重要渠道之一。例如，中国标准出版社与北京万方数据股份有限公司在 2007 年达成了初步合作意向，即在中国标准出版社指定的专业领域与服务范围内，通过万方数据资源服务系统向广大消费者提供中国标准出版社出版的数字化标准全文的检索和阅读服务。2010 年，双方进一步完善了合作模式，增加了备案制度、知识产权维护、数据深度开发等内容。

第四，电子图书网站。电子图书网站通常提供在线阅读和电子书下载服务，通过"付费阅读"和网络广告获得收入，例如，盛大文学和超星数字图书馆。电子图书网站摒弃和简化了传统书店运作所需要的服务设施和多重环节，不只单纯销售出版产品，还充分发挥网络优势，提供丰富多彩的个性化服务，满足消费者特定的需求。目前，已有很多出版企业与电子图书类网站进行合作。例如，北京大学出版社、北京师范大学出版集团、电子工业出版社、广西人民出版社、古籍出版社等都与超星公司签订了合作协议。

在与电子图书网站进行合作时，出版企业要注意几点：①通过签订合作协议，有控制地授予销售电子图书的权力，协议内容应包括电子图书的授权期限、结算周期、定价幅度，以及明确侵权责任等；②为了避免影响纸质图书的销售，应该在纸质图书出版发行半年后，再授权电子图书的网络销售。

第五，手机 WAP。随着手机用户以及手机网民数量的不断攀升，手机已从单纯的通信工具转向移动媒体发展，数字出版也向无线移动、按需定制和跨媒体出版的方向发展。例如，手机报是依托手机作为媒介，由出版企业、移动通信商和网络运营商联手共同搭建的数字内容分销平台，手机用户可以使用手机浏览到数字化的简易新闻、彩图、动漫等内容。WAP 是一项全球性的网络通信协议，移动梦网、手机腾讯网、手机人民网以及手机报的 WAP 版等诸多手机网站就建立在 WAP 基础之上，用户可以通过 WAP 服务，实现新闻、网络小说的在线阅读。截至 2012 年 6 月底，手机网民规模已达 3.88 亿人，占整体网民的 66.3%。手机网民规模的扩大给 WAP 网络带来了持续发展的用户资源。

第六，技术提供商。出版企业还可以选择和技术服务商进行合作，出版企业提供数字内容，技术商提供网络平台。与欧美等国家相比，中国的网络平台还处于起步阶段，数字出版产品若想得到快速的发展，综合性质网络平台的建设非常重要。

（二）分销渠道的宽度设计

渠道的宽度结构，是根据每一层级渠道经销商数量的多少来定义的一种渠道结构，主要有选择型分销和密集型分销两种类型。

1. 纸质图书的选择型分销

选择型分销渠道是指在市场上选择少数符合本企业要求的经销商经营本企业

的产品,是一种介于宽与窄之间的销售渠道。对于纸质图书而言,相对于网络渠道,传统分销渠道花费高、效率低、时间长的缺点非常突出,因此,出版企业应选择能体现图书特色、历史表现比较好的传统分销渠道以及销量比较好的网络渠道。例如,文学类、艺术类的图书便可选择北京库布里克等特色书店,如图1-8所示;当季的畅销书便可以选择"光合作用书房"等专营畅销书的书店。

图1-8 北京库布里克书店

2. 数字出版产品的密集型分销

密集型分销渠道也称为广泛型分销渠道,或普通型分销渠道,是指企业在同一渠道层级上选用尽可能多的经销商来分销自己产品的一种渠道类型。

在数字化环境下,交流沟通由线形结构变成了交互平台,消费者的个性化需求由于互联网的开放性和互动性得到了最大限度的激发。由于消费者个性化需求的增加,面对出版产品内容、排版、装帧、媒介等诸多方面的差异,不同的消费者自然会衍生出"具有特殊需求的小众市场"。这些市场的规模会逐步缩小,其绝对化就是一个消费者。因此,出版企业分销渠道的发展方向就是必须采用相应的新方法来更有效地满足每个消费者的需求。

一方面,由于数字出版产品在生产、物流、消费等方面都具有一定的网络经济性;另一方面,由于不同的消费者对各网络渠道的偏爱程度有所不同,因此,对于数字出版产品,出版企业在同一层级分销渠道上可以选择尽量多的经销商,以迅速占领该领域的市场和扩大品牌的知名度。

（三）分销渠道的维护

出版企业与消费者的关系不仅是出版产品与货币的交换关系，还包括广泛的信息交流关系、感情沟通关系。出版产品分销渠道关系维护的目的是出版企业要与消费者建立起一种非交易伙伴关系，开拓和稳定出版产品市场关系，确保出版产品分销渠道的畅通。在关系营销理论指导下，出版企业不仅要赢得消费者的忠诚，更要让消费者满意，这才是一种持续、稳定、健康的关系。

1. 建立交流平台

先进的数字技术转变了传统营销模式中出版企业和消费者之间的单向线性关系，构建出交互式的关系。与终端用户的"亲密接触"是出版企业新的营销策略。这方面最有名的莫过于各类书友会，例如，贝塔斯曼书友会、席殊书屋读者俱乐部以及其他由出版企业发起的会员制书友组织，把出版企业和消费者联结在一起，零距离地交流，极大地促进了出版产品的销售。除了书友会，出版企业还可以建设网上交流平台，例如，读书论坛、网络推荐会和书评等。

通过与消费者进行定期的直接沟通，收集消费者的建议，并将反馈建议汇总成群体性建议，能够让出版企业准确地把握市场动向，从而制定和丰富营销策略，明确出版计划。

2. 建立营销数据库

出版企业不仅要建立出版产品的数据库，更要建立营销数据库，努力开拓自己的终端客户，减少对经销商的依赖，只有这样，才能从根本上降低出版企业的投资风险和运营成本。

营销数据库是指企业通过整理、分析收集到的消费者信息，预测消费者的购买力与购买行为。利用这些信息对产品进行精准定位以及制定有针对性的营销信息，从而刺激消费者的核心需求，以达成交易。营销数据库可以帮助出版企业更好地解决关系营销中的难题，真正实现"以消费者为中心"的理念，提高消费者忠诚度和消费者的终身价值。

出版企业可以利用营销数据库对分销渠道进行管理。一方面，出版企业可根据消费者购买行为的历史数据对消费者进行分类，挖掘到最具价值的消费者，并可以初步估计出版产品的市场需求，为营销预算的确定提供依据；另一方面，出版企业可以理清经销商网络，经销商的数据是数据库建设的一大重点，根据经销商的历史数据来判断哪些经销商是应该舍弃的，哪些是应该重点配置的，以便打造最佳分销渠道，减少回款风险。

（1）营销数据库建立的原则。营销数据库建立的原则主要有四点：一是客户数据库要详细，并用有效的分类方式对这些信息进行归类；二是数据库信息要能够被出版企业的各个部门共享,如编辑、发行、财务等;三是数据库要能及时更新,并且能够及时利用外部网络的有用资源;四是数据库要具备分析功能,以便为不同的分销商和消费者提供个性化服务。

(2) 营销数据库建立的内容。营销数据库建立的内容主要分为两部分:一部分是终端客户数据,包括其姓名、职业、收入水平、文化程度、联系方式等基本信息,同时还需要分析其性格特点、爱好、购买历史、服务咨询等信息,以判定终端客户的消费倾向和购买能力,开展有针对性的营销活动;另一部分是经销商数据,主要包括其资产总额、账务情况、发货回款情况、信用额度等基础资料。对于主渠道(主要是新华书店)所处区域的经济发展水平、书店规模、营销能力、平均销售额、本版书销售额、书店经理等信息要及时收集。除了主渠道之外,其他经销商多为民营企业,有些企业缺乏规范管理,发展并不均衡,因此,对经销商的信用评估是非常重要的。

七、数字化环境下出版企业促销策略创新

数字化环境下,信息越来越多,传播速度越来越快,给出版产品带来了诸如互联网、手机以及商务楼宇的液晶电视联播网等新型的促销方式。新型促销方式在传播促销信息时受时间和空间的限制较小,而且有较强的目标性和针对性。因此,出版企业应将传统的促销方式和新型的促销方式结合起来,并将整合营销传播的思想和4Cs营销理论中的沟通策略运用到出版产品的促销当中,实现促销策略创新。

(一) 基于整合营销传播理论的促销理念

促销策略创新不代表品牌本质的改变,创新必须在塑造品牌形象的基础上进行。在整合营销传播理论的指导下,促销信息的传达必须保持内在的一致性和连贯性,以增强品牌传播,实现双向沟通。

1. 塑造统一品牌形象

"整合营销传播是以沟通和满足消费者需求为核心,重组企业行为和市场行为,综合协调地使用各种媒体的传播方式。"它以统一的目标和传播形象,传播一致的产品信息,塑造品牌形象,从而有效地达到广告传播的目的。这就要求企业的各部门从不同角度与消费者沟通时有统一的品牌个性、口径、消费者利益点和统一的销售创意;运用电视、广播、报刊、海报、产品目录、互联网等不同媒

体与消费者沟通时,能给消费者统一的品牌印象;人员推销、广告、公关、营业推广等促销策略应互为补充和加强,塑造有冲击力的品牌形象;对整体市场进行细分,对具有不同购买诱因的市场区隔,提供不同的传播策略。只有在充分尊重消费者个性化需求的基础上;才能塑造让消费者理解、信任、记忆深刻、易于识别的品牌形象,从而克服信息时代消费者信息超载的问题。

2. 实现促销双向沟通

传统的营销理论把消费者看作是产品被动的接受者,以企业为中心,通过广告媒体向消费者单向传递信息。但是消费者通常不是根据具体理性的思考或仔细核算的结果来决定是否购买,而是根据他们自以为重要、真实、准确无误的认识。整合营销传播理论强调在信息传递过程中要时刻与消费者进行沟通,有针对性地整合营销信息,使整合后的信息正好与消费者的认知相契合,从而建立或强化消费者对出版产品宣传信息的感知和认可。这样,出版企业便从对出版产品的一般宣传转变为对消费者态度与印象的管理。整合营销传播的价值在于它是一种双向沟通,在信息时代,企业可以利用整合营销传播互动性的特点,实现与消费者的反馈式沟通。

(二) 出版产品的促销策略

促销策略主要分为推式促销和拉式促销两种类型。推式促销主要运用人员推销的策略把产品推向市场。拉式促销主要运用非人员促销策略把消费者拉过来,使消费者对本企业的产品产生需求从而扩大企业产品销量。依据促销过程中所用的手段不同,促销策略可分为人员推销策略、广告促销策略、公共关系促销策略和营业推广促销策略。

1. 人员推销策略

人员推销策略是出版企业的发行人员直接向消费者推销出版产品和服务的一种促销手段,即通过发行人员直接与消费者接触,使消费者了解本出版企业的出版产品,从而带动出版产品销售。人员推销的特点是针对性强,效果及时,成本费用相对较高。

由于数字化环境改变了出版企业的部分出版产品组合,出版企业的目标客户也发生了一定的转变,不再局限于单个的消费者,而是转向"大客户",例如,数据库的主要目标客户群体是各高校的图书馆和网络平台等,针对这一类客户,使用有"互动交流"的人员推销策略会取得更好的效果。目前,人员推销主要有上门直销、电话营销和会议营销等几种形式。

2. 广告促销策略

广告促销是企业按照一定的预算方式,通过支付一定数额的费用,使用不同电视、广播、报纸、杂志、网络等媒体对产品和服务进行宣传的一种促销方式。

近年来，网络、液晶电视、手机等新媒体广告发展迅速，新媒体广告具有传播范围广、不受地域限制、成本低、可多次重复使用等特点，其由于充分利用了文字、声音和图像而极富表现力，特别适合向分散在全国各地的众多目标消费者传递促销信息。

在实施广告促销策略后，出版企业应及时对广告促销所取得的效果做出合理的评估和测定。目前普遍采用的方法主要有广告费用对比产品销售数量法（广告费用与企业产品销售数量的比值）、广告费用对比销售额法（广告费用与企业产品销售额的比值）、弹性系数法（广告费用投入量变动率与企业产品销售额变动率的比值）等。

3. 公共关系促销策略

公共关系促销是一种着眼于企业长期发展的促销策略，主要是通过编发有意义的社会新闻、参加社会公益活动、赞助福利事业等公关活动来树立社会各界，尤其是目标消费者对出版企业的良好印象，从而促进销售。

数字化环境下，信息传播的速度加快，辐射范围变广，将"口碑"的作用放大，出版企业应该充分利用媒介的这一变化，要把维护公共关系的活动定期化，为出版企业的长期发展奠定基础。

4. 营业推广策略

营业推广是指企业运用各种短期诱因鼓励消费者和经销商购买代理企业产品或服务的促销活动。营业推广具有多种方式，企业要结合这些方式的各自特点、产品特点、促销目标及目标受众、促销市场环境等多种因素综合考虑。

针对消费者的营业推广方式主要有产品样品赠送、产品的包装兑现、产品捆绑（如买一赠一）、累计销售产品数量、购物券类赠送等方式；针对经销商的营业推广方式主要有经销商一定经销期间的返点奖励政策、经销商累计销售价格折扣奖励销售政策、经销商销售任务完成及超额奖励政策、代理商渠道拓展折扣奖励政策等。

数字化环境的发展为促销提供了新的手段和发展空间。新的信息传递媒体会促进促销策略的发展，使得促销策略更强调互动、分众、可控和效果的可测性。出版企业在使用营业推广方式时必须选择适当的促销产品、合适的促销目标对象、合适的促销环境、理性的宣传媒体、恰当的促销活动方式才能达到企业预期的促销效果，取得较好的促销业绩。促销业绩不仅是指暂时的，更应考虑企业的长远发展空间，因此，出版企业在运用营业推广方式时必须制订较为详尽的促销计划，理性地实施运用。

(三) 基于出版产品生命周期的促销策略创新

由于人员推销、广告、公关关系、营业推广这四种促销方式促销的侧重点有所不同，出版产品的市场需求和竞争程度在生命周期的不同阶段也有所不同。因此，在实际促销过程中，就需要根据企业的现实需要以及出版产品所处的生命周期阶段，对上述四种促销方式进行选择、综合编排，形成不同的促销组合。

1. 引入期

在这一阶段，出版产品刚上市，消费者对其缺乏了解，市场需求不大，销量增长缓慢，出版企业的利润空间狭小。因此，出版企业应选择在短时期内能识别关键客户并会产生显著宣传效果的促销手段。

（1）传统媒体的广告宣传。可以选择与出版物相关的广播电台、报纸和杂志等媒体围绕产品内容、作者、专家学者对出版产品的评论等进行宣传，让尽可能多的潜在目标消费者了解到这一出版物的相关信息。

（2）网络广告宣传。进行网络宣传时应选择出版产品的行业网站、与该出版产品内容相关的行业网站、浏览量比较大的门户网站的图书频道发布书讯。例如，电子工业出版社世纪波公司的《台湾旅游TOP体验》一书在艺龙网、欣欣旅游网均有宣传。进行网络宣传时需注意拉式促销的魅力，要考虑到消费者的核心需求点，针对其核心需求设计广告标语，以吸引消费者的眼球。

（3）新书发布会。可以针对出版产品展开话题设计，与大型书店、网络书店或读者俱乐部合作，举行该出版产品的首发，寻找新闻发布的卖点，加强对消费者观念的冲击。

（4）免费体验。可在自己的网站、网络书店或者与技术商、阅读器终端商等合作的平台上发布出版产品的连载资料，采用体验式促销策略，以部分免费的形式获得目标消费者的私人信息。例如，电子书可设置免费阅读章节，如果消费者看了之后比较感兴趣，可以选择付费阅读其他章节。

2. 成长期

由于前一阶段的宣传造势，在这一时期，出版产品的内容、价值等已经为较多的消费者所了解并逐渐获得消费者的关注。经销商在了解出版产品的同时，也对市场需求有了初步的判断。在出版产品销量增加、成本下降、利润增长的同时，市场竞争开始出现，出版企业一方面要严防盗版对出版产品的冲击；另一方面要针对选题跟风等问题采取一定的措施。这一阶段促销的重点转移到诱导消费者对出版产品的兴趣和偏好上来，以激发消费者的购买欲望。出版企业应采用互动式、多层次的宣传媒体和促销方式来宣传出版产品的优势与特色，以提高出版企业、出版产品在消费群体中的知名度和影响力，塑造品牌形象。

（1）签售会。如果该出版产品在前一阶段的市场反响情况比较好，可以与传统书店及网络书店进行合作，举办该出版产品的签售会。

（2）博客宣传。与一些大型门户网站合作，或者在新浪、搜狐、网易、腾讯等各大门户网站开设博客，就某出版产品展开话题讨论专区，实现双向沟通。

（3）召开论坛。就出版产品中的话题召开论坛，引起媒体和消费者以及作者之间的互动，之后还可以将论坛内容制作成网络视频，传到相关的出版网站、门户网站的图书栏目以及专门的视频网站上，充分利用已有资源进行更为广泛的传播。

（4）人员推销。在引入期，消费者已经对出版产品有了一定的认知，这时，出版企业应选择"拉—推结合"的促销策略，对在引入期积攒的意向客户，通过电话营销、目录营销以及展览会等途径进行有针对性的拜访。发行人员与消费者面对面的交流，可以加大成交的概率。

成长期在出版产品生命周期中非常关键，此阶段出版产品销量快速增长，将为出版产品进入成熟期打下坚实的基础。因此，在这一阶段，出版企业应采用多种促销方式以形成全方位立体化的促销模式。

3. 成熟期

在成熟期，出版产品已为广大消费者和经销商所熟悉，并占有一定的市场份额，出版产品的销售呈现出量大且增长稳定的特点，这一阶段出版企业的利润达到最高点。然而，在成熟期的后期，出版产品的销量增长速度逐渐减缓，市场开始趋于饱和，大量的同类出版产品使得竞争程度达到白热化。

这一阶段，出版企业应采取防御型宣传策略，促销的工作重点是维护与经销商之间的关系以及企业的品牌形象宣传。以广告为主的宣传促销应相对减少，可使用公共关系、营业推广等费用较低的促销方式。

（1）个性化服务促销。这一阶段的促销应由"服务大众"转向"服务小众"。利用手机短信及电子邮件等方式，对目标消费者进行个性化营销，可提供按需出版、网络课堂、读者俱乐部等增值服务或个性化服务，以满足不同小众的个性化需求。

（2）展览会。出版企业可以在某个时间点，选定某一主题，将进入衰退期的出版产品集合起来，通过举办展览会的形式进行大力度的促销，同时还可以对出版企业的品牌进行宣传。

4. 衰退期

随着时间的推移，出版产品将被性价比更高的竞争品和替代品所取代，出版产品的销量和销售额快速下降。到衰退期，出版产品库存在逐渐增加，促销活动也接近尾声。这一阶段的出版产品不适合做大规模的宣传促销活动，而是应采用成本较低的营业推广策略。

（1）折扣。与大型网商、读者俱乐部、经销商进行合作，以比较低的折扣促销该书，还可以在团购网站上进行团购促销，最大限度地减少库存。

（2）搭配产品。出版企业利用数字技术推出有关该书附加价值的产品，向欲购买该书的消费者免费赠送。

出版产品的促销工作是沟通出版市场供需信息的桥梁，是出版企业竞争的重要手段。出版产品促销不是推销，不是简单地把出版产品销售给消费者，而是要通过各种宣传手段和促销活动唤起消费者购买的欲望，从而实现出版产品的销售。要提高出版产品的营销水平和销售业绩，就必须采取全方位的促销手段，首先要树立与时俱进的宣传促销理念，加大投资、重视策略、讲究艺术，不仅要对出版产品进行有效的促销，还要对出版企业自身的品牌和企业形象进行塑造和宣传；其次是要根据企业具体情况和出版产品品种、特点的不同，采取有创意的全方位促销。无论出版企业采取哪种促销方式，都要注意立体化、多样化、整体性和连续性。各种促销手段相互协调配合、互为补充加强，形成一个交叉、立体、整体的促销系统。

八、结　语

如今，出版市场的竞争日益激烈，出版产品的单品种销量急剧下滑，出版企业要想在迅速变化的市场环境下求生存、求发展，就必须将营销作为经营工作中的重点。把4Ps营销理论和4Cs营销理论结合起来，并融入关系营销、整合营销传播等理论的思想，充分利用出版企业的各种资源，进一步开拓市场和服务市场。

在产品组合调整策略中，出版企业要充分利用数字化环境所带来的便利条件，并结合自身的优势和市场需求，选择适合自己的产品组合策略。不论出版企业选择何种产品组合策略，产品形态立体化都是数字化环境下出版企业产品策略发展的重点方向。

在价格策略中，综合考虑影响定价的各个因素，尤其是消费者的消费成本。如何了解每一个消费者愿意为某出版产品所支付的最高价格，以何种方式让消费者参与出版产品的定价更加合理，是出版企业在给出版产品定价时应该思考的。

在分销渠道策略中，要实现分销渠道的扁平化，在构建分销渠道时要考虑消费者的便利性，分销渠道建成后，要善于运用营销数据库和其他的数字化服务来维护渠道上的终端消费者和经销商。

在促销策略中,要考虑与消费者的双向沟通,出版企业应该谨记"沟通的意义在于回应",这样才能更加准确地了解消费者的需求。基于产品生命周期的促销策略更加适合于畅销出版产品,对于常销出版产品则要使用以公共关系和营业推广为主的促销组合。

由于本人学术水平的限制以及企业实践经验较少,本章的研究还存在很多不足,首先对出版业在数字化环境下的发展趋势研究得不够透彻;其次,在第七部分中提出的基于产品生命周期的促销策略主要适用于畅销出版物的宣传传播,不具有普遍性。后期可针对出版企业在数字化环境下的产品、定价、分销、促销分别进行量化的实证研究,例如,数字化环境下出版产品的定价模型等。

参考文献

[1] 葛梅荣. 信息化视角下图书馆面临的挑战与对策 [J]. 郑州铁路职业技术学院学报, 2012 (2): 123 – 125.

[2] 中华人民共和国新闻出版总署. 2011年新闻出版产业分析报告 [R]. 2012.

[3] 王雷军. 浅谈新时期企业营销管理的创新 [J]. 现代营销, 2010 (6): 20 – 21.

[4] 董云虎. 把握国际出版业走向 [N]. 中国新闻出版报, 2011 – 09 – 01.

[5] 居红云, 周海忠. 中小出版社如何形成数字化出版产品线 [J]. 出版参考, 2011 (21): 16 – 17.

[6] 陈媛媛. 从图书的产品调整战略看出版社在产品组合策略上存在的问题 [J]. 南方论刊, 2007 (9): 63 – 64.

[7] 孟凡舟, 姜世华. 论图书产品组合 [J]. 图书情报知识, 1992 (2): 70 – 71.

[8] 卢绍君. 图书产品结构及其组合策略 [J]. 武汉大学学报, 1992 (6): 113 – 118.

[9] 丹尼尔·温纳. 数字化转型, 出版社如何博弈? [N]. 林成林译. 中国新闻出版报, 2011 – 04 – 11.

[10] 袁红清. 数字产品特征与定价策略的经济学分析 [J]. 宁波大学学报(理工版), 2003, 16 (2): 149 – 152.

[11] 王晓玲, 孙德林. 数字产品及其定价策略 [J]. 当代财经, 2003 (12): 17 – 19.

[12] 杜江萍, 薛智韵, 高平等. 数字产品免费价格策略探析 [J]. 企业经济, 2005 (5): 61 – 63.

[13] 张铭洪, 陈蓉. 数字产品定价策略 [J]. 商业时代, 2002 (7): 78 – 79.

[14] 范翠玲. 数字信息商品定价策略探讨 [J]. 情报理论与实践, 2006, 29 (2): 172 – 174.

[15] 卓凯. 互联网环境中的价格歧视——基于数字产品定价的应用分析 [J]. 科技进步与对策, 2004, 21 (2): 121 – 122.

[16] 肖光恩, 方凯. 数字化产品定价策略浅析 [J]. 市场经济研究, 2001 (3): 51 – 52.

[17] 王刊良. 数字化产品的经济特征、分类及其定价策略研究 [J]. 中国软科学, 2002 (6): 58 – 62.

[18] 赵明霞. 出版社图书分销渠道趋势研究综述 [J]. 编辑之友, 2010 (6): 50 – 51.

[19] 牛全保, 邹英杰. 网店与实体店的渠道冲突探索 [J]. 管理学刊, 2012, 25 (2): 74 – 77.

[20] 于殿利. 出版社自办发行 [J]. 中国出版, 2001 (1): 150.

[21] 贺剑锋. 我国出版业结构问题及其调整 [J]. 出版发行研究, 2001 (3): 14 – 18.

[22] 金宇. 出版数字化对图书营销的影响 [J]. 东南传播, 2010 (8): 168 – 170.

[23] 任晓宁. 数字巨头大举涌入, 传统出版喜忧参半 [N]. 数字时代周刊, 2011 – 09 – 14.

[24] 李东. 从图书市场格局变化探索发行"中盘"运作模式 [J]. 出版广角, 2001 (5): 28 – 29.

[25] 赵朋举, 周立钢. 营销数据库——出版社开展图书关系营销的引擎和支柱 [J]. 新闻传播, 2010 (1): 50 – 51.

[26] 姜新祺. 强化图书宣传意识, 创新图书宣传方法 [J]. 大学出版, 1996 (2): 15 – 16.

[27] 陈东新. 图书促销新思路 [J]. 学习论坛, 1994 (3): 16 – 17.

[28] 罗紫初. 跨世纪的出版业思考 [M]. 北京: 中国书籍出版社, 1997.

[29] 蔡文田, 曹恒轩. 论图书营销组合策略 [J]. 编辑之友, 2002 (S1): 18 – 20.

[30] 何皓. 当前图书发行的分销与促销策略初探 [J]. 湖北社会科学, 2004 (11): 83 – 84.

[31] 方永锦. 基于图书生命周期理论的图书广告促销策略探析 [J]. 商场现代化, 2011 (11): 34 – 36.

[32] 柳斌杰. 数字时代的全球出版走势 [N]. 中国新闻出版报, 2011 – 09 – 01.

[33] 王坤宁. 中国出版业: 积极布局, 迎接"十二五"开局之年 [N]. 中国新闻出版报, 2011 – 01 – 17.

[34] 菲利普·科特勒, 凯文·莱恩·凯勒. 营销管理 [M] (第14版). 王永贵等译. 北京: 中国人民大学出版社, 2012.

[35] 方卿, 姚永春. 图书营销学教程 [M]. 长沙: 湖南大学出版社, 2008.

[36] 王海云, 吴玉红, 费秀红. 出版社营销管理 [M]. 北京: 经济管理出版社, 2009.

[37] 程小东. 我国出版企业图书市场营销策略研究 [D]. 哈尔滨工程大学硕士学位论文, 2008.

[38] 陆炜颖. 网上书店发展策略研究 [D]. 北京邮电大学硕士学位论文, 2007.

[39] 尹伯成. 西方经济学 [M]. 上海: 上海人民出版社, 2001.

[40] 吴友富. 面向21世纪的整合营销 [J]. 上海管理科学, 2006, 28 (4): 1 – 5.

[41] 季守利. 数字出版平台: 产业发展的"枢纽" [N]. 数字时代, 2010 – 01 – 05.

[42] 周林. 我国书业按需出版发展模式研究 [D]. 同济大学硕士学位论文, 2008.

[43] 元方. 数字时代教育出版发展策略研究——以高等教育出版社的数字化实践为

例 [D]. 中国人民大学硕士学位论文, 2007.

[44] 余胜泉, 张泽. E-learning 时代高校教材的立体化出版 [J]. 中国大学教学, 2006 (2): 56-59.

[45] 林华, 陈钢. 出版集团数字出版组织及资源管理模式探讨 [J]. 科技与出版, 2012 (3): 56-57.

[46] 桂梅. 图书定价的七大因素分析 [J]. 价格月刊, 2006 (11): 7-9.

[47] 窦曦骞. 浅析电子文献产品的定价模式 [J]. 情报理论与实践, 2008, 31 (5): 675-679.

[48] 周建华. 发行渠道的管理与创新 [J]. 编辑学刊, 2008 (1): 29-33.

[49] 孙国庆. 传统书业依然要坚守内容与产品 [N]. 中国新闻出版报, 2011-01-21.

[50] 方颖芝. 长尾理论开辟图书营销新模式 [J]. 出版参考, 2008 (1): 28.

[51] 吴洋, 李伟. 长尾理论视角下出版产品交换工作的个性化研究 [J]. 科技情报开发与经济, 2010 (15): 1-3.

[52] 尹杰. 图书营销渠道管理及其运行模式研究 [J]. 科技与出版, 2010 (3): 36-39.

[53] 曹稳. 试论出版业营销渠道建设 [J]. 河北大学成人教育学院学报, 2011, 13 (4): 121-122.

[54] 张霞. 电子商务环境下图书分销渠道研究 [D]. 武汉大学硕士学位论义, 2005.

[55] 赵晓飞. 关系营销内涵与运作策略分析 [J]. 市场研究, 2007 (8): 35-39.

[56] 杨智, 李素英. 关系营销导向研究: 回顾与展望 [J]. 商业研究, 2009 (12): 1-4.

[57] 范延晶. 关系营销概述及发展前沿 [J]. 北方经贸, 2011 (6): 56-57.

[58] 许加彪. 图书价格的竞争策略分析: 价格歧视的理论视角 [J]. 编辑之友, 2012 (3): 29-32.

[59] 唐·舒尔茨, 海蒂·舒尔茨. 整合营销传播 [M]. 北京: 中国财政经济出版社, 2005.

[60] 焦晓波, 王菁娜. 整合营销沟通: 理论回顾及其在我国的应用障碍分析 [J]. 生产力研究, 2006 (7): 245-251.

[61] 赵亮, 郭鸿雁. 试析媒介整合营销 [J]. 中州学刊, 2006 (6): 254-256.

[62] 叶亮军, 范晓艳. 论报纸发行整合营销新模式 [J]. 商业时代, 2007 (13): 93-94.

[63] 陈功. 数字出版产品整合营销模式研究 [J]. 编辑之友, 2011 (11): 41-43.

[64] 梁胜. 简谈出版营销的策略 [J]. 出版发行研究, 2011 (9): 41-42.

[65] Deborah Wyatt. E-Publishing Today [J]. Australian Journal of Emerging Technologies and Society, 2003, 1 (1): 2-13.

[66] Don E. Schultz, Stanley I. Tannenbaum, Robert F. Lauterborn. The New Marketing Paradigm: Integrated Marketing Communications [M]. NTC Business Books, 2003.

[67] Kevin J. Trainor, Adam Rapp, Lauren Skinner Beitelspacher et al. Integrating Information

Technology and Marketing: An Examination of the Drivers and Outcomes of E-Marketing Capability [J]. Industrial Marketing Management, 2011 (40): 162 – 174.

[68] Berkley B. J., Gupta A. Improving Service Quality with Information Technology [J]. International Journal of Information Management, 1994, 14 (4): 109 – 121.

[69] Sheth, Jagdish N., Sharma et al. International E – Marketing: Opportunities and Issues [J]. International Marketing Review, 2005, 22 (6): 611 – 622.

[70] Pennie Frow, Adrian Payne, Ian F. Wilkinson et al. Customer Management and CRM [J]. Journal of Services Marketing, 2011, 25 (2): 79 – 89.

第二篇　商业银行公司治理与创新绩效的关系研究[*]

一、绪论

(一) 研究背景

1. 中国商业银行公司治理情况概述

20世纪30年代，由于企业所有权和经营权的分离而产生了"公司治理"的问题，之后商业银行逐渐以"债权人"或"大股东"的身份参与到一般企业的公司治理当中。1997年，东南亚金融危机的爆发首次吸引了大量专家学者和业界人士对商业银行本身公司治理的注意，如 Benny Simon (2001) 认为印度尼西亚银行业公司治理的系统性缺陷是导致东南亚金融危机的诱因，自此商业银行从公司治理的重要监督者转而成为被治理的对象。2007年，美国次贷危机给全球造成了惨重的后果，通过对危机产生的原因进行分析，人们越来越清楚地认识到公司治理对银行业本身所具有的重大意义。

中国商业银行公司治理改革是随着社会主义市场经济发展和现代金融体系制度的建立而逐步推进的。1986～1996年，深圳发展银行、交通银行、招商银行、民生银行、中信银行等一批全国性股份制商业银行先后成立。2003年国家决定对国有商业银行实行股份制改革，2003～2009年，中国银行、中国农业银行、中国工商银行、中国建设银行（以下简称中、农、工、建）四大国有独资商业银行也完成了向国家控股的股份制商业银行的转变。随着中国金融体系改革的推进，中小金融机构进入迅速发展时期，对商业银行公司治理的实践和探索也进入了普及化、多样化、创新化的发展阶段。

---

[*] 作者简介：张彬彬，北京印刷学院企业管理专业2010级硕士研究生，指导教师为李治堂教授。

上市是把中国传统的商业银行改造成为服务与效益良好的现代化金融企业的必然要求,也是完善商业银行公司治理的必由之路,现如今中国上市商业银行的数目已达到16家,但在这其中有多数的银行股改上市时间并不很长,虽说目前其公司治理的水准与以前相比有了一定的提高,例如基本都能按照"三会分设、三权分开、有效制约、协调发展"的原则,建立起"三会一层"的现代公司治理结构,并制定相应的决策、执行和监督制度,确保各方独立运作、有效制衡。但这些都可能只是表面,在真正为银行带来实效上起不到太大的作用。实际上,中国商业银行的公司治理必然不同程度地存在着一些国际金融机构公司治理的共性缺陷,如控股股东侵占中小股东利益和内部人控制等问题,同时中国商业银行带有自身特色的治理难题,如不合理的薪酬激励机制、董事会履职能力不强等,也需要我们积极地去探索和研究。

2. 中国商业银行创新能力不足

创新是人类生存和发展的不竭动力,是国家经济发展强有力的推动引擎,中国的《国家中长期科学和技术发展规划(2006~2020)》中已经明确提出了要把中国建设成为创新型国家的伟大战略目标,并把现代服务业作为关键发展领域之一。金融服务业是现代经济的核心,而作为金融行业中最重要的角色——商业银行,更有赖于创新来建立竞争优势,从而实现持续的盈利和成长。

近年来,伴随着金融市场化程度不断加深和经济全球化进程的加剧,尤其是中国人民币零售业务自2006年12月11日起向外资银行全面开放以后,越来越多的国际大型银行涌进了中国金融市场,它们凭借先进的经营理念、科学的管理方法、优质的服务、丰富的金融产品和业务组合以及遍布全球的营销网络,使中国商业银行面临着空前的压力和挑战。为了生存和发展,各家商业银行都在积极提高服务质量,改善经营管理。同时,为了吸引更多的客户,抢占市场份额,商业银行的各类金融产品的服务项目也屡屡出新。这一系列的创新活动的确在一定程度上增强了中国商业银行的竞争力,但这种增强却是出自纵向比较的结果,是与中国原来十分落后的金融现实相比得出的结论,如果与国际先进银行的水平相比,事实是中国银行业的金融创新仍然处于初级阶段,中国商业银行的创新绩效还很不理想。以中间业务收入为例,近年来以中间业务产品创新为代表的金融业务创新改变了现代商业银行的业务结构,使中间业务成为与传统资产、负债业务并重的第三大支柱业务。中国银监会2007年为国内各大中型商业银行设定的目标是在5~10年内将中间业务收入占营业收入比值提高至40%~50%,然而截至2011年年末,中国商业银行中间业务占比的最大值仅为21.37%(中国工商银行),紧随其后的是19.70%(中国银行),而目前国际先进银行的这一比值基本在40%以上,最高的甚至达到70%~80%(如英国巴克莱银行和美国花旗银行)。再以平均资产利润率为例,有数据显示中国四大国有银行(中、农、工、建)的平均水平仅为美国商业银行的1/13左右,这充分说明中国商业银行的主要收入来源仍是高资本消耗的信贷业务。从数据中不难看出差距,也更能感受到压力,在与外资银行相互竞争的自由市场环境下,发展创新能力、提高创新绩效是对中国商业银行最迫切的要求。

(二) 问题的提出与研究意义

对于"如何提高商业银行创新能力"这个问题,已有大量的国内外学者从银行的创新现状、创新动因、业务创新等方面进行了或理论或实证的研究,如郭德维(2008)通过发放问卷对中国商业银行的创新活跃度、创新相关因素、机构内部创新管理、创新风险与银行业监管等现状进行调查,指出应切实转变经营理念、重视人才培养、调整业务结构、加强内部监管等。随着近年来国有商业银行和地方商业银行的陆续上市,部分学者非常明确地指出了公司治理对于银行创新的重要影响。如刘思(2006)认为现代企业制度的不完善、内部控制的缺位和金融监管的不完善都造成了对商业银行业务创新能力的制约。曹蒸蒸(2009)选取了14家商业银行作为研究对象,构建出中国商业银行金融创新力的指标评价体系,然后以此为基础采用主成分分析方法对样本银行的金融创新能力进行了实证分析,分析结果表明,要培育和提升银行的金融创新能力,首先应该从建立和完善金融产品创新的制度方面想办法,只有在制度上能够体现出对创新激励的作用,才能从根本上激发出源源不断的金融创新产品和服务。但是公司治理具体对银行创新有什么影响?怎样的公司治理结构和治理机制能更有利于促进银行创新绩效的提高?目前这方面的实证研究还很少见。

另有学者强调了良好的公司治理对于防范银行金融创新风险的重要性。金融创新必要性已不必多谈,但它是为实体经济服务的,是手段不是目的。分析2007年金融危机爆发的根本原因,理论界和实践界普遍认为是华尔街的金融机构创新过度,为创新而创新,只为谋求私利而对明知存在的巨大风险置若罔闻,更忽视了投资者和社会公众的利益,这显然违背了金融创新的初衷。缺乏治理保障的金融创新,终于导致了全球性的巨大灾难,也再次凸显出了"繁荣"背后金融机构自身治理的重要性(李维安,2009)。

鉴于公司治理对于银行创新的重要意义和中国商业银行公司治理、创新绩效都亟待改善的现状,本章以中国14家上市商业银行的内部公司治理和其创新绩效为研究对象,试图通过对二者关系的理论和实证分析,找出完善商业银行内部公司治理结构和治理机制,从而提升银行创新绩效的有利途径,为今后中国商业银行公司治理的发展提供一些参考。

(三) 研究内容和研究方法

1. 研究内容和研究框架

结合研究主题，本章的结构安排如下：

第一，绪论。本部分主要说明了本章研究的问题及其研究背景、研究意义，同时介绍了具体的研究内容、研究框架、研究方法。

第二，理论基础和文献综述。本部分首先对公司治理有关概念和理论进行了界定和回顾，并在此基础上提出了商业银行公司治理的特殊性和治理目标；其次对金融创新的概念进行了界定，讨论了银行金融创新的内容及其分类，为实证研究做好准备；最后是对公司治理与企业创新关系的相关国内外文献综述和评价。

第三，实证研究设计。本部分在理论分析和前人研究成果的基础上提出了本章的基本假设，并对假设中涉及的变量加以设定和说明。

第四，实证检验与分析。本部分首先说明了本章研究样本的选取标准、研究对象的范围、研究期间以及数据来源。然后通过样本数据的描述性统计结果对样本中14家商业银行业的公司治理现状和创新现状给予了简单评述。最后应用Eviews 6.0统计分析软件对样本进行了基于面板数据的回归分析来检验研究假设，从而得出实证研究的基本结论。

第五，结论。本部分对本章的所有研究结论进行了总结归纳，并对中国商业银行如何完善公司治理以提高创新绩效提出了一些建议，最后指出本研究的创新点、局限性以及未来在相关领域内可以进一步深化的研究方向。

根据研究内容和本章的实际撰写过程，本章的研究框架如图2－1所示。

2. 研究方法

本章在研究过程中根据研究主题和研究内容的特点，充分考虑各种研究方法的科学性和数据获得的可行性，主要采用了理论分析与实证分析相结合的研究方法。

第一，理论分析法。通过对国内外有关文献进行回顾和梳理，获得本研究的研究主题、思路以及理论依据，在此基础上提出本文的概念模型和研究假设。

第二，实证分析方法。通过二手数据搜集获得关于银行公司治理和创新绩效方面的数据，采用Excel进行数据整理、编辑变量公式并计算变量，采用Eviews软件对变量进行描述性统计分析，获得变量平均值、最大最小值、标准差等相关信息，同时通过变量相关性检验和大量面板数据的回归分析对研究假设进行检验并得出研究结论。

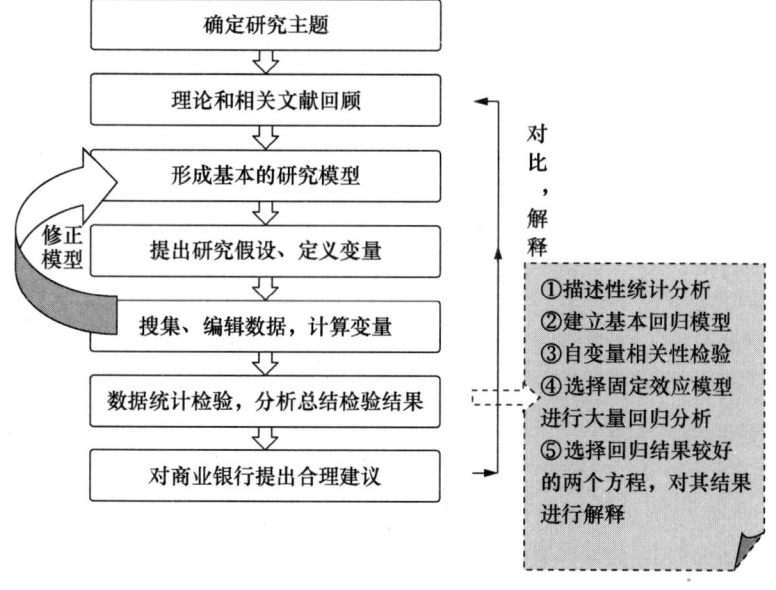

图 2-1 研究框架

二、理论基础和文献综述

(一) 公司治理理论

1. 公司治理的定义及理论背景

公司治理 (Corporate Governance) 的概念起源于 1932 年，之所以会出现公司治理问题，前提是公司的所有权和控制权分离产生代理问题，关键原因是委托人和代理人之间存在信息不对称，使他们之间无法签订一个完全契约（或者因为成本过高而放弃签订），从而需要一套治理体系来对代理人加以约束和激励，防止代理人的机会主义行为和减小代理成本，最终目的是为了实现公司价值（尤其是股东财富）的最大化。对于公司治理的理解，众多组织和学者各不相同，有的具体一些，有的宽泛一些，其中为世界各国广泛接纳的是经济合作和发展组织（OECD）对于公司治理的定义：公司治理是公司管理层、董事会、股东及其他利益相关者之间的一种关系；公司治理还通过明确公司经营目标以及制定实现这些目标和监督执行的措施形成组织框架；稳健的公司治理应提供合理的激励机制,促使董事会和管理层以实现公司及股东利益为目标,同时促进有效监督。

众多学者从不同角度对公司治理问题进行了研究,其中具代表性的是超产权理论、两权分离理论、委托—代理理论和利益相关者理论,它们合起来构成了公司治理问题的主要理论基础。

两权分离理论是伴随着股份制公司的出现而产生的。贝利和米恩斯(1932)在其合著的《现代公司与私有产权》一书中,阐述了他们以美国的200家大公司作为样本进行的调查研究结果,他们发现在所有这些大公司当中,竟然有相当比例的公司实际上是被并未持有公司股份的高层管理者所控制的,因此得出的结论是现代公司已经发生了"所有权与控制权的分离"。钱德勒(1987)在《看得见的手——美国企业管理革命》中写道:"股权分散的加剧和管理的专业化,使得拥有专门管理知识并垄断了专门经营信息的经理实际上掌握了对企业的控制权,导致'两权分离'。"

"两权分离"引发的最直接问题是,所有者如何对拥有控制权的经营者进行有效的约束和激励,委托—代理理论在此情景下应运而生。委托—代理理论假设公司经营者是一个理性的"经济人",他将在追求自己利益最大化的目标下行动,他所追求的利益目标未必会与股东的利益目标完全一致,当二者产生冲突时,公司的经营者很可能会为了追求自身的利益而弃股东利益于不顾。那么公司的委托人究竟如何选择、约束和激励经理人员呢?米勒教授(Miller,1995)对此是这样表述的:"如何才能保证公司的经理人员得到恰好为其所需要而不是过多的资源以完成有利可图的项目?经理人员应该遵守什么样的准则来管理经营公司业务?谁负责判断经理人员对公司资源运用方法的恰当与否?如果运用不当谁又有权力来决定替换经理?"米勒教授的一番疑问针对的是公司治理中董事会的结构和功能,董事长与经理的权利和义务,以及相应的聘任、激励与约束等方面的制度安排,但这仅仅是公司治理的一部分而已,完整的公司治理体系(见图2-2)应包括以董事会治理为核心的内部治理和以经理人市场、产品市场、资本市场、并购市场等为主要内容的外部治理,这样才能保证在内部制度的激励、约束和外部环境的监督、威胁下,经理人员努力为实现公司价值最大化而工作。

超产权理论是在20世纪90年代以后新兴的一个公司治理理论分支,是传统产权理论经过实证分析解释和逻辑演绎的结果。该理论的基本观点有:①产权改革并不能够确保公司治理结构的有效性提高,而保证公司治理结构改善的关键应该是"市场竞争"。②公司经营效益的提高和对管理者的激励力度并不一定是正相关关系,只有在"市场竞争"的前提下才是如此。超产权理论围绕"市场竞争"这个核心概念,诠释了世界上一些国有企业,尤其是国有控股公司的成功经

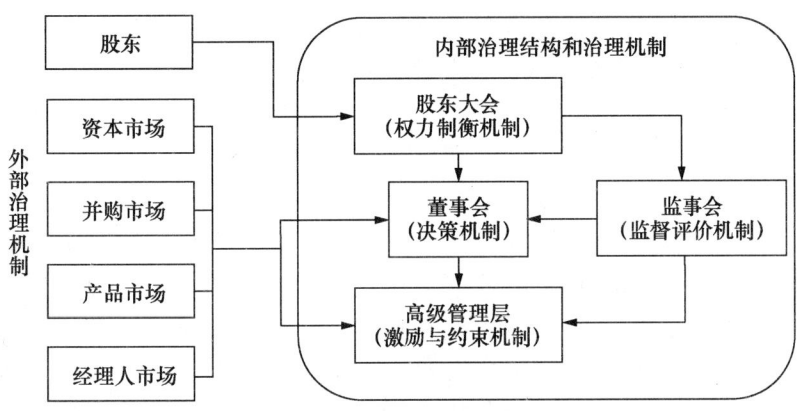

图 2-2 完整的公司治理体系

验。而且该理论也为我们提供了新的研究公司治理的视角:只有通过建立健全市场经济体系,积极主动地投入到市场竞争当中,才能构建起有效的公司治理结构,确保公司治理目标的最终实现。

利益相关者从广义上说包括所有与公司产生利益关系,与公司发生双向影响的法人、自然人或其他机构,例如债权人、股东、员工、供应商、零售商、顾客、政府及社区等。利益相关者理论的主要思想是,要充分体现出公司作为一个经济组织存在的价值,仅以股东利益最大化作为公司的目标是不妥当的,因为其他利益相关者也对公司价值做了或多或少的贡献,所以应当把全部利益相关者的共同利益最大化作为现代公司的治理目标,有效的公司治理结构和机制应保证全部利益相关者与公司的利益关联程度与他们的权利、责任和义务相匹配。

2. 商业银行的特殊性及其对银行治理的影响

相对于一般企业而言,商业银行显然具有一些特殊的性质,所以我们不能简单地将公司治理理论和针对一般企业的公司治理经验直接套用到商业银行当中去,而是要去发现商业银行的特殊性,去研究这些特殊性如何对银行公司治理产生影响。

(1) 严重的信息不对称性。银行的利益相关者众多,诸如股东、存款人、贷款人、监管者等都与银行存在着不同程度的信息不对称,任何行业都存在信息不对称的情况,但在银行业中这种情况尤为严重。因为从银行获取信息对于大多数普通的存款人来说是很困难甚至是不可能的,这也导致这些存款人难以利用债务人的身份来约束银行管理者;又比如贷款人向银行提供其信用、资产等方面的信息,但毕竟这些信息是有限的,银行放贷时无法确定这笔贷款质量的好坏,因为贷款如果存在问题也不会马上暴露,它具有长时间的隐蔽性;更为严重的是,信息不对称将加大银行管理者的转移财富动机,也更加方便了他们的财富转移行为,甚至高管与银行大股东联合起来操纵董事会,谋取私利也变得较为容易。总之,所有这些信息上的不对称都使得对银行公司治理中的委托—代理关系极为复杂,代理成本也高于一般企业,外部对银行的监督也变得更加困难,因而许多普遍适用的公司治理原则如果原封不动地套用到银行治理中其有效性会受到影响。

(2) 资本结构的特殊性。《巴塞尔协议》对于商业银行资本充足率的最低限制是8%,在五年以前中国多数商业银行还达不到这个要求(倘若将风险加权因素排除,商业银行的资产负债率还会更高)。换言之,银行最少只要有8元的本钱就可以做100元的事,放在其他行业这是不可能的事。对银行而言,表面上看资金是股东提供的,但假如缺乏债权人和存款人这一资金来源,那么银行必将失去其存在的根基。然而一旦银行破产,股东们将只按照其投资的8%来承担有限责任,其余损失则需要银行的债权人和存款人共同分担。对于绝大多数居民来说,由于中国的金融深化程度不足,公众的投资渠道有限,多数人的医疗支出都有赖于他们的存款,因而银行保持适当的流动性、必要的清偿能力以及适度的风险就显得非常必要。

银行高负债率的资本结构也使得银行的监督机制不同于一般企业。由于监督成本的不可分摊性和监督收益按股份均摊的矛盾,导致了中小股东们在实施监督时普遍存在"搭便车"心理,继而使管理者的机会主义行为缺少有效的监督。理论上债权的存在能够对由于单纯依赖股权监督而产生的缺陷起到一定的弥补作用,因为债务人在偿还本金和支付利息时必须严格按照约定执行,到期不能还清本息可能会面临破产的危机,这种机制带来的压力使债权有着独特的硬预算约束功能,从而影响到管理者的行为。对于一般工商业企业,银行由于对其拥有较大的债权,能够作为外部重要的监督力量参与公司治理(尤其在德国、日本模式的公司治理中),然而对于银行本身,其绝大部分债权人——存款人过于分散,而且没有时间和能力对银行的运营进行监督,因而债权在其治理结构中的约束作用非常有限,这就要求在银行公司治理中,建立起一种替代机制,比如引入监管机构和独立董事来代表存款人利益,参与银行的公司治理。

(3) 风险管理的重要性。商业银行是资金流通的一个中间环节,作为全社会资金的汇聚场所,它可以将存贷款在不同行业、不同时间和空间之间进行经济资源转移,因此商业银行所涉及的面非常广泛,这就使得银行资金的安全性显得至关重要。目前,现代商业银行的核心职能之一便是风险管理,即使将其比喻成现代商业银行的生命线也并不过分。商业银行风险管理的重要性可以从以下三个方面来理解。

从本质上说,银行经营的产品就是风险,并且其风险构成多种多样,包括信用风险、市场风险、操作风险、道德风险和政治风险等,这些复杂的风险随时都可能威胁到银行的安全。

从持续发展、提高竞争力的角度看,银行离不开金融创新,创新意味着新的利润增长点,也意味着高于传统业务的风险。因此,银行的管理者面临着"创新"与"控制风险"之间的平衡,有效的治理应当提供能够规制管理者权利的机制,应当为管理者树立明确的价值目标——盈利,但将风险控制在一定程度内。

从量上看,商业银行是金融体系中最主要的金融机构,2011年年末商业银行的资产占到金融业资产总额的85%以上,银行业的稳健经营对整个金融体系的稳定十分重要。在现代经济体系中,商业银行同时还承担着创造和供给货币、维持资金清算与支付等社会职能,商业银行的运行直接影响到经济活动参与方的利益以及整个社会的交易成本,更为重要的是,银行的经营是依靠信用维持的,民众对银行的信任和预期是其赖以生存和发展的重要前提。历史证明,银行业的不稳定会给实体经济造成严重的危害。回顾20世纪30年代的美国,将近一半的银行倒闭在很大程度上导致了美国的大萧条。东南亚金融危机爆发后,也是因为大规模的银行倒闭而延缓了各个国家经济复苏的速度。基于银行业所具有的强烈的外部效应,我们在研究商业银行公司治理时应对其内部监管和风险控制问题予以特别关注。

3. 商业银行公司治理的目标

学术界关于公司治理目标一直以来都存在着两种基本的论调——"股东至上观"和"利益相关者至上观"。这两个论调的产生是基于对公司代理人人性的不同假设。持"股东至上观"的一派认为公司代理人是"懒惰的"或是具有"机会主义"倾向的(Berle & Means, 1932;斯密,1776),因此他们不可能像公司所有者那样全心全力,而是追求他们自身的利益最大化。持"利益相关者至上"观点的一派却认为公司代理人并非是完全意义上的"经济人",他们也有对工作满足感的内在追求,也有自己的尊严和信仰,这些东西督促着他们不能辜负公司所有人赋予的经营管理好公司的委托,虽然从法律意义上说公司的所有权并不归属于他们,但是相信他们将胜任公司资产"好管家"的职位(Boyd, 1995)。

具体到银行业,大多数学者都主张商业银行公司治理应当坚持利益相关者"共同治理"的原则。如李维安等(2003)指出:"如果说股东至上主义和利益相关者理论的争议在一般公司治理领域还难分高下的话,那么在商业银行治理问题上,则应坚决支持利益相关者理论的观点。"

还有学者另辟蹊径,从银行的经营目标引出银行的治理目标。何谓银行的经营目标?银行的经营目标也就是股东出资组建银行的目的,总共分为三个方面:获取银行成长带来的投资分红;获取股本转让带来的溢价;凭借银行吸收的存款向股东关联企业和其他企业放出更多的贷款。为了实现前两个目标，常用的途径是借助强化经营和改善管理来提高银行的利润，再通过分红和转让出资从而获得投资回报。而上述的第三个才是银行不同于一般企业的地方，也是所有的银行大股东们都趋之若鹜的，因而银行公司治理的主要目标，应该说是监督和防范不合规的市场融资和关联交易行为，从而使银行自身利益和中小股东的利益受到保护。

综上所述，我们对银行公司治理的目标定义是：通过设计良好的内部公司治理结构和治理机制，确保公司股东、董事和高层管理者等治理主体的权、责、利对等，最终实现代理行为的公平公正、代理成本最小化以及银行效益最大化。

（二）金融创新及商业银行创新

1. 金融创新的含义

创新这一概念是美籍奥地利经济家约瑟夫·A. 熊彼特（Joseph Alois Schumpeter）于20世纪初首次提出的。在《经济发展理论》一书中熊彼特对创新的定义是"新的生产函数的建立"，包括："新产品的开发、新生产方式或者技术的采用、新资源的开发、新市场的开拓和新的管理方式或者组织形式的推行。"玛丽·奥苏丽文在《创新企业与公司治理》一文中指出："创新是一个对生产要素进行开发和利用，并由此生产出比以往产品质量更好和（或）成本更低之产品的过程，创新是成功的经济体接连不断地提高其绩效且彼此分出高下的这一动态过程的核心所在。"

迄今为止，国内学术界依然没有形成对金融创新（Financial Innovation）的较为一致的看法，例如钱小安从科技发展的角度提出，金融创新就是采用新技术、新方法去改变金融体系的基本要素的搭配和组合，从而提供新的金融业务的过程。马劲忠从规避金融监管的角度出发，认为金融创新是变更现有的金融制度和增加新的金融工具，其目的是为了获取在现有的金融监管体制下无法获取的利润。总体而言，众多学者和专家对金融创新的理解可以分为狭义和广义两个层面。从狭义的层面上看，金融创新就是单指金融产品和服务的创新。从广义的层面上看，金融创新的范围可以扩大到金融市场的创新、金融机构的创新、金融制度的创新以及金融监管的创新等方面。

中国银监会于2006年末发布了《商业银行金融创新指引》，文中对金融创新给出了官方的定义："金融创新是指商业银行为适应经济发展的要求，通过引入新技术、采用新方法、开辟新市场、构建新组织，在战略决策、制度安排、机构设置、人员准备、管理模式、业务流程和金融产品等方面开展的各项新活动，最终体现为银行风险管理能力的不断提高，以及为客户提供的服务产品和服务方式的创造与更新。"该文中的第四条还特别指出:"金融创新是商业银行以客户为中心,以市场为导向,不断提高自主创新能力和风险管理能力,有效提升核心竞争力,更好地满足金融消费者和投资者日益增长的需求,实现可持续发展战略的重要组成部分。"

2. 商业银行创新内容的分类

目前,中国商业银行都在积极开展创新活动,在结合有关银行创新分类的文章和中国商业银行创新现状的基础上,笔者将商业银行创新的内容分为三类,即产品和服务创新、流程创新和分销渠道创新。

第一,利用科学技术或是应用新的知识,开发新的金融产品、提供新的服务项目或者通过要素重组、资源优化等方式提高现有产品和服务的质量,这属于产品和服务创新的范畴。

第二,随着电子信息技术的发展,银行通过引进新的后台处理流程、建立信息技术处理平台、改善银行软硬件条件以及支付结算系统升级等手段实现处理流程自动化,从而提高工作效率,这属于流程创新的范畴。

第三,银行通过电子网络实现交易支付行为信息化和交易渠道电子化,例如发展网上银行、自动取款机(ATM)、手机银行等,从而为顾客获得金融产品和服务提供方便,进而提升银行市场竞争力并实现市场价值,这属于分销渠道创新的范畴。

(三)公司治理与企业创新关系的研究综述

公司治理从整体上对企业创新的重要影响已被多数学者所肯定。华锦阳(2002)认为虽然影响企业创新的原因是多方面的,但公司治理作为一种制度框架,对企业的创新活动具有根本性的决定作用。王彦敏(2008)指出良好的公司治理结构应该能够产生创新企业,因为组织能力是企业竞争力的来源,企业组织形态、管理模式是解释企业绩效的关键变量。美国学者拉让尼克认为经济的发展需要把资源配置于创新的过程中去,所以合理的公司治理结构必须有利于企业创新,否则该企业便失去了创新的有力保证。

除此之外,对于公司治理的不同侧面(股权结构、董事会特征和高管激励等)如何影响企业创新,学者们也做了大量的研究。

1. 股权结构与企业创新的关系

公司治理的基本决定因素是股权结构,它由股权集中度和股东性质共同组成,公司内部代理成本会因为股权集中度和股东性质的不同情况而产生变化。国内外许多学者对股权结构与企业创新之间的关系进行了研究,尽管众多的研究结论由于个人的研究背景和研究方法等存在差异而不完全相同,但即便如此,从这些结论中我们也能看到股权结构对于解释企业创新的确是起到一些作用的。

Lee 和 O'Nell（2003）通过对日本和美国不同行业（汽车制造、化工业、通信服务业、计算机、制药业、能源业）中的企业进行研究，发现由于文化背景和治理模式的不同，在日本企业中股权集中度与研发支出没有显著关系，但在美国企业中二者存在正相关关系。Hosono，Tomiyama 和 Miyagawa（2004）实证分析了多国制造业企业的创新行为，结论是大股东的持股比例对 R&D 的投入力度有正面影响，但在不同的国家这种影响的力度是不一样的。国内学者杨建君、盛锁（2007）从风险规避考虑得到股权集中度对技术创新投入有微弱的负影响作用的结论。陈隆等（2005）对企业的技术创新与股权的集中度的关系的研究显示，两者呈现倒 U 型的关系，即股权的过于分散和绝对集中都不利于企业的技术创新。杨勇等（2007）采用具有江苏省省级以上技术中心的上市公司数据作为研究样本，实证分析结果表明，股权集中度对企业技术创新投入具有显著的正相关关系。刘星、张建斌（2010）使用中国上市商业银行 2003～2007 年披露的 48 份年报数据，实证检验了公司治理与银行创新之间的关系。结果发现，作为第一大股东的国有股持股比例和控股能力与银行的创新能力存在负相关关系；但是，通过分散股权的方式可以有效缓解这一负面影响。

随着资本市场越来越完善，一些西方学者注意到机构投资者对于企业创新的重要性，但关于二者关系的研究并没有取得统一的结论。Graves（1988）发现在 1976～1985 年十年间，美国的计算机制造业的快速增长与机构对企业的投资并无关系，甚至企业的研发支出费用与机构投资者持股呈现反比关系。而 Bushey Brain（1998），Eng 和 Shackell（2001）、Philippe Aghion 等（2009）研究发现机构投资者对公司的所有权能够促进企业对于创新的投资。

王怀宇（2006）研究发现当国有股比例介于 30%～60% 时，国有股比例与企业技术创新有正相关关系，而当国有股比例超出这个范围后，二者则没有显著的关联。徐二明和张晗（2008）通过搜集 2000～2005 年分布于中国 5 个行业中的 541 家上市公司的数据，实证分析了国有股权对企业创新的影响，结论是由于不完善的市场条件和制度真空现象的存在，国家或政府对企业的控制权或多或少有所保留，所以相较于民营企业，国有控股企业虽然能够享受更多的由政府所提供的关键资源，以此形成特有的竞争优势，但在创新力度上往往也受到更多的限制。

2. 董事会特征与企业创新的关系

（1）董事会规模。Lipton 和 Lorseh（1992）认为董事会规模增大后所带来的弊大于利，好处是董事会的监控能力会随之增强，坏处是因此增加的管理成本可能会超出上述利益，比如，对分享风险的偏离和低下的决策效率。董事会规模的增大也可能导致董事们产生搭便车的行为，如果创新项目的成败对于董事的实际利益关系不大，则这种行为会更加明显。他们同时认为相对而言规模较大的董事会往往凝聚力更差、更易产生争执、应对迅速变化的竞争环境反应更慢。Yermack（1996）通过对董事会的规模与技术创新进行实证研究发现，它们之间呈现倒 U 型关系。即当董事会规模从零开始增大时，会促进企业的技术创新，但是当董事会规模继续增大超出一定范围时，将会对企业的技术创新起到负面作用。Zahra 等（2000）通过对美国中型制造企业的调查研究，得出了与 Yermack 类似的结论。徐金发（2002）的研究证明，董事会人数的减少、外部董事人数的增多、董事会专业委员会的设立以及董事长与总经理的职责分离都有助于提高企业技术创新水平。而杨勇、达庆利、周勤（2007）通过实证研究发现董事会的规模对企业技术创新投资并没有显著的影响。刘星、张建斌（2010）发现董事会规模、独立董事的比例与银行的创新能力呈正相关关系。周建等（2012）认为适度控制上市商业银行董事会规模能够显著提高上市商业银行的创新能力。

由此可以看出，关于董事会规模和企业创新的关系仍没有定论。近年来的研究成果倾向于董事会应该有一个适度的规模，过大或者过小都不是最优。

（2）董事会的领导结构。Mallette 和 Fowler（1992）的研究发现董事长与总经理两职合一与企业创新绩效显著正相关，而 Cannella 和 Lubatkin（1998），Zahra 等（2000）也认为两职合一的领导权设置比较有助于企业作出灵活的创新决策，有利于创新活动的开展。Sander 和 Carpenter（1998）认为，由于信息源有限以及人的刚性认知模式，董事会的信息处理能力会因为董事长兼任总经理而受到限制，从而阻碍企业的技术创新。国内学者陈隆等（2005）通过实证研究得出的结论是总经理同时兼任董事会成员会对企业的技术创新产生正面影响。张世晓（2007）研究指出股东同时担任经理人比较有利于创新活动的决策和实施的委托—代理结构。于骥、宋海霞（2009）认为总经理与董事长二职合一不但能够减少矛盾，而且也能保证企业在选择创新项目时的统一步调。而且两职合一能够赋予被风险意识束缚的经理人员更大的自主创新权，从而提高其制定和实施企业创新战略规划的积极性，更充分地发挥出他们的聪明才智。

（3）董事会结构。公司董事会一般包括内部董事、外部董事和独立董事。董事会结构指的是各种董事成员的人数和比例等特征，目前在这方面的研究结论不甚相同。

John 和 Zahra（1992）研究发现，企业增加外部董事比例的做法有时是为了应对外部环境的不确定性，因为外部董事通常能够提出比较多样化的专业建议，也掌握了较多的被企业所需要的外部资源，而且公司凭借外部董事可以更容易地实现战略联盟或者取得互惠关系，所以拥有较多外部董事的企业更容易创新。Yermack（1996）对董事会结构的研究结果表明，独立董事可以为公司提出许多不同的创新意见，所以董事会新增一定数量的独立董事有利于公司创新决策的科学性和成功率。Zahra 等（2000）研究指出外部董事在董事会的影响力是企业采取重视创新、研发策略的不利因素。Jing Dong（2010）的实证研究结果显示外部独立董事人数与公司的研发支出成正比例关系。

张宗益、张湄（2007）研究发现，独立董事的比例与高新技术企业的技术创新显著相关。陈隆等（2005）研究认为那些增加独立董事人数的企业在很大程度上只是为了达到监管局的规定。中国的独立董事制度仍存在较大问题，例如独立董事任职于多家企业，无法尽职尽责，还有缺乏对于独立董事的责任追究机制等。因此，就当前而言，独立董事对企业创新并没有起到太大的提升作用，反而可能起到了负面作用。周杰等（2008）采用 2005 年中国沪、深两地上市公司的年报数据，研究了独立董事与企业研发投入的关系，得出二者没有明显相关性的结论。杨倩等（2010）、李前兵（2010）也同样通过实证研究指出，外部独立董事对公司创新绩效的影响不显著。另外，王永明和宋艳伟（2010）通过实证研究认为董事会中独立董事的比例与企业创新投资没有直接的关系，而提高独立董事的薪酬激励水平有利于企业创新项目的增加。

（4）董事会成员的相关特征：教育程度可以涵盖一个人许多方面的信息，在一定程度上它是这个人的知识和技能的基础。教育背景丰富的领导人的认知能力和搜集处理复杂信息的能力强，思想开放，而且更愿意接受思想上的创新和组织上的变革，所以董事长的受教育程度很可能与企业创新成正比例关系（Hambrick，Mason，1984）。杨倩等（2010）研究发现董事会成员的受教育水平对企业创新活动有显著的促进作用。李前兵（2010）通过实证分析得出的结论是：公司创新绩效和董事长教育程度正相关，董事长的年龄对公司创新绩效的影响不明显。国内学者赵洪江等（2008）的实证研究结果显示，董事长年龄对创新投入的影响是不确定的；相较于董事长持有股份的企业，董事长未持有股份企业反而研发支出较多，而且董事长持股比例越多，企业的研发支出越少，这个结论与一般的经济直觉是相反的。张洪辉等（2010）研究认为董事长持股比例对创新效率影响为正，而董事长、高管和监事会主席的持股对创新效率的影响力存在着差异性。王永明、宋艳伟（2010）通过实证分析认为独立董事的任期会对企业创新投入产生一定的正面作用，而独立董事的年龄会对企业创新投入产生一定的负面作用。

3. 高管激励与企业创新的关系

在促进企业技术创新的众多因素中，企业的实际管理者是企业创新活动最强有力的推动因素之一（Nakahara，1997），所以企业为他们设置的激励机制是否有效与企业创新活动有密切的联系。Zahra 等（2000）通过调查研究证明，经营者持股数量与企业创新活动呈现显著的正相关关系。Manso（2007）的研究认为薪酬体系中应该含有两个特征——容忍短期业绩可能出现的下降和奖励长期业绩的增长，这样就可以有效地激励公司首席执行官进行创新活动。也就是说以短期经营业绩为标准的薪酬体系不利于公司管理者进行技术创新，如果采用将管理者报酬和公司长期价值相关联的股权激励方式，则有可能加大有利于公司长期发展的创新投资。所以说激励机制的关键点在于如何将管理者的创新观变得与公司的长期发展战略相一致，让管理者们不再总是想着保守经营，避开风险性高的创新项目。国内学者张宗益、张湄（2007）的实证研究结果表明高管人员的平均年薪与高新技术企业的研发支出显著正相关，但是其平均持股比例却不存在对研发支出的显著影响。毛良虎（2008）通过实证分析得出中小型上市公司中的管理层核心技术人员的持股情况及其薪酬水平对公司创新程度具有正向影响。刘星、张建斌（2010），周建等（2012）发现高层管理人员的激励机制能够明显地提高上市商业银行的创新能力。

可见，学者们对于高管激励这一问题倾向于从高管薪酬与高管持股两个角度进行研究，研究结论基本上都认为高管激励与企业创新之间存在正向相关关系。

三、实证研究设计

（一）研究假设

结合银行公司治理的目标，即如何建立一个科学有效的委托—代理机制来使代理行为公平公正、降低代理成本和提高银行效益，本章将基于委托—代理理论提出假设。首先，在银行公司治理中存在着两层代理机制，即"股东大会——董事会"和"董事会——高层管理人员"，所以，如何改善银行公司治理中委托—代理机制的关键就是要解决好这两层机制中的关系：首先，委托人的责任到位和激励约束有效、代理人的责任到位和激励约束有效；其次，股权结构、董事会特征和高管激励水平是两层代理机制中的重要变量，这三方面的变化会影响到作为委托人的股东、同时作为代理人和委托人的董事会以及作为代理人的管理层的行为动机和决策效果，继而决定了两层代理机制的有效性；最终代理机制的有效性会对银行创新绩效产生影响。另外，为了达到更加准确地验证研究假设的目的，本章在模型中引入了三个可能对银行创新绩效产生影响的因素作为控制变量。图2-3是本研究假设的概念模型。

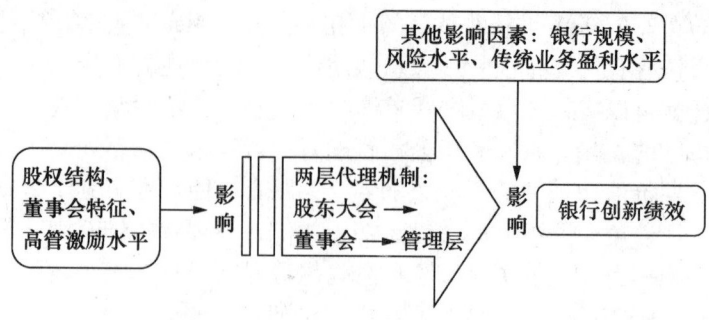

图 2-3 研究假设的概念模型

1. 关于股权结构与银行创新绩效的关系假设

股权结构就是企业中不同性质的股东及其持股比例构成的企业股权分布状态（股权集中度）。作为企业资源的投入者，股东的态度会对银行创新起到决定性作用。持有多少股份、持股人性质以及股东持股的目的，这些因素合起来造成了股东对银行创新态度上和行为上的差异。

一般地，股权集中度有三种情况：股权高度集中是指第一大股东持股50%以上，公司具有绝对控股股东，此时亦称为"一股独大"；股权相对集中是指公司前几大股东的持股比例均在20%~50%，公司具有相对控股股东；当没有一个股东的持股比重超过20%时称为股权高度分散。因为创新活动具有周期长、资金投入大和高风险等特点，当创新行为在短期内没有收益而导致银行经营业绩不好时，大股东和小股东所面临的风险大小是不同的。具体地说，当银行股权高度集中时，大股东持股比例较大，一般不会轻易地将手中的股票出手，加之他们出售股票的行为本身就会给股票市场造成巨大冲击，所以这就在客观上迫使大股东长期持有股票，这种长期持股行为将为银行的创新活动提供长期而稳定的资金。当存在绝对大股东时，一方面会对董事会的决策职能产生负面效应，不利于董事会做出科学的创新决策；另一方面，控股股东联合银行的管理者来操纵董事会，为自己谋取私利也变得更加容易。当股权过于分散，董事会决策效率下降，而且小股东常常只偏重追求短期盈利，管理人员迫于主要股东分红的压力，只能减少对创新业务的投入；另外，当股权分散的股东们无法形成对银行的有效监督时，银行高管们很容易以权谋私，提高创新绩效更是无从谈起。

股权性质包括国家股、国有法人股、机构股（非国有境内机构和外资机构）和个人股等，不同的股东对企业产生的监督作用不同，进而对企业创新的影响不同。如果是国家作为商业银行的绝对控股股东，那么将会产生经营目标多元化（即政治、社会、经济等多种目标）、多层委托—代理关系（即部门间的委托治理)、产权主体虚置(即个人不负责、群体决策)等问题,从而不利于银行的创新。而对于国有法人控股的商业银行而言,也存在着与国家控股类似的问题,只是程度不同而已(因为国有性质的机构要兼顾经济效益和社会效益,有时也会为了一些社会责任而被迫放弃追求利润的最大化,从而使创新活动被搁置)。

机构投资者是指以信托资金或自有资金进行证券投资活动的社会团体。机构投资者大多由专业人士来经营和管理,他们投资动机明确,一般采取稳健的投资策略,而且通常都派人在其投资的企业担任管理人员。综上所述,机会投资者在参与上市商业银行的经营管理包括督促银行高管开展创新活动时会更有效率和积极性。

综上所述,本章提出以下假设:

H1:股权集中度与银行创新绩效呈倒 U 型关系

H2:非控股股东控股能力与银行创新绩效正相关

H3:国家股、国有法人股与银行创新绩效负相关

H4:机构股持股比例与银行创新绩效正相关

2. 关于董事会特征与银行创新绩效的关系假设

董事会是股东与管理者之间的纽带,是内部公司治理的核心。董事会可以在一定程度上解决股东和管理者之间的信息不对称问题。一方面作为股东的代理人,董事会要对股东大会负责,对公司关键创新决策的制定以及创新投资方向等重大问题负责;另一方面董事会也要对管理者进行监督、约束和激励。董事会参与公司治理的有效性同其各方面特征,如规模大小、董事会结构和董事教育背景等密切相关。除此之外,董事会还是银行整体和银行相关者的利益代表以及相应的社会责任的承担者。

(1)董事会规模。作为股东的代理人,董事会要负责公司的重大经营决策,如果具有更多不同背景经历以及专业知识的人士进入董事会,董事会的构成会具有多样性,这可以为银行创新活动的决策提供客观独立的专家意见,降低创新风险,提高决策质量。但是,随着董事会成员的增多,会使成员间的沟通与协调难度加大,使董事会的决策程序繁琐,决策速度趋于缓慢,同时也易导致董事成员的"搭便车"行为。

(2)董事会结构。为了协调各方的利益,就需要各利益主体在董事会中都有代言人。董事会成员中包括内部董事、外部董事以及独立董事。根据代理理论,董事会应该有较多的外部董事,这是因为能够独立于公司管理者的外部董事比较能发挥其监督和控制的职能,不会放任管理者只注重于短期的业绩而放弃创新项目,而且较多外部董事的存在也有利于保护所有与公司相关者的利益。对于技术相对成熟,比较稳定的行业而言,董事会的核心功能是解决管理者的败德行

为,所以此时保持较高比例的外部董事应该会更有利于董事会形成关于公司现状和未来的独立判断,从而对公司的创新战略做出正确的判断和选择(王昌林,2004)。

(3)董事会成员的教育程度。银行业本身是一个十分复杂、涉及面很广的行业,这就要求作为一名银行董事会的成员,其所需要熟悉和了解的不仅仅是金融行业的专业知识,还得包括科技的发展、消费者的心理、全球政治、经济局势的变化等多方面的知识和经验。尤其是中国商业银行目前处于与外资银行激烈竞争的环境,要想提高创新能力稳固竞争地位,董事会成员掌握创造价值的知识与信息是必不可少的,所以较高的受教育程度无疑是银行董事会成员在进行创新决策时的有利保证之一。

综上所述,本章提出以下假设:

H5:董事会规模与银行创新绩效呈倒 U 型的关系

H6:独立董事比例与银行创新绩效正相关

H7:董事会成员受教育程度与银行创新绩效正相关

3. 关于高管激励与银行创新绩效的关系假设

作为公司创新决策的实践者,高层管理人员在创新活动中位于资源配置和创新组织的核心地位。影响管理人员对创新项目态度的因素不仅限于其个人的胆识、经验以及专业能力,更重要的是公司治理中激励机制的有效性。因为管理者和所有者的利益往往存在不相容的情况,管理者考虑更多的是自己的地位以及达到短期内的考核要求,因此,他们在面临创新选择时往往是风险厌恶者。所以除了固定年薪激励外,加强对银行高管们的长期激励,如股权激励,其报酬就会随着银行风险收入(创新带来的收入)的增多而逐渐增加激励效果,同时其利益关系也与股东越来越趋于一致,这有利于管理者真正从所有者利益出发,建立符合企业长远发展战略的创新观,从而提高他们对创新战略的内在积极性。

此外,新产品、新技术的研究和发展需要管理者具备新的知识和能力,为了提高创新项目的成功率,他们必须不断地充实自己,不断地学习新的东西,所以自然导致管理者个人成本的增加,从而削弱他们对创新的追求(Wright 等,1996)。从这个角度看,较高的薪酬水平对于满足高管们的生存需要和自我提升的需要也至关重要。

H8:高层管理人员持股与银行创新绩效正相关

H9:高层管理人员薪酬水平与银行创新绩效正相关

(二)变量设定

1. 解释变量——公司治理变量

(1)反映商业银行股权结构的指标有:S1 为第一大股东持股比例,S5 为前五大股东持股比例之和,这两个变量用来表示银行股权的集中程度;Z 为非控股股东控股能力,用(S5-S1)/S1 表示(S5-S1:第二到第五大股东持股比例之和),该比值越大,说明第一大股东受紧随其后的四大股东的制约越大,第一大股东的优势将被削弱,所以用 Z 来表示非控股股东对第一大股东的制衡作用,通过非控股股东积极地参与公司治理,有助于提高银行创新效率,同时非控股股东在一定程度上也能保护中小股东的利益,由于存在管理权和控制权上的信息不对称,控股股东和非控股股东为谋取公司利益而相互勾结的可能性也比较小;JG 为前十大股东中机构股的持股所占比例。机构股包括了境内非国有法人和境外战略投资者持有的股份,并不包括香港中央结算(代理人)有限公司持有的 H 股;GY 为虚拟变量,代表第一大股东的性质:若银行的第一大股东是国家或国有法人则取 1,否则取 0。

(2) 反映商业银行董事会特征的指标有:Bsize 为董事会规模,用董事会的总人数表示;Bdl 为独立董事所占比例,用独立董事人数与董事会总人数的比值表示;Bedu 为董事会成员受教育程度,用董事会中硕士学位以上人数与董事会规模的比值表示。

(3) 反映商业银行高管激励的指标有:Ms 为高管持股变量,因为目前中国商业银行中实施股权激励的较少,所以将其设置为虚拟变量,若该银行高管人员有股权激励机制则取 1,否则取 0;Mpay 为高管年薪,取各家银行所有高管人员的年薪平均数(当年有人事变动的高管不算在内,在其他单位领取薪酬的不算在内),本章所指的银行高管人员包括行长、副行长、首席执行官、首席财务官、首席信息官、首席风险官、公司业务总监、纪委书记、董事会秘书等。

2. 被解释变量——银行创新绩效变量

在现有的研究中,评价企业创新的方法主要有两种:问卷调查法和结果度量法。问卷调查法是通过设计调查问卷、开发测量指标及量表的形式来研究企业创新与绩效的关系。该方法可以比较全面地研究企业创新能力,涉及的内容比较广泛,使得研究具有较强的整体性,但是采用这种方法,研究结论往往不够准确,调查过程中容易受到被访者主观因素的影响。结果度量法是通过统计企业创新活动数量、因创新产生的支出、利润等变量来评价创新效果。例如新产品的销售额、创新活动开支、专利数目、创新可靠性(创新需求信息来自研究机构、高校还是来自供应商或顾客)等,这些变量都是通过客观的数据或公式计算获得。通过该方法可以获得比较准确、客观的研究结果,缺点是研究结论往往受到数据可获得性的局限,使得研究缺乏整体性,涉及范围较窄。

本章采用结果度量法,选择中间业务收入占营业收入的比值作为商业银行创新绩效具体的评价指标,原因如下:第一,虽然专家学者们对金融创新的认识各有侧重，但无论从哪个角度进行理解和界定，利润始终是金融创新的最终表现形式，创新在本质上就是要实现潜在的利润，因此，经济效益的实现与否是检验金融创新是否有效的重要标准。中国商业银行的产品与服务创新主要集中在理财业务、银行卡业务、电子银行业务等领域，而这些业务的经营成果都体现在中间业务收入上。第二，纵观国际银行业的发展态势，随着管制放松、市场竞争加剧和技术的进步，欧美等发达国家的商业银行纷纷调整经营战略，拓展中间业务、开发创新产品成为主流趋势（Kaufman 和 Mote，1994；Allen 和 Santomero，2001），而亚太地区银行业的收入结构也在一定程度上显示出了沿袭欧美银行业发展轨迹的趋势（王家强，2007）。第三，中间业务收入是银监会衡量商业银行创新能力的一项重要指标，而且已经给全国大中型商业银行和地方商业银行就此提出了具体的发展目标。第四，中间业务收入的相关数据来自商业银行当年年报，具有易得性、可靠性、公开性和可比性。

3. 控制变量

设置控制变量是为了在一定程度上降低和消除解释变量对被解释变量的状态依存性，提高实证分析结果的准确性和正确性。本研究共选取了三个控制变量：商业银行的规模、风险水平和传统业务盈利能力。

（1）银行规模。大规模的商业银行在开展创新业务时具备一定优势，因为它们有较多人才方面和技术方面的支持。Deyoung 和 Rice（2004）对美国商业银行的经验研究均显示，银行的资产规模与非传统业务规模呈正相关关系。Boyd 和 Runkle（1993）的研究表明大规模的银行由于具有规模经济，可以减少收集和处理信息的成本，同时增加贷款和产品的多样化程度，进入那些小银行不能进入的市场，从而增加创新绩效，并通过实证研究证明欧洲银行规模对于创新绩效有正相关性；Berger 和 Mester（1997）认为美国的银行也存在规模经济，然而 Kyriaki（2007）通过对希腊银行在 11 个国家运行的 19 个分支机构的面板数据进行经济计量分析，结果表明，分支银行规模对于创新绩效的影响是负面的。

本章采用商业银行的相对资产规模（即商业银行总资产与银行业金融机构总资产的比值）来度量银行规模，这样处理能够同时降低或消除银行规模和金融市场势力的影响。

（2）风险水平。金融创新的过程也是收益与风险并存的过程，如何扩大收益而控制风险，已是各家商业银行在金融创新过程中不得不认真考虑的重要事项。美国次贷危机的爆发和由此而引发的全球金融危机使得商业银行在开展金融创新的同时，比之过去更加重视控制金融风险。市场自律假说中指出商业银行从事创新业务的目的是规避风险，提升市场价值，这一说法得到了 Hassan 等

(1994), Koppen Haver 和 Stover (1994) 实证结论的支持。Rogers 和 Sinkey (1999) 也通过实证研究认为银行风险对美国商业银行的非利息收入有负面影响。本章采用不良贷款率（NPL）来衡量银行风险水平，因为目前中国商业银行面临的最主要风险当属信用风险。

（3）传统业务盈利能力。商业银行为了实现经营效益最大化的目标，通常将其所拥有的金融资源分配于不同的经济业务，所以商业银行的传统业务和创新业务可能会在一定程度上相互代替（郭红珍，张卉，2003）。郑荣年和牛慕鸿（2007）认为，如果能够在利息业务上获得较高的利润，那么商业银行会把较多的注意力放在传统的利息业务上，而忽视创新业务的发展。综上所述，本章引入了净息差（NIM）来控制传统利息业务的盈利水平可能对商业银行开展创新业务产生的影响。

综合以上，各变量的定义与计算如表 2-1 所示。

表 2-1 变量定义与计算

变量名称	含义	符号	计算方法
股权结构	股权集中度	S1，S5	第一大股东持股比例，前五大股东持股比例
	机构股持股比例	JG	前十大股东中机构股所占比例
	非控股股东的控股能力	Z	第二到第五大股东持股之和与第一大股东持股的比值
	第一大股东性质	GY	虚拟变量：第一大股东是国家或国有法人取1，否则取0
董事会特征	董事会规模	Bsize	董事会总人数
	董事会独立性	Bdl	独立董事人数占董事会总人数的比例
	董事会成员受教育程度	Bedu	董事会成员中硕士人数比例
高管激励	高管持股	Ms	虚拟变量：高管人员有股权激励取1，否则取0
	高管人员薪酬	Mpay	高管人员薪酬平均数
创新绩效	中间业务收入占比	IP	手续费及佣金净收入/营业收入
控制变量	不良贷款率	NPL	不良贷款/贷款总额
	银行规模	SIZE	银行总资产/银行业金融机构总资产
	净息差	NIM	净利息收入/平均生息资产

四、实证检验

(一) 样本及数据来源

截至2011年年底,中国共有16家上市商业银行,本研究从中选择14家作为研究样本,分别是招商银行(600036)、民生银行(600016)、浦发银行(600000)、华夏银行(600015)、中国工商银行(601398)、深圳发展银行(000001)、中国银行(601988)、宁波银行(002142)、南京银行(601009)、兴业银行(601166)、北京银行(601169)、交通银行(601328)、中国建设银行(601601)、中信银行(601998)。研究期间选取2007~2011年,之所以选择这个时间段,一方面是因为2006年之前各银行信息披露不规范、不完整,2006年之后中国金融市场完全对外开放,年报数据比较全面,且具有可比性;另一方面这些银行是国内银行业中较早上市的一批(均在2007年以前上市),其内部公司治理结构和机制相对完善,创新能力较强,业务发展市场占比较高,代表着国内其他中小股份制银行的发展方向。本章有关数据来源于各上市商业银行的官方网站、年报以及金融界网站。

本研究的样本容量等于样本银行个数乘以研究期间年数,即 $14 \times 5 = 70$,由于存在数据缺失的情况,所以形成非平衡面板数据。在统计学中,通常将样本容量不少于30个的样本称为大样本,不及30个的称为小样本。社会经济统计的抽样调查多属于大样本调查,经济管理研究抽样调查的要求是样本容量不能低于30,本章的样本容量完全符合此项要求,因此可以进行相关的统计分析和检验。14家上市商业银行的名称、类别以及上市时间情况,如表2-2所示。

表2-2 研究样本

银行	类别	上市时间	2007	2008	2009	2010	2011
深圳发展银行	全国性股份制商业银行	1991	√	√	√	√	√
浦发银行	全国性股份制商业银行	1999	√	√	√	√	√
民生银行	全国性股份制商业银行	2000	√	√	√	√	√
招商银行	全国性股份制商业银行	2002	√	√	√	√	√
华夏银行	全国性股份制商业银行	2003	√	√	√	√	√

续表

银行	类别	上市时间	2007	2008	2009	2010	2011
中国银行	国有大型商业银行	2006	√	√	√	√	√
中国工商银行	国有大型商业银行	2006	√	√	√	√	√
交通银行	国有大型商业银行	2007	√	√	√	√	√
中国建设银行	国有大型商业银行	2007	√	√	√	√	√
兴业银行	全国性股份制商业银行	2007					
北京银行	城市商业银行	2007	√	√	√	√	√
南京银行	城市商业银行	2007	√	√	√	√	√
宁波银行	城市商业银行	2007	√	√	√	√	√
中信银行	全国性股份制商业银行	2007	√	√	√	√	√

(二) 描述性统计分析

1. 股权结构的描述性统计分析

结合表2-3和表2-4的数据显示，2011年第一大股东持股比例（S1）平均值为28.91%，前五大股东持股比例之和（S2）为52.18%，从平均值来看，样本银行的股权集中度算是相对集中的。其中深圳发展银行、中信银行和三家国有银行（除交通银行外）的S1值和S5值都在平均值之上，而股权最分散的应该是民生银行，S1值只有4.99%，有易被外资收购的风险；第二至第五大股东持股比例之和是第一大股东持股比例的1.3倍左右（Z），这说明在重大决策面前，如果第二至第五大股东联合投票，已经可以改变第一大股东选择的结果。可见经过几年的股权改革之后，"一股独大"现象在样本中的14家银行中已经得到改善。就第一大股东的性质而言，除深圳发展银行、浦发银行和民生银行为非国有境内法人，北京银行是外资法人以外，其余10家银行全是国家或国有法人持股。样本银行的机构持股占前十大股东持股比例平均可以达到40%左右，其中深圳发展银行、民生银行的前10大股东均为机构持股，而招商银行、中国银行、中国工商银行的前十大股东几乎全是国有性质。虽然商业银行由国家控股有一定的合理性，毕竟银行业是一个与国家经济安全密切相关的特殊行业，但这样一来不免使商业银行的运营带上行政色彩，从而降低治理机制的效率。另外，表2-3显示Z和JG值的标准差都比较大，这说明各家银行非控股股东的控股能力和机构股占比存在很大差异。

表2-3　2011年末样本银行股权结构的描述性统计值

银行名称	S1（%）	S5（%）	Z	JG（%）	第一大股东性质
深圳发展银行	42.00	56.00	0.33	100.00	境内法人
浦发银行	20.00	47.00	1.35	70.00	境内法人
招商银行	12.40	27.08	1.18	0.00	国有法人
民生银行	4.99	19.04	2.82	100.00	境内法人
华夏银行	20.28	60.38	1.98	43.00	国有法人
中国工商银行	35.40	71.70	1.03	2.00	国家
中国银行	67.60	68.12	0.01	0.00	国家
交通银行	20.36	48.01	1.36	37.94	国家
中国建设银行	59.12	83.11	0.41	17.11	国家
兴业银行	20.40	43.78	1.15	31.69	国家
北京银行	16.07	40.29	1.51	57.47	外资法人
南京银行	12.99	41.18	2.17	42.90	国有法人
宁波银行	10.80	42.28	2.91	69.65	国家
中信银行	62.33	82.50	0.32	24.12	国家
平均值	28.91	52.18	1.32	42.56	—

表2-4　2007~2011年样本银行股权结构的描述性统计值

年份		2007	2008	2009	2010	2011
S1	Mean	27.22%	27.57%	27.04%	26.24%	28.91%
	Std. Dev.	0.20	0.20	0.20	0.20	0.21
	Min	5.90%	5.90%	4.99%	4.99%	4.99%
	Max	67.49%	67.52%	67.53%	67.55%	67.60%
S5	Mean	48.98%	50.35%	48.25%	48.89%	52.18%
	Std. Dev.	0.21	0.21	0.20	0.18	0.19
	Min	24.65%	24.69%	18.78%	18.78%	19.04%
	Max	84.50%	84.13%	79.00%	77.93%	83.11%
Z	Mean	1.30	1.28	1.28	1.37	1.32
	Std. Dev.	0.97	0.90	0.93	0.88	0.90
	Min	0.22	0.25	0.07	0.02	0.01
	Max	3.33	3.18	2.91	2.91	2.91
JG	Mean	40.11%	40.57%	39.71%	41.57%	42.59%

续表

年份		2007	2008	2009	2010	2011
JG	Std. Dev.	0.51	0.51	0.52	0.53	0.54
	Min	0.00%	0.00%	0.00%	0.00%	0.00%
	Max	100.00%	100.00%	100.00%	100.00%	100.00%

2. 董事会特征的描述性统计分析

如表2-5所示,样本银行的董事会规模(Bsize)介于13~19人,并且董事会规模有增加的趋势(最小值从13上升为15)。这表明中国上市商业银行在设置董事会规模方面强调多样性,但是这样做也可能会降低董事会决策的效率。董事会成员受教育程度(Bedu)明显提高(平均值从5人上升为7人),2011年平均有14人是硕士研究生,大体占到董事会总人数的82.35%。样本银行董事会中独立董事的比例有逐年增加的趋势,5年内独立董事的比例(Bdl)增加了4个百分点,2011年独立董事在董事会总人数的比例平均值已达36.32%,这种持续增加的趋势也表明中国上市商业银行意识到了董事会独立性的重要意义。

表2-5 2007~2011年样本银行董事会特征的描述性统计值

年份		2007	2008	2009	2010	2011
Bsize	Mean	16	16	16	17	17
	Std. Dev.	1.66	1.58	1.60	1.50	1.29
	Min	13	14	14	14	15
	Max	18	19	19	19	19
Bedu	Mean	76.54%	77.93%	78.76%	80.22%	82.35%
	Std. Dev.	0.13	0.12	0.12	0.15	0.16
	Min	50.00%	50.00%	47.06%	33.33%	29.41%
	Max	94.12%	92.86%	93.33%	93.33%	94.44%
Bdl	Mean	32.55%	33.40%	34.41%	35.32%	36.32%
	Std. Dev.	0.04	0.04	0.02	0.02	0.03
	Min	25.00%	26.67%	33.33%	33.33%	33.33%
	Max	38.89%	41.18%	40.00%	38.89%	44.44%

3. 高管激励的描述性统计分析

从表2-6不难发现,样本银行的高管人员平均薪酬(Mpay)在2007~2011

年是逐步减少的。2007年高管平均报酬是458.24万元,2011减少到211.48万元。结果显示,2006年中国金融市场完全对外开放以后,自由市场对样本银行的高管人员薪酬产生了一定影响,这说明,中国上市商业银行在制定高管薪酬时考虑了市场因素,已经逐渐趋于理性。同时各行高管薪酬的最大值和最小值的差异很明显,甚至高达十几倍之多,其中深圳发展银行的高管薪酬最高,招商银行次之,最低的是四家国有银行。

表2-6 2007~2011年样本银行高管薪酬的描述性统计值　　单位:万元

		2007	2008	2009	2010	2011
Mpay	Mean	458.24	434.44	422.13	332.02	211.48
	Std. Dev.	691.85	640.78	660.36	374.69	106.68
	Min	76.85	95.52	76.00	84.30	87.15
	Max	2770.00	2603.00	2657.50	1573.58	423.00

另外,目前中国商业银行高管薪酬结构存在不合理、形式单一的现象。截至2011年末,不限于样本中的14家银行,从全国范围来说,采取股权激励方式的只有深圳发展银行、招商银行、南京银行、宁波银行、北京银行五家。

4. 因变量和控制变量的描述性统计分析

表2-7 2007~2011年因变量和控制变量的描述性统计值

	年份	2007 (%)	2008 (%)	2009 (%)	2010 (%)	2011 (%)
NPL	Mean	163.50	121.50	107.71	116.43	118.36
	Std. Dev.	142.68	64.87	35.25	51.98	70.45
	Min	38.00	42.00	54.00	51.00	36.00
	Max	564.00	265.00	154.00	221.00	260.00
SIZE	Mean	4.07	4.16	3.99	3.93	3.85
	Std. Dev.	5.12	4.85	4.93	4.80	4.69
	Min	0.23	0.28	0.19	0.15	0.14
	Max	16.51	15.64	14.96	14.27	13.66
NIM	Mean	2.86	2.79	2.41	2.68	2.75
	Std. Dev.	0.28	0.33	0.28	0.35	0.33
	Min	2.20	2.20	2.04	2.07	2.12
	Max	3.23	3.42	3.00	3.24	3.18

续表

年份		2007（%）	2008（%）	2009（%）	2010（%）	2011（%）
IP	Mean	10.87	11.07	11.51	11.22	11.46
	Std. Dev.	6.23	4.91	4.72	4.90	5.73
	Min	0.98	4.67	5.47	3.97	3.41
	Max	21.91	20.44	19.82	19.68	21.37

由表2-7可知样本银行2011年的平均中间业务收入占营业收入的比值（IP）是11.46%，最大值为21.37%（中国工商银行），最小值低至3.41%（南京银行），这与2007年6月银监会为中国大中型银行制定的目标（即在5~10年内将中间业务占比提高到40%~50%，尽力缩小与国际先进银行的差距）相差甚远。从净息差（NIM）数据可以看出样本银行的传统业务盈利能力在近五年中没有什么较大的变化。从NPL值可知样本银行的信用风险水平比以前有所降低，不良贷款率平均从256.71%降低到72.43%，而且NPL值的方差也逐步地缩小，这说明截至2011年末，各家银行的不良贷款率水平差异较小。另外样本中银行的相对规模（SIZE）有缓慢减小的趋势，这可能与近年来大量的外资银行进入中国金融市场，使得中国银行业金融机构的总资产增加有关。

（三）研究假设检验

1. 基本回归模型的建立

为了实证检验商业银行公司治理与创新能力的关系，本章在上述假设的基础上建立了基本多元线性回归模型：

$$IP_{i,t} = \alpha + \beta_1 S1_{i,t} + \beta_2 S5_{i,t} + \beta_3 JG_{i,t} + \beta_4 GY_{i,t} + \beta_5 Z_{i,t} + \beta_6 Bsize_{i,t} + \beta_7 Bdl_{i,t} + \beta_8 Bedu_{i,t} + \beta_9 Ms_{i,t} + \beta_{10} Mpay_{i,t} + \beta_{11} NPL_{i,t} + \beta_{12} NIM_{i,t} + \beta_{13} SIZE_{i,t} + \varepsilon_{i,t} \quad (2.1)$$

在式（2.1）中，$IP_{i,t}$代表第i个银行第t年的创新绩效，其他变量的下标意义相同，α表示与特定单位相关的未观测因素，$\varepsilon_{i,t}$代表随机扰动项。如表2-8所示是各个自变量的两两相关程度，在0.05的显著性水平上，S1、S5都和Z、Bsize相关程度高，所以为了避免自变量的多重共线性的问题，在回归分析中，本章并不是把所有自变量同时放进方程，而是将基本模型中的自变量进行自由组合建立了多个回归方程，经过多次回归检验最终选择了回归效果最好的两个方程，方程（2.1）中包含自变量S1、S5、JG、Bedu、Bdl、Mpay和所有控制变量，方程（2.2）中包含Z、JG、GY、Bsize、Bedu、Ms、Mpay和所有控制变量。

$$IP_{i,t} = \alpha + \beta_1 S1_{i,t} + \beta_2 S5_{i,t} + \beta_3 JG_{i,t} + \beta_4 Bdl_{i,t} + \beta_5 Bedu_{i,t} + \beta_6 Mpay_{i,t} + \beta_7 NPL_{i,t} + \beta_8 NIM_{i,t} + \beta_9 SIZE_{i,t} + \varepsilon_{i,t}$$

方程(2.1)

$$IP_{i,t} = \alpha + \beta_1 JG_{i,t} + \beta_2 GY_{i,t} + \beta_3 Z_{i,t} + \beta_4 Bsize_{i,t} + \beta_5 Bedu_{i,t} + \beta_6 Ms_{i,t} + \beta_7 Mpay_{i,t} + \beta_8 NPL_{i,t} + \beta_9 NIM_{i,t} + \beta_{10} SIZE + \varepsilon_{i,t}$$

方程(2.2)

表2-8 自变量的相关系数

控制变量		S1	S5	Z	JG	Bsize	Bedu	Bdl	Mpay
NPL& SIZE& NIM	S1	1.000	0.842**	-0.745*	-0.445**	-0.400*	0.128	0.103	0.285**
	S5	0.842**	1.000	-0.478*	-0.469**	-0.363*	-0.171	0.170	0.036
	Z	-0.745*	-0.478*	1.000	0.471**	0.346**	-0.583**	-0.062	-0.116
	JG	-0.445**	-0.469**	0.471**	1.000	-0.003	-0.058	-0.243	0.057
	Bsize	-0.400*	-0.363*	0.346**	-0.003	1.000	-0.095	0.393**	-0.088
	Bedu	0.128	-0.171	-0.583**	-0.058	-0.095	1.000	0.136	-0.086
	Bdl	0.103	0.170	-0.062	-0.243	0.393**	0.136	1.000	-0.214
	Mpay	0.285**	0.036	-0.116	0.057	-0.088	-0.086	-0.214	1.000

**. 在0.01水平上显著相关　　　*. 在0.05水平上显著相关

2. 面板数据模型的选择

面板数据（Panel Data）是指对不同时刻的截面个体进行连续观测所得到的多维时间序列数据。面板数据模型是一类利用混合数据分析变量间相互关系并预测其变化趋势的计量经济模型。该模型能够综合利用样本信息，同时反映研究对象的时间和截面单元两个方向上的变化规律及不同时间、不同单元的特性，还可以减少多重共线性带来的问题。由于在本研究中可用数据样本的时间短，因而不适合进行时序分析，同时采用截面分析又不能控制"为个体所有但不可观察"的因素，综合考虑，本章试图构建面板数据模型，以便得到有意义的结论。

常用的面板数据模型分为三类：固定效应模型、随机效应模型和混合模型。如果个体间（组间）的差异不明显，那么采用混合模型对数据进行估计即可，国内大多数的文献都是利用混合最小二乘估计法对面板数据进行回归分析的，在实证分析中建立面板数据的随机效应模型或固定效应模型的文章并不是很多。考虑到各银行之间的公司治理变量存在差异较大，本研究将在固定效应模型和随机效应模型中选择一种对样本进行回归检验。

面板数据的随机效应模型和固定效应模型是建立在认为个体间存在显著差异，但就某个具体的个体而言，组内不存在时间序列上的差异的基础上的。在模型2.2中，$x_{i,t}$的回归系数β不会随个体和时间的变化而变化，是假设常系数；个体恒量α_1代表截面单元的个体特性；个体时期变量$u_{i,x}$代表模型中体现随截面与时序同时变化的因素的影响。更一般的情况下,模型中还可以存在时期个体恒量 λ_t。

$$y_{i,t} = \beta' x_{i,t} + \alpha_i + u_{i,x}; \quad i = 1, \cdots, N; \quad t = 1, \cdots, T \quad (2.2)$$

固定效应模型是把个体特性(α_1)或时期特性(λ_t)当作未知的确定常数,随机效应模型则把它们视为如同 $u_{i,x}$ 一样的随机变量。当时间序列长度 T 很小而截面单元个数 N 又较大时(本章的研究样本正是如此),两种模型的结果差异可能非常大,因此要通过一定的方法在二者中选择一种。似然比(Likelihood Ratio, LR)检验法常被用来判定在回归分析中所采用的固定效应是否是多余的,我们首先使用截面固定效应模型对方程(2.1)和方程(2.2)进行回归,回归结果如表 2-9 和表 2-10 所示,然后再对两个回归方程进行似然比检验,从表 2-11 和表 2-12 的检验结果中可以看到在 5% 的置信水平下拒绝了原假设,这说明所引入的固定效应并非多余,因此建立截面固定效应模型是合适的。

表 2-9 方程(2.1)的回归结果

Dependent Variable: IP			
Method: Pooled ECLS (Cross-section weights)			
Total pool (balanced) observations: 70			
Variable	Coefficient	Std. Error	t-Statistic	Prob.
---	---	---	---	---
C	3.984900	4.884268	0.815864	0.4187
S1	22.77243	8.879689	2.564553	0.0136
S5	-18.59945	7.201513	-2.582715	0.0130
JG	11.44920	2.704749	4.233000	0.0001
Bedu	7.008784	3.988425	1.757281	0.0854
Bdl	10.29173	5.738072	1.793587	0.0793
Mpay	0.001354	0.000846	1.599702	0.1164
NPL	-1.690491	0.285068	-5.930136	0.0000
SIZE	3.90E-07	1.69E-07	2.302544	0.0258
NIM	-0.173809	0.520327	-0.334038	0.7398
R-squared	0.970013	Mean dependent var		17.42007
Adjusted R-squared	0.955977	S. D. dependent var		12.93996
S. E. of regression	1.890764	Sum squared resid		168.0245
F-statistic	69.10707	Durbin-Watson stat		1.749128
Prob (F-statistic)	0.000000			

表2-10 方程（2.2）的回归结果

Variable	Coefficient	Std. Error	t-Statistic	Prob.
Dependent Variable：IP				
Method：Pooled EGLS (Cross-section weights)				
Total pool (balanced) observations：70				
C	-5.317507	7.036949	-0.755655	0.4537
Z	2.591330	1.022729	2.533740	0.0148
JG	13.29257	3.493010	3.805478	0.0004
GY	2.418448	1.192073	2.028775	0.0583
Bsize	0.412802	0.201625	2.047372	0.0464
Bedu	9.161850	4.411496	2.076812	0.0434
Ms	4.354559	1.374850	3.167297	0.0027
Mpay	0.001325	0.000700	1.892470	0.0647
NPL	-1.743164	0.293930	-5.930533	0.0000
SIZE	1.27E-07	1.98E-07	1.640988	0.0747
NIM	-0.414069	0.542484	-0.763284	0.4492
R-squared	0.970703	Mean dependent var		15.63016
Adjusted R-squared	0.956055	S. D. dependent var		9.424863
S. E. of regression	1.767932	Sum squared resid		143.7768
F-statistic	66.26647	Durbin-Watson stat		2.028569
Prob (F-statistic)	0.000000			

表2-11 方程（2.1）固定效应检验结果

Redundant Fixed Effects—LR Tests			
Effects Test	Statistic	d. f.	Prob.
Cross-section F	36.398547	(13, 47)	0.0007

表2-12 方程（2.2）固定效应检验结果

Redundant Fixed Effects—LR Tests			
Effects Test	Statistic	d. f.	Prob.
Cross-section F	20.618481	(13, 46)	0.0006

3. 实证检验结果分析

从方程（2.1）的回归结果可以看出，第一大股东持股比例与银行创新绩效显著正相关、前五大股东持股比例之和与银行创新绩效显著负相关，而且从第一大股东持股比例与创新绩效相关关系散点图不难发现二者存在倒 U 型的关系，如图 2-4 所示，所以本章的假设 1——股权集中度与银行创新绩效呈倒 U 型关系，得到了印证。方程（2.2）中 Z 的系数大于 0 且在 0.05 的显著性水平上通过了 t 检验，说明非控股股东控股能力有助于银行创新，这与本章的假设 2 是一致的。

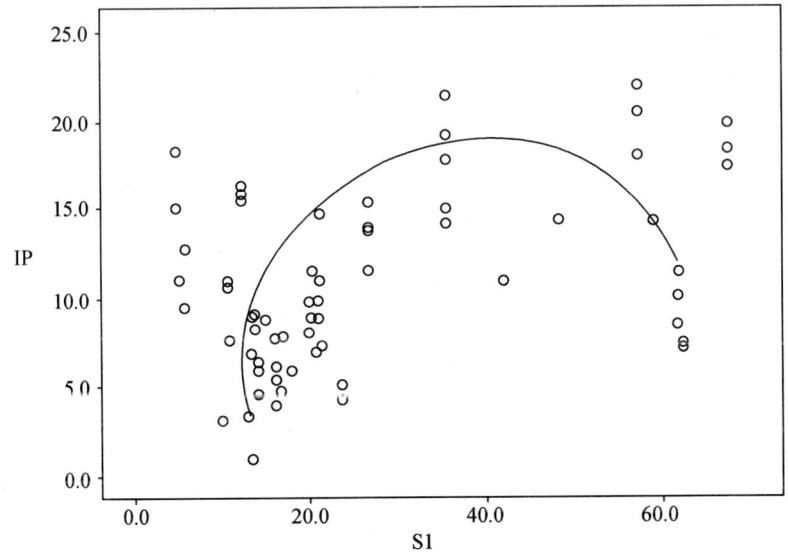

图 2-4　第一大股东持股比例与银行创新绩效相关关系散点图

自变量 JG 在两次回归结果中都呈现出与银行创新绩效显著的正相关关系，而 GY 变量的系数为正，但在方程（2.2）中未通过 t 检验（0.05 的显著性水平上），这说明在股权性质方面，机构持股有利于银行创新绩效的提高，国家股、国有法人股对银行创新绩效的影响是正面的，但影响不是特别显著，这与本文的假设相反。所以假设 3 通过了检验，假设 4 未通过。

当在方程（2.1）中加入董事会规模的平方项时，董事会规模与银行绩效正相关，其平方项与公司绩效负相关，这说明董事会规模与银行业绩呈倒 U 型关系，但是两者的系数均不显著，所以本文最终剔除了董事会规模的平方项，剔除之后从表 2-10 可以看出董事会规模与银行创新绩效之间存在显著的正向关系，这说明银行的董事会比较倾向于多样性人才的组合，这样可以更好地发挥董事会的作用，从而提高银行的创新绩效，因此假设 5 在一定程度上未通过检验。独立董事的比例与创新绩效之间正相关，但在 0.05 的显著性水平上未通过 t 检验，从理论上说，独立董事一般都具有丰富的理论知识和实践经验，他们加入董事会有助于董事会做出正确、合理的决策,但是实证结果并没有充分证明这一点,这说明中国上市商业银行的独立董事制度还不是很完善,很多独立董事并没有充分发挥他们应有的作用,假设6未通过检验。两个方程的回归结果均显示董事会成员的受教育程度与创新绩效之间正相关,且分别在0.1和0.05的显著性水平上通过了t检验,这与假设7是一致的。

高管薪酬和高管股权激励变量的系数都大于0,但高管年薪与银行创新绩效的关系不是特别显著,而股权激励在方程(2.2)的回归结果中显示出与银行创新绩效的显著正相关关系,所以本章接受假设8,在一定程度上拒绝假设9。

表2-13 实证检验结果

假设内容	是否通过检验
假设1:股权集中度与银行创新绩效呈倒U型关系	是(显著)
假设2:非控股股东控股能力与银行创新绩效正相关	是(显著)
假设3:国家股、国有法人股与银行创新绩效负相关	否
假设4:机构股持股比例与银行创新绩效正相关	是(显著)
假设5:董事会规模与银行创新绩效呈倒U型的关系	否
假设6:独立董事比例与银行创新绩效正相关	是(不显著)
假设7:董事会成员受教育程度与银行创新绩效正相关	是(显著)
假设8:高层管理人员持股与银行创新绩效正相关	是(显著)
假设9:高层管理人员薪酬水平与银行创新绩效正相关	是(不显著)

五、结论

(一)研究总结及启示

鉴于创新在商业银行竞争中不可替代的作用,和中国商业银行公司治理、创新绩效都亟待改善的现状,本文通过实证分析方法检验了中国上市商业银行公司治理与创新绩效的关系,得出以下几点可供参考的结论:

1. 商业银行应该建立"相对集中,多股制衡"的股权结构

(1)实证结果显示,股权集中度与银行创新绩效呈倒U型关系,说明股权的过度分散或集中均不利于银行创新绩效的提高。笔者认为这一结论是符合中国

国情的，之所以一些学者的研究结论不能统一，甚至相互矛盾，除了研究样本和方法不同以外，还因为他们忽略了其研究对象所处的外部治理环境。

现阶段中国的金融市场机制尚不发达，法律法规也尚不健全，因此中国商业银行采取像欧美商业银行一样的分散化股权结构是不可行的。在缺乏有效的外部治理机制的情况下，适当集中股权是基于股东保护缺失的一种代偿性安排，如果盲目地分散股权可能会导致严重的内部人控制以及控制权的持续争夺与变动问题，这样就走到了另一个极端，股东的利益被忽视，高层管理者关注的是一己私利和自己在位时银行的短期经营绩效，最终结果是银行创新项目被搁置，创新绩效得不到提升，想要提高银行竞争力更是难上加难。

（2）结合股东性质来分析股权集中度对银行创新绩效的影响将更加准确。中国商业银行国家股"一股独大"的问题曾经十分严重，一来绝对大股东的存在本来就不利于董事会职能的有效执行，二来国有机构作为绝对大股东还可能会产生"所有者缺位"或对董事会过度行政干预的问题，从而限制住银行创新水平的发展，不利于银行创新绩效的提高。为了提升中国银行业的整体竞争力，我国对国有商业银行实施了股份制改革然后上市的措施，使其国有股比例得到了适当的降低，这样一方面有利于增强证券市场流动性，更重要的是国家作为控股股东，在不丧失对银行控制权的前提下，依然可以通过政策支持等方式帮助银行提升公司治理水平和创新绩效，但是目前来看这样的正效应并不显著。所以本研究认为问题的关键不在于国有机构是否可以作为银行的控股股东，而在于优化国有性质股东的行为以及避免国家和政府机构对商业银行的行政干预（例如通过政府体制改革、海外上市以及引进战略投资者等途径），这样国有股东对银行创新的正效应才可能提高。

（3）实证结果表明机构持股对银行创新绩效有显著的正面影响，所以通过引入多元化的投资主体可以实现多股制衡的局面，从而促进银行创新绩效的提高。在投资主体的选择上，可以考虑境外战略投资者和民营企业等，以有效根治国有股"一股独大"的问题，从而形成政府、外资、企业和机构等多元化的股权结构，为提高中国银行业的竞争力创造有利条件。

2. 商业银行董事会治理结构有待优化

（1）从董事会规模来看，一般认为人数较多的董事会一方面会促使公司内部知识技能的互补和不同意见的协商；另一方面也可能滋生董事会成员相互搭便车、推诿扯皮等问题，增加决策成本。本章实证结果表明董事会规模与银行创新绩效成正比，这说明中国上市商业银行董事会规模偏大所产生的正向效应大于其所滋生的负向效应，同时也向我们发出了中国上市商业银行董事会规模尚未达到最佳规模的信号。本章结论与Booth等（2002）的结论有相似之处，Booth等的研究发现：工业、公用行业董事会的平均规模分别为11.79人和11.46人，而银行董事会的平均规模达到16人左右（本研究中2011年样本银行董事会平均规模为17人），过小的银行董事会规模，难以保证商业银行决策与监督过程中所需的专业结构。本文也认为是银行业的特殊性导致了其董事会平均规模要比一般行业大，正如Coles、Daniel、Naveen（2008）证明董事会的规模会随着公司的复杂程度（公司规模、经营范围及财务杠杆率等）的增加而增加。

（2）实证结果表明董事会成员的教育程度也对银行创新绩效有显著的正面作用。结合上一点，笔者建议中国商业银行现阶段可以根据本行的规模和业务状况，保持或适度的增加董事会的规模和人员构成，在新增董事会成员的时候应注意其专业性和代表性，使他们成为银行不同利益相关者的代表，这样会给银行带来更多的资源和能力，有利于提高创新决策的科学性，也减少了创新的风险。

（3）目前中国上市商业银行已经普遍建立起了独立董事制度，其中大多数银行的独立董事人数达到或超过了1/3。理论上讲，具有外部审计权和一定否决权的独立董事可以对控股股东滥用控股权进行制衡。他们可以借助提名、考核、薪酬委员会、审计等平台履行选择高管候选人、评价高管绩效以及审核报酬方案等职责，从而在制度上对商业银行高管人员的资格和行为进行把关，赏优罚劣。而且独立董事通常都是各行各业的专家，知识渊博，经验丰富，具备从多层次、多角度对商业银行的改革和发展提供帮助的能力，这显然对提高上市商业银行的创新能力有很大帮助，然而实证结果却显示独立董事比例对银行的创新绩效的影响不显著，这与陈隆等（2005）的结论相一致。一方面可能是中国商业银行目前所建立的独立董事制度存在缺陷；另一方面也可能是现有独立董事在执行职责时存在方式方法上的不足。

3. 建立和完善对高管人员的长期激励机制

中国的大多数股份制商业银行忽视对高管人员长期行为的激励，薪酬体系总体上是由短期薪酬，如固定工资、奖金加上养老保险和社会保险等经济福利所构成。这样的薪酬体系迫使员工关注眼前的经济利益和短期业绩的改善多于关注企业长远的价值提升。正如实证结果所显示的，对于提高银行创新绩效而言，高管人员的年薪激励不如股权激励来得更有效。目前国内在多数商业银行的董事会中都下设了薪酬委员会，该委员会的主要职责是制定规范透明的薪酬制度和有效的激励机制。针对高管人员，建议同时选择绩效工资、股票期权等作为激励手段，唯有如此才能使他们与股东的目标相一致，从而为提高银行创新绩效做出应有的贡献。

4. 关于控制变量的有意义的结论

（1）银行规模变量的系数在两次回归中均为正并且显著，说明在开展创新业务时大规模的银行占有优势,这与一般经验和中国银行业的现实是一致的。

(2) 降低信用风险水平(不良贷款率)有利于提高商业银行的创新绩效。这一实证结果与 Hassan 等(1994),Koppenhaver 和 Stover(1994)以及 Rogers 和 Sinkey(1999)的研究相一致,而不同于郑荣年和牛慕鸿(2007)的结论。郑荣年和牛慕鸿实证分析得出的结论是银行非利息业务收入和信用风险(用贷款损失准备金占总贷款的比重衡量)水平成正比,鉴于银监会对商业银行的不良贷款率一直实行严格的监管,其考核结果不仅将被作为每年评价商业银行的重要指标,而且还会直接影响商业银行创新业务的开展,所以也许本章采用不良贷款率衡量银行信用风险水平所得出的结论更为可靠。

(3) 传统盈利能力(净息差)对银行创新绩效的影响有限。在两次回归中变量 NIM 的系数都不显著,可见净息差的大小并非是影响中国商业银行开展创新业务的重要因素。赵旭(2009)的实证研究结果也表明,银行利差与中间业务收入之间不存在明显的关系。

总之,适当集中商业银行股权集中度,引入多元化的持股主体,建立健全商业银行的董事会,增配专业能力强的独立董事,同时,构建科学的、有一定市场竞争力的激励机制,将信用风险水平控制在合理范围内,将是中国上市商业银行现阶段需要采取的措施及努力达到的目标。只有建立起有利于创新的商业银行公司治理结构和机制,才能有效促进中国银行业可持续性的健康发展。

(二) 本研究的创新点

(1) 研究内容的创新。目前有关公司治理与银行创新绩效关系的研究不多,且在已有的研究中缺乏对二者关系系统的理论分析。

(2) 研究方法的创新。现有研究在实证分析方面多使用横截面数据,这使得研究存在较强的不确定性,考虑到中国银行业发展较快,本研究认为面板数据包含更多信息,可以使结论更可靠。

(三) 研究局限与未来研究方向

本章的研究主要存在以下几方面的局限性:

(1) 样本银行选取方面:目前,中国商业银行的数量已经从 2002 年的 126 家增长到 175 家,其中包括国有商业银行 5 家,股份制商业银行 12 家,城市商业银行 136 家,农村商业银行 22 家。但是由于非上市公司难以获得财务绩效的准确数据,因此使得研究的样本银行数目受到局限。

(2) 研究期间方面:样本银行上市时间较晚,使得本文的研究期间受到数据可获得性和准确性的局限,只能根据 2007~2011 年 14 家样本银行的内部公治和创新绩效面板数据展开研究，其中部分银行是在此期间通过一系列制度创新成为上市商业银行，银行上市不久，业绩较易出现非正常的波动，而且制度创新带来的长期影响，需要更多的时间才能得到更加稳健和全面的结论，本研究迫于时间上的限制只能选取 5 年的数据进行研究，公司治理的改变对上市商业银行创新绩效的影响没有完全显现出来也未可知。

（3）变量的选取和度量方面：本研究仅从商业银行内部治理的三方面（即董事会、高管激励和股权结构）选择了九个自变量来探讨其对银行创新绩效的影响，公司治理的外部治理机制并没有涉及。银行创新的内涵十分丰富，本研究仅采用中间业务收入来度量银行的创新绩效，难免不够全面。

综合上述方面，我们在研究商业银行时还需要更多的证据，很多的问题有待于实证分析来检验和解答，也正因为结合行业特殊性所进行的银行公司治理实证研究尚处于起步阶段，所以运用理论加实证的方法进一步探索银行公司治理结构和机制优化及其创新绩效的问题将成为日后的重要研究方向。在接下来的研究中可以增加样本银行的数量和种类，扩大研究期间，这样可以使研究效度增强。在选取变量时也可以扩展到更多其他的方面，如银行创新包括产品和服务创新、流程创新和分销渠道创新等许多内容，在衡量创新绩效时可以不局限于财务数据。

附录　原始数据

附表 1　自变量原始数据

银行	年份	S1(%)	S5(%)	Z	JG(%)	GY	Bsize	Bedu(%)	Bdl(%)	Ms	Mpay(万元)
深圳发展银行	2007	16.70	24.65	0.48	1.00	0	14	92.86	28.57	1	591.00
	2008	17.76	29.76	0.68	1.00	0	14	92.86	28.57	1	455.00
	2009	16.76	27.64	0.65	1.00	0	15	93.33	33.33	1	647.00
	2010	14.96	34.22	1.29	1.00	0	15	93.33	33.33	1	389.00
	2011	42.00	56.00	0.33	1.00	0	18	94.44	44.44	1	423.00
浦发银行	2007	23.57	40.57	0.72	0.22	1	17	94.12	35.29	0	197.33
	2008	23.57	39.01	0.66	0.16	1	19	89.47	36.84	0	245.75
	2009	21.16	35.04	0.66	0.20	1	19	89.47	36.84	0	220.88
	2010	20.00	47.00	1.35	0.50	0	19	89.47	36.84	0	—
	2011	20.00	47.00	1.35	0.70	0	19	89.47	36.84	0	188.11

续表

银行	年份	S1(%)	S5(%)	Z	JG(%)	GY	Bsize	Bedu(%)	Bdl(%)	Ms	Mpay(万元)
招商银行	2007	12.11	27.93	1.31	0.00	1	18	83.33	33.33	1	421.19
	2008	12.37	28.18	1.28	0.00	1	18	83.33	33.33	1	352.38
	2009	12.37	26.76	1.16	0.00	1	18	83.33	33.33	1	242.65
	2010	12.40	26.45	1.13	0.00	1	17	82.35	35.29	1	284.56
	2011	12.40	27.08	1.18	0.00	1	17	82.35	35.29	1	326.00
民生银行	2007	5.90	25.57	3.33	1.00	0	18	72.22	33.33	0	731.10
	2008	5.90	24.69	3.18	1.00	0	17	70.59	29.41	0	627.37
	2009	4.99	18.78	2.76	1.00	0	18	72.22	33.33	0	434.83
	2010	4.99	18.78	2.76	1.00	0	18	83.33	33.33	0	488.80
	2011	4.99	19.04	2.82	1.00	0	18	83.33	33.33	0	386.24
华夏银行	2007	10.19	37.25	2.66	0.41	1	18	66.67	38.89	0	170.20
	2008	13.98	47.27	2.38	0.39	1	17	70.59	41.18	0	163.29
	2009	13.98	48.14	2.44	0.40	1	15	73.33	40.00	0	190.17
	2010	13.98	48.07	2.44	0.40	1	18	66.67	38.89	0	217.43
	2011	20.28	60.38	1.98	0.43	1	18	66.67	38.89	0	209.66
中国工商银行	2007	35.30	81.60	1.31	0.15	1	15	73.33	26.67	0	152.50
	2008	35.40	81.70	1.31	0.14	1	15	73.33	26.67	0	139.20
	2009	35.40	79.00	1.23	0.11	1	16	75.00	37.50	0	76.00
	2010	35.40	71.50	1.02	0.02	1	16	75.00	37.50	0	84.30
	2011	35.40	71.70	1.03	0.02	1	16	75.00	37.50	0	94.00
中国银行	2007	67.49	84.50	0.25	0.17	1	16	62.50	25.00	0	2770.00
	2008	67.52	84.13	0.25	0.16	1	15	73.33	26.67	0	2603.00
	2009	67.53	72.43	0.07	0.02	1	16	75.00	37.50	0	2657.50
	2010	67.55	69.05	0.02	0.02	1	16	87.50	37.50	0	1573.58
	2011	67.60	68.12	0.01	0.00	1	16	87.50	37.50	0	160.25
交通银行	2007	26.52	48.79	0.84	0.37	1	17	88.24	35.29	0	87.74
	2008	26.52	48.79	0.84	0.37	1	17	82.35	35.29	0	95.52
	2009	26.48	48.78	0.84	0.38	1	18	83.33	33.33	0	90.48
	2010	26.48	48.78	0.84	0.38	1	18	83.33	33.33	0	143.19
	2011	20.36	48.01	1.36	0.38	1	18	83.33	38.89	0	153.94

续表

银行	年份	S1(%)	S5(%)	Z	JG(%)	GY	Bsize	Bedu(%)	Bdl(%)	Ms	Mpay(万元)
中国建设银行	2007	57.13	69.70	0.22	0.15	1	15	86.67	33.33	1	76.85
	2008	57.09	75.45	0.32	0.21	1	17	82.35	35.29	1	123.77
	2009	57.09	76.17	0.33	0.22	1	17	82.35	35.29	0	92.02
	2010	48.22	76.44	0.59	0.24	1	16	81.25	37.50	0	155.18
	2011	59.12	83.11	0.41	0.17	1	17	76.47	35.29	0	147.26
兴业银行	2007	21.03	41.84	0.99	0.39	1	15	80.00	33.33	0	279.96
	2008	20.83	42.72	1.05	0.41	1	15	80.00	33.33	0	256.00
	2009	20.80	43.04	1.07	0.39	1	14	78.57	35.71	0	244.06
	2010	20.80	43.12	1.07	0.45	1	14	78.57	35.71	0	239.60
	2011	20.40	43.78	1.15	0.32	1	15	73.33	33.33	0	224.70
北京银行	2007	16.07	38.76	1.41	0.56	0	17	88.24	35.29	1	268.80
	2008	16.07	38.76	1.41	0.56	0	15	86.67	26.67	1	320.69
	2009	16.07	38.76	1.41	0.56	0	17	76.47	35.29	1	265.00
	2010	16.07	40.15	1.50	0.57	0	17	76.47	35.29	1	206.83
	2011	16.07	40.29	1.51	0.57	0	17	82.35	35.29	1	294.69
南京银行	2007	13.42	39.66	1.96	0.35	1	13	0.00	30.77	1	156.11
	2008	13.42	39.60	1.95	0.35	1	14	0.00	35.71	1	151.34
	2009	13.35	40.80	2.06	0.38	1	14	0.00	35.71	1	212.92
	2010	13.35	40.66	2.05	0.34	1	15	0.00	33.33	1	102.99
	2011	12.99	41.18	2.17	0.43	1	15	0.00	33.33	1	87.15
宁波银行	2007	13.74	46.75	2.40	0.67	0	18	50.00	33.33	0	164.06
	2008	13.74	46.75	2.40	0.72	0	18	50.00	33.33	0	215.67
	2009	10.80	42.28	2.91	0.71	1	17	47.06	35.29	0	203.24
	2010	10.80	42.28	2.91	0.71	1	18	33.33	33.33	0	201.20
	2011	10.80	42.28	2.91	0.70	1	17	29.41	35.29	0	122.46
中信银行	2007	61.85	78.12	0.26	0.20	1	15	73.33	33.33	0	348.49
	2008	61.78	78.10	0.26	0.20	1	16	75.00	31.25	0	333.24
	2009	61.78	77.93	0.26	0.19	1	15	80.00	33.33	0	333.04
	2010	62.33	77.93	0.25	0.19	1	15	80.00	33.33	0	361.64
	2011	62.33	82.50	0.32	0.24	1	15	80.00	33.33	0	—

附表2 因变量和控制变量原始数据

银行	年份	NPL（%）	SIZE（%）	NIM	IP（%）
深圳发展银行	2007	564.00	0.67	3.10	4.82
	2008	68.00	0.76	3.02	5.86
	2009	68.00	0.75	2.47	7.81
	2010	58.00	0.77	2.49	8.79
	2011	58.00	0.87	2.54	10.96
浦发银行	2007	146.00	1.74	3.12	4.36
	2008	129.00	2.10	3.05	5.19
	2009	80.00	2.06	2.19	7.39
	2010	51.00	2.32	2.49	8.12
	2011	44.00	2.37	2.60	9.89
招商银行	2007	154.00	2.49	3.11	15.72
	2008	111.00	2.52	3.42	15.87
	2009	82.00	2.62	2.23	15.54
	2010	68.00	2.55	2.65	15.87
	2011	56.00	2.47	3.06	16.25
民生银行	2007	122.00	1.75	—	9.45
	2008	120.00	1.69	3.15	12.74
	2009	84.00	1.81	2.59	11.09
	2010	69.00	1.93	2.94	15.13
	2011	63.00	1.97	3.14	18.33
华夏银行	2007	225.00	1.13	—	3.16
	2008	182.00	1.17	—	4.67
	2009	150.00	1.07	2.10	5.98
	2010	118.00	1.10	2.46	6.43
	2011	92.00	1.10	2.81	8.87
中国工商银行	2007	274.00	16.51	2.80	15.01
	2008	229.00	15.64	2.95	14.21
	2009	154.00	14.96	2.26	17.82
	2010	108.00	14.27	2.44	19.13
	2011	94.00	13.66	2.61	21.37

续表

银行	年份	NPL（%）	SIZE（%）	NIM	IP（%）
中国银行	2007	312.00	11.40	2.76	18.30
	2008	265.00	11.15	2.63	17.50
	2009	152.00	11.11	2.04	19.82
	2010	110.00	11.09	2.07	19.68
	2011	100.00	10.44	2.12	19.70
交通银行	2007	86.00	4.07	2.59	15.40
	2008	112.00	4.19	2.46	13.89
	2009	136.00	4.20	2.29	14.08
	2010	192.00	4.30	3.01	11.53
	2011	206.00	4.00	2.84	11.53
中国建设银行	2007	109.00	11.31	2.70	21.91
	2008	141.00	11.46	2.49	20.44
	2009	150.00	12.21	2.41	17.99
	2010	221.00	12.11	3.24	14.37
	2011	260.00	12.54	3.18	14.27
兴业银行	2007	38.00	2.13	0.22	14.77
	2008	42.00	1.96	0.20	11.05
	2009	54.00	1.69	0.18	9.84
	2010	83.00	1.64	0.14	8.83
	2011	115.00	1.62	0.14	6.88
北京银行	2007	53.00	0.84	—	7.76
	2008	69.00	0.78	—	6.16
	2009	102.00	0.68	—	5.47
	2010	155.00	0.67	—	3.97
	2011	206.00	0.67	—	3.88
南京银行	2007	78.00	0.25	2.66	0.98
	2008	97.00	2.35	2.55	8.91
	2009	122.00	0.19	2.64	9.05
	2010	164.00	0.15	—	6.84
	2011	179.00	0.14	—	3.41

续表

银行	年份	NPL（%）	SIZE（%）	NIM	IP（%）
宁波银行	2007	68.00	0.23	3.23	9.03
	2008	69.00	0.28	3.06	8.26
	2009	79.00	0.21	—	10.81
	2010	92.00	0.17	—	11.03
	2011	36.00	0.14	—	7.63
中信银行	2007	60.00	2.44	3.00	11.48
	2008	67.00	2.21	2.63	10.21
	2009	95.00	2.25	2.51	8.48
	2010	141.00	1.90	3.16	7.29
	2011	148.00	1.92	3.12	7.47

参考文献

[1] 钱德勒. 看得见的手——美国企业的管理革命（中译本）[M]. 北京：商务印书馆，1987：581.

[2] 吴敬琏. 制度重于技术[M]. 北京：中国发展出版社，2002：56-68.

[3] 高闯. 公司治理：原理与前沿问题[M]. 北京：经济管理出版社，2009.

[4] 葛蓉蓉. 中国股份制商业银行公司治理的有效性[M]. 北京：中国金融出版社，2007.

[5] 易丹辉. 数据分析与 EViews 应用[M]. 北京：中国人民大学出版社，2008：293-297.

[6] 唐菁菁，孙灵刚. 中美商业银行中间业务的创新机制研究[J]. 南方金融，2012（1）：72-74.

[7] 杨冬花. 从盈利结构看中国商业银行中间业务发展进程[J]. 金融会计，2009（8）.

[8] 郭德维. 银行业金融创新调查评价与趋势分析[J]. 理论前沿，2009（24）：71-72.

[9] 刘思. 简析商业银行的业务创新能力[J]. 财经论坛，2006（5）.

[10] 曹蒸蒸. 中国商业银行金融创新力评价[J]. 金融理论与实践，2009（11）：85-88.

[11] 李维安. 金融危机防范：公司治理是关键[J]. 农村金融研究，2009（4）：14-18.

[12] 巴塞尔银行监管委员会. 加强银行公司治理的原则[M]. 北京：中国金融出版社，2011.

[13] 李维安. 公司治理[M]. 天津：南开大学出版社，2001.

[14] 李维安，曹廷求. 商业银行公司治理：理论模式与我国的选择[J]. 南开学报，

2003 (1): 42 - 50.

[15] 华锦阳. 试论公司治理对企业技术创新的影响 [J]. 自然辩证法通讯, 2002, 24 (1): 52 - 57.

[16] 王彦敏. 公司治理问题与创新企业的产生——中国国企改革新的路径选择 [J]. 中共浙江省委党校学报, 2008 (1): 31 - 38.

[17] 威廉·拉让尼克, 玛丽·奥苏丽文. 公司治理与产业发展——一种基于创新的治理理论及其经验依据 [M]. 北京: 人民邮电出版社, 2005.

[18] 陈隆, 张宗益, 杨雪松. 上市企业公司治理结构对技术创新的影响 [J]. 科技管理研究, 2005 (9): 137 - 141.

[19] 杨建君, 盛锁. 股权结构对企业技术创新投入影响的实证研究 [J]. 科学学与科学技术管理, 2006, 27 (4).

[20] 杨勇, 达庆利, 周勤. 公司治理对企业技术创新投资影响的实证研究 [J]. 科学学与科学技术管理, 2007 (11): 61 - 65.

[21] 王怀宇. 公司治理结构视角下的企业技术创新行为研究 [D]. 北京交通大学硕士学位论文, 2006.

[22] 徐二明, 张晗. 中国上市公司国有股权对技术创新方式的影响 [J]. 经济管理, 2008 (8): 42 - 46.

[23] 张世晓. 公司治理结构与企业创新 [J]. 科技信息 (学术研究), 2007 (33): 67 - 69.

[24] 于骥, 宋海霞. 公司治理与企业技术创新的关系探析 [J]. 市场论坛, 2009 (7): 33 - 35.

[25] 张宗益, 张湄. 关于高新技术企业公司治理与 R&D 投资行为的实证研究 [J]. 科学学与科学技术管理, 2007 (5).

[26] 李前兵. 董事长特征、董事会独立性与公司创新绩效 [J]. 现代管理科学, 2010 (10): 61 - 63.

[27] 周杰, 薛有志. 公司内部治理机制对 R&D 投入的影响 [J]. 研究与发展管理, 2008, 20 (3): 1 - 9.

[28] 王永明, 宋艳伟. 独立董事对上市公司技术创新投资的影响研究 [J]. 科学管理研究, 2010, 28 (5): 94 - 97.

[29] 张洪辉, 夏天, 王宗军. 公司治理对我国企业创新效率影响实证研究 [J]. 研究与发展管理, 2010, 22 (3): 45 - 49.

[30] 毛良虎. 中小企业治理与技术创新基于中小企业板的实证研究 [J]. 中国科技论坛, 2008 (9): 67 - 75.

[31] 王昌林. 基于公司治理机制的企业技术创新行为研究 [D]. 重庆大学博士学位论文, 2004.

[32] 王家强. 亚太地区商业银行收入结构: 特征、成因及其前景——基于全球视角的比较分析 [J]. 国际金融研究, 2007 (7): 30 - 35.

[33] 郭红珍, 张卉. 中国商业银行中间业务的资源配置行为分析 [J]. 国际金融研究,

2003 (4): 19-24.

[34] 郑荣年,牛慕鸿. 中国银行业非利息业务与银行特征关系研究 [J]. 金融研究, 2007 (9): 129-137.

[35] 陈远志,梁彤缨. 行业特征、股权结构与公司绩效的实证分析 [J]. 系统工程, 2006 (2).

[36] 赵旭. 银行利差多维度量及影响因素: 基于中国银行业 1998—2006 年经验证据 [J]. 金融研究, 2009 (1): 66-80.

[37] 于一,何维达. 商业银行董事会结构: 内生创新还是外生合规 [J]. 山西财经大学学报, 2012 (2): 37-45.

[38] 倪志凌. "十二五"时期商业银行业务创新与技术创新的融合 [J]. 上海金融, 2011 (9): 48-53.

[39] 刘斌. 商业银行中间业务发展现状及创新对策 [J]. 上海经济研究, 2008 (10): 88-91.

[40] 朱盈盈,李平,曾勇. 境外战略投资者与中资银行创新能力——基于中国 73 家商业银行面板数据的实证分析 [J]. 投资研究, 2011 (7): 55-66.

[41] 郭媛媛,林鸿. 中国银行业金融创新: 现状、绩效与总体评价 [J]. 开发研究, 2008 (2).

[42] 徐金发,刘翌. 企业治理结构与技术创新 [J]. 科研管理, 2002 (4): 11-15.

[43] 张扬. 公司治理结构对企业技术创新的影响研究 [D]. 西北大学硕士学位论文, 2009.

[44] 梁琛,杨俊. 基于关键利益相关者视角下的公司治理与企业技术创新投入的实证研究 [J]. 商场现代化, 2009 (9): 90-93.

[45] 鲁银梭,郝云宏. 公司治理与技术创新的相关性综述 [J]. 科技进步与对策, 2012 (5): 156-160.

[46] 赵洪江,陈学华,夏晖. 公司自主创新投入与治理结构特征实证研究 [J]. 中国软科学, 2008 (7): 145-149.

[47] 周雷. 股份制上市商业银行的公司治理——基于 5 家银行的检验 [J]. 金融管理与研究, 2012 (3): 66-70.

[48] 黄少安. 对公司治理基本理论问题的重新思考——基于商业银行特殊性的分析 [J]. 理论学刊, 2011 (8): 54-56.

[49] Benny Simon. Corporate Governance on Indonesian Banks [D]. Nanyang Technological University, 2001.

[50] Lee Peggym, O'Neill, Hughm. Ownership Structures and R&D Investments of U.S. and Japanese Firms: Agency and Stewardship Perspectives [J]. Academy of Management Journal, 2003, 46 (2): 212-225.

[51] Hosono Kaoru, Tomiyama Sayo, Miyagawat Sutom U. Corporate Governance and Research and Development: Evidence from Japan [J]. Economic Innovation New Technology, 2004, 13 (2): 141-164.

[52] Graves. S. B. Institutional Ownership and Corporate R&D in the Computer Industry [J]. Academy of Management Journal, 1988 (31): 417-427.

[53] Bushey Brian. The Influence of Institutional Investors on Myopic R&D Investment Behavior [J]. Accounting Review, 1998, 73 (3): 305-353.

[54] England Shackell M. The Impact of Longrun Performance Plans and Institutional Ownership for Firms Research and Development Expenditures [J]. Journal of Accounting, Auditing and Finance, 2001, 16 (2): 177-149.

[55] Philippe Aghion, John Van Reenen, Luigi Zingales. Innovation and Institutional Ownership [J]. CEPD Discussion Paper, 2009 (2).

[56] Lipton Lorsch. A Modest Proposal for Improved Corporate Governance [J]. Business Lawyer, 1992 (4): 59-77.

[57] Yermack D. Higher Market Valuation of Companies with a Small Board of Directors [J]. Journal of Financial Economics, 1996, 40 (2): 185-211.

[58] Zahra S. A., Neubaum D. O. &Huse. M. Entrepreneurship in Medium Size Companies: Exploring the Effects of Ownership and Governance Systems [J]. Journal of Management, 2000, 26 (5): 947-976.

[59] Paul Mallette, K. L. Fowler. Effects of Board Composition and Stock Ownership on the Adoption of Poison Pills [J]. Academy of Management Journal, 1992 (35): 1010-1035.

[60] Lane, P. J., Canella A. A. JR., Lubatkin M. H. Agency Problems as Antecedents to Unrelated Mergers and Diversification: Amihud and Lev Reconsidered [J]. Strategic Management Journal, 1998, 19 (6): 555-578.

[61] Pearce John A., Shaker A. Zahra. Board Composition from a Strategic Contingency Perspective [J]. Journal of Management Studies, 1992, 29 (4): 411-438.

[62] Jing Dong, Yan-nan Gou. Corporate Governance Structure, Managerial Discretion, and the R&D Investment in China [J]. International Review of Economics and Finance, 2010 (19): 180-188.

[63] Sanders W. G., Carpenter M. A. Internationalization and Firm Governance: The Roles of CEO Compensation, Top Team Composition, and Board Structure [J]. Academy of Management Journal, 1998 (41): 58-178.

[64] Manso Gustavo. Motivating Innovation [C]. Working Paper, MIT, 2007.

[65] Hunter W. C., S. G. Timme. Technical Change, Organizational Form and the Structure of Bank Production [J]. Journal of Money, Credit, and Banking, 1986, 18 (2): 152-156.

[66] Rogers K., J. F. Sinkey Jr. An Analysis of Nontraditional Activities at U. S. Commercial Banks [J]. Review of Financial Economics, 1999, 8 (1): 25-39.

[67] DeYoung R., T. Rice. Noninterest Income and Financial Performance at U. S. Commercial Banks [J]. The Financial Review, 2004, 39 (1): 101-127.

[68] Hassan M. K., G. V Karels, M. O. Peterson. Deposit Insurance, Market Discipline and Off Balance Sheet Banking Risk of Large U. S. Commercial Banks [J]. Journal of Banking Finance,

1994, 18 (3): 575-593.

[69] Koppen Haver G. D., R. D. Stover. Stand by Letters of Credit and Bank Capital: Evidence of Market Discipline [J]. Journal of Banking Finance, 1994, 18 (3): 53-573.

[70] Booth et al. Boards of Directors, Ownership, and Regulation [J]. Journal of Banking and Finance, 2002, 26 (3): 1973-1996.

[71] Coles Jeffrey L., Naveen D. Daniel and Lalitha Naveen. Boards: Does one Size Fit All [J]. Journal of Financial Economics, 2008.

第三篇 基于财务视角的我国出版上市公司可持续增长研究[*]

一、绪论

(一) 研究背景

增长一直是企业领导者的热门话题。增长的理念始于企业领导者对市场需求永不满足的好奇心，对超越人为设定的界限，寻找新的发展机会的渴望。同时，在经历反复变革、管理模式重组和所有其他变化的洗礼，进行产业升级和转型的过程中，各行业的企业领导者们发现，他们不但要把精力集中于良好的企业运营上，还要集中于企业的增长上。管理咨询大师拉姆·查兰（Ram Charan）认为：企业要么增长，要么死亡。他从三个方面进行了阐述：其一，无论你的企业多么优秀，当你的企业停止增长时，你所在的市场将不再安全，企业处在危险中；其二，投资者会因为你的企业停止增长而降低投资额，这样企业的评估风险在增加；其三，停止增长的企业，人力资本风险加大。随着优秀员工另谋高就，企业将失去保障企业得以存续和成长的优秀人才。今天，经理们只靠简单维持企业运转就可以受到嘉奖的事已不复存在，经理们每天都得想着企业的增长，他们要永不懈怠地找寻新机会，清楚地确定风险所在，尽最大可能地为股东创造价值，提高投资回报率。哥伦比亚大学拉里·赛尔登（Larry Selden）的研究显示：收入的增长和资产回报率与股票市场上表现的关系，比其他任何指标都密切。因此，增长永远具有强烈的诱惑力。增长也是人类社会的兴奋剂，是所有进步的源泉。作为个人，人们努力提升自己的能力；作为企业，会努力实现自身价值的最大

---

[*] 作者简介：李俊明，北京印刷学院企业管理专业2010级硕士研究生，指导教师为郑春吉教授、王关义教授。

化；作为社会，会努力通过任何合理的方法增加财富总量，以便供所有人分享，实现社会的"增长"。

企业管理者把企业快速增长作为衡量管理水平的指标之一，也把追求增长作为企业家精神的一种体现。但并不是所有的增长都是有益的，不惜一切代价的增长，或者只为增长而增长，将是导致灾难性后果的"良方"。人们经常觉得增长是包治百病的圣药，可以治愈企业中的任何疾患。罗伯特·郭思达曾对《财富》杂志的一位记者这样说过："'万恶之源'是收入。"他认为：为股东投资创造价值的首要议题——为了做大这一点，增长必须是可盈利的，而且资金的运用必须是高效能的。优秀的增长应该是可持续的、稳定的增长，同时资金的运用是高效能的，是销售收入和企业利润同步提高的增长。可持续的增长也需要对增长的要素紧密地关注：产品的成本结构、质量、开发周期、生产率、资产利用率、资金的投入、顾客满意度，以及其他所有保证良好运营的影响因素。

据美国《财富》杂志报道，美国中小企业平均寿命不到7年，大企业平均寿命不足40年。而我国，中小企业的平均寿命仅为2.5年，集团企业的平均寿命仅7~8年。美国每年倒闭的企业约10万家，而我国有100万家，是美国的10倍。我国企业的生命周期短，真正能做强做大的企业更是屈指可数。有资料表明，在中关村注册的企业有6000家，寿命超过8年的不到3%。这些企业"入折"的原因是多方面的，但是其中有一个共同点，即我国企业在高速增长的过程中没有充分考虑企业财务资源与企业增长速度的协调、匹配，从而导致企业在增长过程中出现资金链断裂，致使企业发生财务风险，严重者导致破产、倒闭的命运。我国社会科学院副院长李扬在我国银行家论坛暨2012我国商业银行竞争力评价报告发布会上表示，我国企业的负债占GDP比重已达107%，相比OECD（经合组织）企业负债占GDP的90%很危险。

美国财务学家罗伯特·C.希金斯教授曾说："从财务的角度看，增长不总是上帝的恩赐。快速的增长会使一个公司的资源相当紧张，因此，除非管理层意识到这一结果并采取积极有效的措施加以调控，否则，快速增长可能导致破产。"企业增长中的财务问题首先表现为企业资本金来源，即企业的筹资活动。从企业筹资的来源看，企业主要有内部筹资和外部筹资两大渠道。内部资本是指在公司生产经营过程中通过计提折旧形成的资本和通过留存利润形成的资本。其数量取决于公司目前可分配的利润总量和公司的利润分配政策或股利政策。内部筹资一般没有筹资费用，成本相对较低，但其筹资数量往往有限，同时不是在公司发展变化的任何时候都可以随意采取的筹资方式。因此，如果企业仅依靠内部筹资来支持财务的增长，会在很大程度上限制企业的财务增长。因此企业可向企业外部筹资，这也是当前多数企业筹资的主要方式，但是如果企业通过外部融资而出现企业财务快速增长，会给企业带来很大的财务风险，严重的会导致企业破产。因此企业要在内部融资的基础上，在不耗尽企业财务资源的前提下，适量适时的进行外部融资，合理安排企业的资本结构，为企业的永续经营服务，而不是为了增长而增长，盲目扩大企业的外部资本，最终危及企业的可持续增长。

（二）研究意义

1. 我国出版上市公司现状分析

上市公司是指所发行的股票经过国务院或者国务院授权的证券管理部门批准在证券交易所上市交易的股份有限公司。公司上市具有募集资金、分散风险、提高知名度等诸多优点。在我国，新闻出版行业由于受到政策因素的影响，上市融资的步伐相对缓慢，总体上，我国出版传媒企业上市之路大致分为三个阶段。

2000~2005年的探索阶段。在2000年以前，由于国有出版单位属于事业体制，囿于政策不能上市融资。2000年以后，随着新闻出版业改革的深入，一些出版单位将经营业务与采编业务相分离，成立了与采编业务相关的广告、印刷、发行公司，通过这些公司在上市融资方面进行一些尝试和探索。这6年间，仅有3家出版传媒企业上市。而这3家企业还都是报社所投资的涉及报纸广告、印刷、发行业务的公司，分别为2000年1月21日《成都商报》借壳四川电器上市，成为我国第一家上市的出版传媒企业，后更名为博瑞传播；2000年12月12日赛迪集团借壳国邦集团上市，更名为ST传媒；2004年12月22日北青传媒在香港联交所上市，成为首家在香港上市的内地传媒企业。

2006~2009年的突破阶段。2006年3月，全国文化体制改革工作会议召开，新闻出版体制改革也随之全面铺开。同年7月，新闻出版总署出台了《关于深化出版发行体制改革工作实施方案》，提出"积极推动有条件的出版、发行集团上市融资"，使出版传媒企业的上市融资进入了由报业投资的广告、印刷、发行经营公司发展到出版发行企业上市和出版企业直接上市的突破阶段。

2010年至今的高潮阶段。在国家政策对文化产业的大力支持下，新闻出版行业迎来了前所未有的历史发展机遇。近两年包括中南出版传媒集团、皖新传媒等大的出版传媒企业上市。据新闻出版总署统计，截至2012年4月，共有49家传播与文化类企业上市，其中，按照证监会行业分类，有11家A股出版企业上市。

2011年我国股票市场整体低迷，但相比之下，出版股表现出其独特的吸引力。从A股市场表现看，2011年，出版企业中平均市盈率最高的为天舟文化61.54倍，最低为中文传媒16.36倍。平均市净率为3.16，高于A股市场均值1.25。出版企业的平均市净率为3.16，高于A股市场1.25。出版企业的市净率明显高于A股平均水平，说明投资者普遍看好上市出版企业的发展前景。在

2011年个股股价涨幅前十名的企业中,浙报传媒(600633)和大地传媒(000791)分别排名第七和第八,涨幅分别为98.08%和94.74%。在2011年整个大环境不景气的背景下实属不易。

从以上分析看出,随着我国出版企业转企改制进程的完成以及国家对文化产业发展的日益重视,出版企业上市的步伐明显加快,并且已上市的出版企业的整体表现相对较好,投资者对出版股市的长期发展能力比较认可。

2. 基于财务视角研究出版上市公司可持续增长的意义

我国出版行业刚刚经历了"转企改制"的过程,从原来计划经济中的事业单位,转变为市场经济体下的企业法人,正经受着市场经济的考验。2012年2月15日,《国家"十二五"时期文化改革发展规划纲要》发布,同日,新闻出版总署副署长邬书林接受媒体采访时表示:"将用好上市工具,有计划、有重点地推进核心企业上市,来保证文化产业发展。"新闻出版总署署长柳斌杰在2012年出版传媒集团主要负责人座谈会上表示,在完成经营性出版单位转企改制的基础上,将会迅速启动第二次改革,即进一步推动内部经营机制的转换,大力推动出版传媒企业进一步上市,进一步加大兼并重组力度等产业布局的改革。因此,在已经上市的49家传播与文化类公司的基础上,将有更多我国出版传媒企业上市。面对当前上市企业集体表现不佳、财务指标恶化、可持续增长受到挑战等问题,努力把握好出版上市公司发展趋势,寻找保持出版上市公司持续增长的合理策略,就具有极为重要的理论和现实意义。本章基于财务视角研究出版上市公司可持续增长,就出版上市公司在追求股东价值最大化的过程中如何保持企业可持续增长速度与财务资源的协调配置进行研究,对我国出版上市企业保持合理的增长水平,投融资活动中做出有理有据的决策有重要的意义,具体表现为:

(1)有利于企业制定正确的财务长期增长战略。当一个企业对自身可持续增长率缺乏正确的认识时,往往会高估自身可持续增长能力,盲目高速发展,引起企业内部资源无法协调、配套,从而使企业陷入财务困境;或者当企业对自身实力估计过于保守而失去快速增长的有利机会。我国企业在财务增长管理中,一般存在资本依赖、过度负债、管理弱化等成长陷阱,通过对企业可持续增长的研究,便于企业清晰地辨识自身的发展。

(2)有利于企业正确分析财务状况,优化财务资源配置。当企业的可持续增长率大于企业实际增长率时,表明要么企业还有可挖掘的增长潜力,要么企业内部管理效率下降或企业外部环境发生了不利于企业发展的变化等,为企业财务分析指明了方向,便于查明相关原因。当企业可持续增长率小于企业计划制定的增长率时,可持续增长模型有利于企业寻求影响企业增长的动力因素,调整企业财务政策,优化企业财务资源配置。

本章基于可持续增长理论，从财务视角通过对已经上市的出版企业的研究，指出出版上市公司可持续增长方面存在的问题，并提出相关改进意见。对于指导我国出版企业中正处于成长期、成熟期和通过资源整合构建出版集团拟上市的企业如何保持健康的增长水平，在生产、营销、财务等方面做出更科学、明智的决策，保持企业增长的可持续性具有一定的理论价值和借鉴意义。尤其为出版上市公司的管理者提供了一个衡量企业发展水平的思路：公司的发展除了看一些传统指标外，能否可持续增长是一个引起重点思考的问题。出版企业上市的数量不多、时间并不长、正在经受着市场的洗礼，我们不希望几个"昙花一现"的暴发户，而希望通过本章研究，使得出版企业能够借助国家相关政策法规，运用相关手段，防止企业未来的实际增长率与可持续增长率偏差太大，并根据自身可持续增长能力制订更适当的增长计划，从而真正能把各方面资源协调好，保持公司健康可持续增长。因此，基于财务视角研究我国出版上市公司可持续增长将对我国出版企业及其他相关企业具有一定的经济价值和现实指导意义。

（三）研究方法

本章在系统综述企业可持续增长理论的基础上，运用文献分析法、比较研究法、实证分析法相结合的方法，通过对现有国内外研究成果进行梳理分析，对企业可持续增长模型以及相关理论的优缺点进行了对比研究，用出版上市公司相关数据对模型的可靠性以及相关因素的敏感性等进行了实证研究，最后对我国出版上市公司可持续增长状况以及影响可持续增长的因素进行了实证分析，以期从财务视角对我国出版上市企业可持续增长相关问题有比较深入的研究。

（四）研究内容与结构安排

本章以可持续增长理论为研究基础，前两部分对企业可持续增长理论进行研究，同时就国内外关于企业可持续增长研究的概况及趋势进行梳理，并就目前研究的成果做总结分析，在此基础上对企业可持续增长理论进行分析研究；第三部分就企业可持续增长的传统指标进行研究，提取了影响企业可持续增长率的指标，然后对企业可持续增长模型进行分析，在此基础上优化并构建适合本章研究对象的新模型；第四部分从财务角度对我国出版上市公司进行可持续增长状况的实证研究，该部分主要包括样本选取、数据整理、实证研究以及结果分析、实证研究结论等内容；第五部分结合第四部分的相关结论，提出实现我国出版上市公司可持续增长的对策及建议，并对文章整体进行回顾总结，指出本研究的局限性以及未来研究展望。

二、可持续增长理论综述

（一）相关概念的界定

1. 可持续发展理念的起源

"可持续发展"（Sustainable Development）的概念最先是于1972年在斯德哥尔摩举行的联合国人类环境研讨会上正式提出的。自此以后，各国致力于界定"可持续发展"的含义，现已拟出的定义有几百个之多，涵盖范围包括国际、区域、地方以及特定界别的层面。侧重自然方面的定义是1991年11月国际生态学联合会与国际生物学联合会在关于可持续发展问题的专题研讨会上提出的，将可持续发展定义为"保护和加强环境系统的生产和更新能力"，其含义为可持续发展是不超越环境，系统更新能力的发展。侧重社会方面的定义是1991年联合国环境规划署等机构共同发表《保护地球——可持续生存战略》(Caring for the Earth: A Strategy for Sustainable Living)，将可持续发展定义为"在生存于不超出维持生态系统涵容能力之情况下，改善人类的生活品质"，并提出了人类可持续生存的九条基本原则。它在保护地球资源再生能力的同时增加了切实改善人类生活条件的可能性。侧重经济方面的定义是爱德华·B. 巴比尔（Edivard B. Barbier）在其著作《经济、自然资源：不足和发展》中，把可持续发展定义为"在保持自然资源的质量及其所提供服务的前提下，使经济发展的净利益增加到最大限度"。侧重科技方面的定义是斯帕思（Janm Gustare Spath）认为："可持续发展就是转向更清洁、更有效的技术——尽可能接近'零排放'或'密封式'的工艺方法——尽可能减少能源和其他自然资源的消耗。"比较常见的是1987年布伦特兰夫人（Ms. Gro Harlem Brundtland）在世界环境与发展委员会的《我们共同的未来》中正式提出的，将可持续发展定义为：人类在社会和经济发展过程中，保证资源与环境的长期协调发展，做到既满足当代人的需求，又不对后代人满足需要的能力构成危害的发展。报告指出，实现这一目标的关键因素，就是"客服环境恶化而不放弃经济发展以及社会公正、公平的能力"。换句话说，就是指经济、社会、资源和环境保护协调发展，它们是一个密不可分的系统，既要达到发展经济的目的，又要保护好人类赖以生存的大气、淡水、海洋、土地和森林等自然资源和环境，使子孙后代能够永续发展和安居乐业。1997年，中共十五大把可持续发展战略确定为我国"现代化建设中必须实施"

的战略。2002年11月，江泽民主席在十六大报告中明确地把可持续发展作为我国经济新的发展道路。

2. 企业可持续发展的内涵

随着"可持续发展"概念的提出，可持续的理念引起了人们的密切关注，并被逐步应用于企业各层面。特别是伴随社会变化节奏的加快，一些企业很难适应迅速变化的环境，面对不断增加的大量企业失败现象，如何使企业在当前以及未来保持良好的发展势头，越来越引起企业的重视。学者们将企业可持续发展的概念界定为：企业在追求自我生存和永续发展的过程中，既要考虑经营目标的实现和提高市场地位，又要保持在已领先的竞争领域和未来扩张的经营环境中始终保持持续的盈利增长和能力的提高，保证自身在相当长的时间内长盛不衰。

当前企业可持续发展已上升到企业发展的战略层面。主要包括创新可持续发展战略、文化可持续发展战略、制度可持续发展战略、核心竞争力可持续发展战略、要素可持续发展战略等。所谓创新可持续发展战略是指企业效益不仅要有体制的保证，而且必须不断创新。只有不断创新的企业，才能保证其效益的持续性，即企业的可持续发展。所谓文化可持续发展战略是指企业面对纷繁变化的内外部环境发展的核心是企业文化，企业发展要靠企业文化的主导。所谓制度可持续发展战略是指企业获得可持续发展主要靠完善的企业制度。所谓核心竞争力可持续发展战略是指企业可持续发展主要是培育区别于其他企业而具有本企业特性的核心竞争力。要素可持续发展战略认为企业发展取决于以下几种要素——人力、知识、信息、技术、领导、资金、营销。

3. 财务视角企业可持续增长的含义

对于可持续增长概念的界定，理论界尚未形成公论，国外统一称其为 Sustainable Growth，国内的译法主要有可持续增长、可持续成长等。美国财务学家罗伯特·希金斯为了研究企业增长速度与财务资源之间的关系，从财务学的角度提出了企业可持续增长的概念，即企业可持续增长速度是指在不需要耗尽企业财务资源的情况下，企业销售所能增长的最大比率。

通过以上分析，本章将从财务视角研究企业可持续增长的实质归纳为：通过财务资源的有效配置，确保企业销售增长与企业财务资源的支持能力之间的协调，以实现企业财务资源利用的最大化，最终达到企业的可持续增长。

（二）国内外研究现状

1. 企业可持续增长的国外研究现状

从经济学的角度对企业增长的研究有，亚当·斯密（Adam Smith，1776）建立了古典经济学企业成长理论。他通过制针工厂的例子说明企业成长问题就是获取规模经济利益。企业作为一种分工组织，其目的就是为了获取规模经济的利益，分工可使企业以更低的成本获得更高的产量。因此，单个企业的成长与分工的程度正相关。马歇尔（Marshall）指出："随着企业规模的扩大，企业的灵活性会降低，从而竞争力下降，企业增长带来的负面效应将会超过正面效应，使企业丧失增长优势。更重要的是随着企业的增长，企业家的精力和寿命均会制约企业增长，同时新企业和年轻企业家参与到竞争当中，会对企业原有的垄断地位形成威胁。"新古典经济学的观点是：企业就是一个生产函数，企业成长的因素基本是外生的，企业规模将随着企业面临的成本或需求曲线变动而变动。新古典经济学理论用规模报酬来解释企业横向扩张，用技术相互依存论或市场缺陷论来解释企业纵向一体化。彼得·圣吉（Peter M. Senge）在《第五项修炼——学习型组织的艺术与实务》中提到企业的成长要在增强环路和抑制环路的同时形成企业成长的根本原因，企业要突破成长瓶颈，关键在调节成长环路，而不是增强环路，要改变系统行为，必须认识和改变限制因素。汤姆·彼得斯（Thomas J. Peters）在《追求卓越》中提到了卓越企业并不是追求盲目的大，而是在自身适合的领域里做强。

　　从企业增长阶段角度的研究有，美国学者伊查克·爱迪思（Ichak Adizes）从企业文化的角度对企业成长阶段进行了系统的研究，并于1989年出版了著作《企业生命周期》，成为20世纪90年代研究企业生命周期理论的经典之作。该理论的核心是，企业像生物有机体一样要经历从生到死、从盛到衰的过程。不同企业的生命周期不同，企业生命周期与企业产品竞争力、企业所处的内外部环境等多因素有关。爱迪思认为企业的成长阶段与老化同生物体一样可根据企业灵活性和可控性这两大内部因素之间的关系来划分。他将企业生命周期分为产生、成长、成熟、衰退和死亡五个阶段，并依次将各个阶段再细分为婴儿期、学步期、青春期、盛年期、稳定期、贵族期、官僚化早期、官僚化晚期和死亡期。丘吉尔和刘易斯（1983）从企业规模与管理因素两个维度对企业各个成长阶段的特征进行了描述，提出了五阶段成长模型，为判别企业成长阶段提供了具体的标准。根据该模型，企业成长一般表现为"暂时或永久维持现状"、"持续增长"、"战略性转变"和"出售或破产停业"四种典型特征。企业在每个成长阶段都会面临"健康成长"和"经营失败"两种博弈，很少有企业能"长期维持现状"，多数企业的战略转变发生在生存阶段、发展阶段和起飞阶段之间。哈佛大学教授拉瑞·葛雷纳也提出五阶段模型，该模型指出，企业不同成长阶段要求有不同的组织模式与之相适应，因此组织变革要与企业的成长阶段同步。

　　从企业发展的资源角度的研究有：安迪斯·C. 彭诺斯（Edith C. Penrose, 1959）在其著作《企业增长理论》中定性地进行了研究。她认为：制约企业成长速度的是企业内部资源,企业增长的最大限度由企业为增长储备的管理与每一美元所能提供的管理服务的比率决定。同时期的鲍摩尔(W. J. Baumol, 1959)的《企业行为、价值和成长》、莱本斯坦(Leibenstin, 1960)的《成长之路模型》、马利斯(R. L. Marries, 1960)的《经营者资本主义的经济理论》, 斯塔巴克(W. H. Starbuck, 1965)的《组织成长动机研究》对企业增长问题从不同角度进行了阐述。拉姆·查兰(2005)的《持续增长》指出今天的经理们每天都得想着企业的增长,要永不懈怠地找寻新机会,清楚地确定风险所在,尽最大可能地为股东创造价值,提高投资回报率。

从财务角度研究企业可持续增长的有:美国资深财务学家罗伯特·C. 希金斯于1981年在"Financial Management"中发表了一篇名为"Sustainable Growth under Inflation"的学术论文,文中率先提出可持续增长率(Sustainable Growth Rate, SGR)的概念——在不需要耗尽财务资源的情况下,企业销售所能增长的最大比率。并将其作为衡量企业增长速度是否适当的指标,并在波士顿咨询集团公司(Boston Consulting Group)等得到了普及和应用。他指出:负债和权益的增长制约着企业资产的增长,反过来企业资产的增长速度又抑制企业销售增长率,因此,企业的增长并非是无止境的。基于以上假设,希金斯推导出了企业可持续增长模型。之后,詹姆斯·范霍恩(James C. Van Horne)对企业的增长问题进行了研究。他在希金斯的可持续增长理念以及希金斯财务增长模型的基础上,对假设条件进行了放宽,并将其重新定义为:在预先制定经营、债务和股利发放目标比率的基础上,可能达到的最大销售年增长率,同时推导出新的可持续增长模型并对模型做了动态和静态的区分。拉巴波特(Alfred Roppaport)和科雷等(John L. Colley)从企业增长和自由现金流的关系角度描述了企业的增长问题。拉巴波特研究指出,企业的增长应与持续价值创造保持一致,企业持续的增长应该带来股东价值的持续增加,而企业高速增长往往不但不能增加股东价值,反而会减损股东价值。基于以上研究事实,他提出企业可承受的增长(Affordable Growth)概念。具体来讲就是在不筹措新股,锁定经营利润毛利率、目标资产周转率、销售增长比率、单位投资增长率以及目标股利分配率的前提下企业每年最大的增长率。科雷在其著作《公司管理》中通过对如资产负债率、股息支付率保持不变,流动负债、流动资产与固定资产随销售额同比例增长等设定的假定,研究指出,企业最佳增长率(可持续增长率)是自由现金流量等于零时的增长率,并指出企业最佳增长率与现金流之间存在着负相关的线性关系,即当可持续增长率大于实际增长率时,就会出现正的现金流,反之为负。他也默认了现金余额的增长率为可持续增长率。

另外,国外其他学者从其他角度对企业成长理论进行了研究。罗宾·马里斯

（Robin Marris）从管理的角度建立了经理型企业模型，该模型被认为是分析管理者控制的企业标准模型。Darrell Rigby 和 Suzanne Tager（2008）认为，股东、顾客、员工与自然环境间的道德义务是影响企业长久发展的主要因素。Rogelio Oliva（2003）从企业生产能力、可持续产量、净收入增长率的关系对可持续增长模型进行了研究。

2. 企业可持续增长的国内研究现状

我国于 20 世纪 90 年代末才开始对企业可持续发展理论进行研究，特别是在党的十六大明确地把可持续发展作为我国经济新的发展道路后，我国学者开始从不同的角度研究企业的可持续增长理论。概括起来主要有以下几个方面：

（1）关于可持续增长理论的研究。李占祥等（2000）在其著作《矛盾管理学》中认为，企业可持续发展是企业在较长一段时期内由小变大、由弱变强不断变革的过程。肖海林等（2004）认为，企业作为盈利性和创造财富的组织，企业可持续发展就是其所从事创造财富的事业在一个较长期的时间内，不断地实现自我超越。具体讲就是资源配置的能力或竞争力不断增强，持续地取得不低于市场平均利润率的收益，长久地保持竞争优势以满足企业利益相关者的合理利益需求。中国人民大学的王旭晓教授认为，企业在追求自我生存和永续发展的过程中，既要考虑企业经营目标的实现和提高企业市场地位，又要保持企业在已领先的竞争领域和未来扩张的经营环境中始终保持持续的盈利增长和能力的提高，保证企业在相当长的时间内长盛不衰。

（2）关于影响企业可持续增长因素、实现途径的研究。陈昕、赵晓等（2007）在其著作《企业成长理论研究》中研究指出，影响企业成长的因素应包括外部规制结构、内部治理结构和市场技术结构三个方面。陈耀、汤学俊（2006）提出了企业可持续增长能力分解为四力结构，即产业力、技术力、制度力和市场权力。它们之间的相互交互作用共同推进了企业可持续成长能力的形成和发展。陈春花等（2009）以我国珠三角地区中小企业为研究对象，提出解决中小企业可持续增长的关键在于进行基于战略匹配的企业文化创新。于庆东（2006）在《企业可持续发展研究》一书中研究指出，影响企业可持续增长的因素主要包括五方面：持续的人力资本，核心竞争力，与市场需求的一致性，创新能力，企业的经营理念、经营制度、企业文化等。

（3）关于企业可持续增长模型的研究。敖诗文、强殿英（2004）引入敏感资产、非敏感资产、敏感负债、非敏感负债的概念对已有模型进行修正，使假设条件更符合公司实际状况。汤谷良、游尤（2005）利用万科的数据对希金斯、范霍恩、拉巴波特和科雷各自不同的可持续增长模型进行了比较验证，指出了他们各自在逻辑上和应用中的局限和优势。曹健（2006）对资产进行了相关和无关的区分，用以准确地反映随销售增长而引起的资产增加额；同时引入经营利润毛利率、期间费用、非销售损益等变量对希金斯和范霍恩模型进行了修正。研究指出，只有比率波动幅度在适用标准范围内的企业才能使用经典原始模型进行分析，否则不宜采用该模型评价公司增长的可持续性。黄蕊、刘桂英（2009）考虑了财务杠杆的影响，建立了包含财务杠杆效应的企业可持续增长模型，使得企业管理者在实现预计增长率的前提下，选用合理的资本结构与财务杠杆指标，可以实现企业利润的最大化，即真正的可持续增长。

（4）运用企业可持续增长模型的实证研究。黄永红等（2002）运用主成分分析和多元回归分析的数理统计方法，以1994年底以前在沪深两市上市的282家A股上市公司为研究对象，研究确定了上市公司可持续增长与公司营运能力、偿债能力、盈利能力和成长能力的平衡关系。曹玉珊（2007）通过分析影响企业可持续增长的财务因素建立相关的统计分析模型，然后以我国上市公司1994～2003年的数据证明了企业增长速度的综合成因完全由销售净利率、总资产周转率和权益乘数等因素中的一个或多个明显的变化引起，而留存比率的变化和新股发行的影响不大。黄丽（2008）运用范霍恩可持续增长模型，基于我国54家房地产上市公司2000～2007年的数据实证检验发现，我国房地产行业实际增长率远远大于可持续增长率，并通过威尔柯克森秩和检验得出结论：我国房地产行业的可持续发展的前景并不令人乐观。彭博（2011）以我国1997年以来上市的24家纺织业公司2010年的数据为研究样本，基于聚类分析法对不同类别的上市公司提出了相应的改善措施。

3. 文献总结

从国内外主要文献综述可以看出，对企业可持续发展的研究主要集中在企业可持续发展理论、企业寿命周期、影响企业可持续发展的因素及解决途径、企业组织结构等方面。基于财务视角的研究基本都建立在希金斯和范霍恩可持续增长模型的基础上。但是最近几年国内外部分知名企业由于盲目追求高速增长而引发的各种问题市场见诸报端，足见财务问题在企业可持续增长过程中的重要性。正如彼得·德鲁克（Peter F. Drunker）所说："财务战略对企业成长至关重要，其重要性不亚于产品战略、技术战略或市场战略，企业必须为其成长做好财务上的规划，否则，当成长开始时，企业会发现自己处于财务危机之中。"我国出版企业刚完成转企改制，并且随着国家相关文化产业政策的出台，传播与文化类企业上市步伐明显加快，在企业运营与管理过程中，必将经历其他行业企业曾经历的过程。这样从财务角度研究我国出版上市公司可持续增长问题，将对我国出版企业经营管理具有较大的现实意义。

（三）影响企业可持续增长的财务因素

影响企业可持续增长的因素有很多，总体上可分为财务因素与非财务因素，非财务因素包括宏观经济、行业背景、创新能力等。本章主要分析影响企业可持续增长的财务因素，具体包括以下几点：

（1）经营能力（Operating Capacity），也称获利能力或盈利能力（Earning Power）、企业的资本金或资本增值能力，通常表现为一定时期内企业获取利润的多少和现金流量的大小。企业从事生产经营活动的首要目标是盈利，只有盈利的企业才有进行其他相关业务活动的基础，因此盈利是企业能够长久地维持生存和保持持续增长的必要条件。企业要增长，从财务角度看，首先要解决资金的来源问题。从企业筹资来源看，包括内部筹资和外部筹资，内部筹资是指在公司生产经营过程中通过计提折旧形成的资本来源和通过留存利润形成的资本来源。其数量取决于公司目前可分配的利润总量和公司的利润分配政策或股利政策。内部筹资一般没有筹资费用，成本相对较低，但其筹资数量往往有限，同时不是在公司发展变化的任何时候都可以随意采取的筹资方式。因此如果企业没有足够的利润和现金流量作为自身增长的后盾，则企业在增长过程中很有可能面临资金链断裂的危险，最终在很大程度上会限制企业的财务增长。外部筹资是指企业从外部开辟的资金来源，主要包括专业银行信贷资金、非金融机构资金、其他企业资金、民间资金和外资。外部筹资具有速度快、弹性大、资金量大的优点。这也是当前多数企业筹资的主要方式，但是如果企业通过外部融资而出现企业财务过快增长，则会给企业带来很大的财务风险，严重的可能导致企业破产。

（2）投资能力（Investment Capability），是指企业能否运用科学的投资决策方法，将有限的资金投入到能够为企业带来最大限度的现金流量的项目中。当企业投资项目的回报率小于或等于其投资成本时，表示该投资项目没有给企业带来利润或增加现金流量；只有当企业投资项目的回报率大于投资项目资本金时，投资项目才能增加企业价值，给企业带来额外的现金流量。

（3）融资能力（Borrowing Capacity），是指企业从各种筹资渠道获得所需资金的能力，它集中表现为在一定时期内企业能够筹集到的资金数量、资金投放时间、筹资渠道与方式、筹资成本、筹资风险等。导致企业出现财务困境甚至危机的最直接原因就是企业没有科学合理的财务规划，导致企业没有足够的资金支撑其在可持续增长过程中对资金的需求。因此企业的融资能力对企业增长的可持续性起着决定性的作用。

（4）股利政策（Dividend Policy），即确定公司的税后利润中有多少以现金股利的方式发放给股东，有多少作为留存利润进行再投资。因此，企业留存利润的多少主要由企业的股利政策决定。企业一定量的留存收益作为企业内部筹资的主要源泉，一定程度上保证了企业长期发展中对资金的需求。因此，企业的股利政策对企业的可持续增长也具有重要的影响。

三、企业可持续增长模型

（一）评价企业增长能力的传统指标

对于企业增长能力的分析，一般从公司经营规模、财务结果的增长情况出发进行全面评估。常见指标主要有：

（1）基于企业资产规模视角的分析指标。如总资产增长率、固定资产折旧率等。企业资产的增长是衡量企业发展与企业价值增长的一个重要指标。在总资产报酬率保持不变或增长的情况下，企业资产规模与企业收入规模之间为同向变动的关系。因此，实务分析中判断企业的规模扩张情况经常采用总资产增长率或者三年资产的平均增长率这两个指标。

（2）基于企业销售额视角的分析指标。销售是实现企业价值的基本途径，企业的竞争能力越强、产品差异化程度越高，企业的市场占有率就越高，则表明企业的发展前途也就越好。因此，在衡量企业发展能力时，对企业销售情况的分析也就显得尤为重要。一般地，对企业销售增长情况的分析指标有利润增长率、主营业务收入增长率。为防止短期波动对销售收入指标产生的影响，实际分析中经常计算三年销售的平均增长率。

（3）基于企业资本积累视角的分析指标。企业发展的过程也是资本积累的过程，资本积累的越多，企业资本的保障能力就越强，企业应对突发事件和风险的能力也就越强，最终体现为企业可持续发展能力强。企业净资产规模的增长反映出不断有新的资本或收益留存进入企业。在净资产收益率保持不变或增长的情况下，企业净资产规模与收入之间表现为同向变动的关系。在实务分析中，通常通过分析企业资本的积累率和三年资本的平均增长率来衡量企业经营活动中的盈利能力。

（4）其他相关指标。如股利增长率、投资回报率等。以上指标经常应用于企业发展能力的评价，这是由于相关数据的取得比较容易，计算相对简单。但是这些指标只能从一个方面衡量企业增长情况，并且反映的是公司过去一段时间的整体发展情况，不能用于对企业未来发展情况的预测。比如企业资产规模的扩大并不能表明企业的发展，它为企业的发展提供了保障，但是如果企业资产利用率低，投入更多的资源并不能给企业价值带来相应的增长。资本积累率的增加并没有反映出其来源是股东增加投资还是留存收益增加，在具体分析中如果不加以区分，很难说明企业是否具有内在的持久发展能力。

基于以上分析，本章在传统的评价企业增长能力指标的基础上，引入可持续增长率来衡量企业的发展能力。现实中，一些企业因盲目追求扩张而遭遇资金紧张的危机，进而引发破产、倒闭；另一些企业则因为墨守成规，一味求稳而失去发展机会，造成资源浪费，企业发展速度过于缓慢，最终被收购。企业的发展必须选择适合自身的发展速度。从长远看，可持续增长率制约着企业的实际增长率，可持续增长率完全可作为企业发展速度的衡量标准之一。

（二）传统企业可持续增长模型回顾及重新构建

1. 传统企业可持续增长模型回顾

可持续增长作为公司管理中的一项长期战略任务，之前对其进行的研究以定性描述为主。直到1977年，美国财务学教授希金斯才从定量角度研究企业增长问题，并建立了可持续增长模型。但其模型由于存在众多的假设约束条件，并且是一种静态模型，所以与企业现实的生产经营情况不符。希金斯之后的许多学者致力于构建动态可持续增长模型，其中最具有影响力和代表性的是范霍恩的可持续增长动态模型。

（1）希金斯可持续增长模型回顾。美国资深财务学家希金斯首次提出企业可持续增长概念，并将其定义为："在不需要耗尽财务资源的情况下，公司销售所能增长的最大比率。"希金斯可持续增长模型的基本思想为：在不改变公司经营效率和财务政策的情况下，公司销售的增长取决于公司资产的增加，而公司资产的增加由股东权益的增长率决定。

希金斯增长模型的基本假设如下：

第一，公司的经营与管理效率不变，具体为公司总资产周转率不变，销售净利率不变。

第二，公司财务政策不变，具体为资本结构和股利政策持续保持不变。

第三，公司不发行或不计划发行新股，具体为权益资本的增加仅靠企业留存收益，增加债务将是企业外部筹资的唯一方式。

根据会计学原理，一个企业销售收入的增长在企业内部管理效率和外部市场环境不变的情况下取决于企业资产的增长，而企业资产的增加等于企业负债和股东权益的增加。因此，假如不考虑公司内部管理效率、外部市场环境、资本结构、股票数量的变化，则公司销售增长率应简化为公司股东权益增长率。该模型

也被称为希金斯可持续增长方程,具体如下:

$$SGR = \frac{\Delta E_q}{E_{q_{t-1}}} = \left(\frac{E_t}{S_t}\right) \times \left(\frac{S_t}{M_t}\right) \times \left(\frac{M_t}{E_{q_t}}\right) \times \left(\frac{\Delta E_q}{E_t}\right)$$

$$= \left(\frac{E_t}{S_t}\right) \times \left(\frac{S_t}{M_t}\right) \times \left(\frac{M_t}{E_{q_t}}\right) \times R_t$$

$$= 销售净利率 \times 资产周转率 \times 权益乘数 \times 收益留存率$$

$$= P_t \times A_t \times T_t \times R_t$$

即　　$SGR = P_t \times A_t \times T_t \times R_t$ 　　　　　　　　　　　　　(3.1)

式中,E_t——当期净利润;S_t——当期销售收入;M_t——当期总资产;E_{q_t}——当期股东权益;$E_{q_{t-1}}$——基期股东权益;R_t——当期收益留存率;P_t——当期销售净利率;A_t——当期资产周转率;T_t——当期权益乘数;ΔE_q——股东权益增加额。

在希金斯可持续增长模型中,比率 P_t 和 A_t 主要描述企业生产经营业绩,另外两个比率 R_t 和 T_t 则主要描述企业的财务政策。这些比率数据在资产负债表和损益表中都有反映。

希金斯模型中的企业可持续增长率就是当四个比率取得稳定值时企业的销售增长率。该模型的优点是明确了影响企业增长的财务因素,且简单易懂,便于操作。但该模型的缺点也很多。希金斯可持续增长模型是一个静态的模型,其建立的基础是对现实条件的极端假设。在现实生产经营中,企业资产并不是随着销售额的增长成正比例增长;销售净利率也很难是固定不变的,企业资产周转率也并不是保持不变;股利政策也并不是保持固定的支付率,有很多种股利政策可供企业选择。另外,虽然企业不能随时随地增发新股,但并不是企业一直不增发新股,企业完全会根据自身实际生产经营情况进行调整。基于以上分析,希金斯模型的相关假设缺乏合理性。

实际上,对于企业来说,要在快速变化的市场环境中保持可持续增长,就要充分整合企业内外部资源,使二者相互协调配合。企业如果只是简单考虑内部财务资源而忽略企业外部市场环境,要想实现可持续增长是很难的。当市场处于未饱和期,企业应多渠道筹集资金,集中资源尽快占领市场,尽最大速度增长。此时,企业资本结构和收益留存率可能将发生变化,但如果企业只是简单地保持所谓的可持续增长,保持现有资本结构不变,很可能会被其他同行业竞争者的快速增长而打败。如果市场处于饱和期或衰退期,企业则应降低资产负债比率,以降低经营风险。如果企业产品处于上升期,可通过提高资产负债比率来扩大市场份额,实现市场规模优势。因此,企业的资本结构应随着市场环境的变化而做出相应的调整。

总之,由于希金斯可持续增长模型的设立脱离了外部市场环境,其在实际应用中存在明显的局限性。

(2) 范霍恩可持续增长模型回顾。作为在希金斯之后对企业可持续增长模型研究最具有影响力和代表性的人物，范霍恩将企业可持续增长率定义为企业在预先制定的经营、债务和股利目标发放比率的基础上，可能达到的最大年销售增长率。同时，他构建了企业经营效率和财务政策发生变化时的可持续增长模型，且做了模型的动态和静态区分。

范霍恩静态模型的假设如下：

第一，企业未来资产负债表与经营效果相关比率和以前几乎完全相似。

第二，企业无外部股权筹资，资本的增长只能通过留存收益的累计而增加。

范霍恩静态模型变量的定义：

$\dfrac{A}{S}$——资产总额/销售额比率，是传统总资产周转率的倒数，用来衡量公司的经营效率，该比率数值越低，资产的利用效率就越高。

$\dfrac{NP}{S}$——销售净利率（净利润/销售额），是考虑了所有费用和所得税后衡量。

企业经营效率的比率指标：

$\dfrac{D}{E_q}$——股东权益比率（负债额/股东权益）；b——留存收益比率；S_0——基期销售额；ΔS——销售额增量。

其中，在范霍恩静态模型中，股东权益比率和留存收益比率主要受外部金融市场影响，由企业确定了相应的目标值。

根据资产增量 = 留存收益增量 + 债务增量

$$\Delta S \left(\dfrac{A}{S}\right) = (S_0 + \Delta S) \times \left(\dfrac{NP}{S}\right) \times b + (S_0 + \Delta S) \times \left(\dfrac{NP}{S}\right) \times b \times \left(\dfrac{D}{E_q}\right)$$

变形整理得范霍恩静态模型：

$$SGR = \dfrac{\Delta S}{S} = \dfrac{b \times \left(\dfrac{NP}{S}\right) \times \left(1 + \dfrac{D}{E_q}\right)}{\dfrac{A}{S} - b \times \left(\dfrac{NP}{S}\right) \times \left(1 + \dfrac{D}{E_q}\right)} \tag{3.2}$$

在实际中，当范霍恩静态假设变量每年都发生变化时，可持续增长率将会如何变化？为此范霍恩引入基期销售额 S_0 和基期股东权益 E_0 作为模型基础，用股利发放的绝对额代替股利发放政策，并允许出售普通股，在以上假设基础下，影响可持续增长率的主要变量为：

$NewE_q$——新增权益资本额；E_{q0}——基期股东权益；Div——股利支付绝对

额；$\frac{NP}{S}$——销售净利率；$\frac{S}{A}$——销售额/资产总额比率；$\frac{D}{E_q}$——负责额/股东权益比率；S_0——基期销售额。

则范霍恩动态可持续增长模型为：

$$SGR = \frac{(E_{q0} + NewE_q - Div) \times \left(1 + \frac{D}{E_q}\right) \times \left(\frac{S}{A}\right)}{1 - \left(\frac{NP}{S}\right) \times \left(1 + \frac{D}{E_q}\right) \times \left(\frac{S}{A}\right)} \times \frac{1}{S_0} - 1 \quad (3.3)$$

该模型中，$(E_{q0} + NewE_q - Div) \times \left(1 + \frac{D}{E_q}\right) \times \left(\frac{S}{A}\right)$ 表示未来企业总资产所能承担的销售额，具体包括两部分：

第一，现有资本 $E_{q0} \times \left(1 + \frac{D}{E_q}\right)$——基期股东权益与负债的代数和所发生的销售额 $E_{q0} \times \left(1 + \frac{D}{E_q}\right) \times \left(\frac{S}{A}\right)$。

第二，增发新股所增加权益资本（$NewE_q$）和因分派股利减少权益资本（Div）的代数和所发生的销售额变化的绝对数 $(NewE_q - Div) \times \left(1 + \frac{D}{E_q}\right) \times \left(\frac{S}{A}\right)$。

相比希金斯可持续增长模型，范霍恩模型从动静两方面对企业增长进行了研究。其优势是范霍恩的动态模型与企业生产经营的实际情况比较匹配，应该广泛应用于涉及企业增长的相关决策活动中。但与此相反的是，在实际中人们更习惯于使用希金斯模型，主要原因在于范霍恩可持续增长模型的操作性较差。具体表现在以下两个方面：

第一，范霍恩模型中采用了"股利支付额"这一绝对指标，而没有使用"股利支付率"相对指标。实际中，在企业盈利额和增长率未知的情况下，企业难以确定合理的股利支付绝对额。

第二，范霍恩模型中绝对指标与相对指标混合使用，加之模型中参数比较多，实际使用中，不便于区分哪些因素对企业可持续增长更具有敏感性，不利于企业做出具体的应对措施。

总体而言，与希金斯模型相比，范霍恩模型有了进步，但由于操作不便，其实际使用价值并不高。

2. 重新构建的企业可持续增长模型

我国出版企业刚刚完成转企改制过程。在发展过程中上市公司资本结构发生变化是一个必然趋势。基于前文对希金斯模型和范霍恩模型的回顾与评价，本章在构建我国出版上市公司可持续增长模型时主要汲取希金斯模型简单明了、便于操作的特点，同时结合我国出版业发展的实际情况，对希金斯模型的假设条件进行了放宽,以达到理论价值与实用价值的统一。

全部条件放宽时,希金斯可持续增长模型是建立在当资本结构、资产周转率、销售净利率、收益留存比率、股票发行等均可根据市场情况以及企业具体的生产经营需要发生变化基础上的企业可持续增长模型。

模型推导过程中,相关符号的定义及说明如下:

S_{t-1}——t-1期销售收入;S_t——t期期末销售收入;M_{t-1}——t-1期期末总资产;M_t——t期期末总资产;A_{t-1}——t-1期资产周转率;A_t——t期末资产周转率;$E_{q_{t-1}}$——t-1期期末总权益;E_{q_t}——t期期末总权益;T_{t-1}——t-1期权益乘数;T_t——t期期末权益乘数;R_t——t期留存收益率;P_t——t期销售净利率;F_t——t期新股发行额/t-1期新股发行额;RE_t——t期留存收益;SGR——t期企业可持续增长率。

模型推导过程如下:

因为 $\dfrac{M_t}{T_t} = E_{q_t}$

又因为 $M_t = \dfrac{S_t}{A_t}$

则 $\dfrac{M_t}{T_t} = \dfrac{S_t}{A_t \times T_t} = \dfrac{S_{t-1} \times (1+SGR)}{A_t \times T_t}$ (3.4)

又因为 $E_{q_t} = E_{q_{t-1}} \times (1+F_t) + RE_t = \dfrac{M_{t-1}}{T_{t-1}} \times (1+F_t) + RE_t$

而 $RE_t = S_{t-1} \times (1+SGR) \times P_t \times R_t$

则 $E_{q_t} = \dfrac{S_{t-1}}{A_{t-1} \times T_{t-1}} \times (1+F_t) + S_{t-1} \times (1+SGR) \times P_t \times R_t$ (3.5)

由式(3.4)和式(3.5)得:

$\dfrac{S_{t-1} \times (1+SGR)}{A_t \times T_t} = \dfrac{S_{t-1}}{A_{t-1} \times T_{t-1}} \times (1+F_t) + S_{t-1} \times (1+SGR) \times P_t \times R_t$

等式两边同时除以 S_{t-1},得:

$\dfrac{(1+SGR)}{A_t \times T_t} = \dfrac{1+F_t}{A_{t-1} \times T_{t-1}} + (1+SGR) \times P_t \times R_t$

等式两边同时乘以 $A_t \times T_t \times A_{t-1} \times T_{t-1}$,得:

$(1+SGR) \times A_{t-1} \times T_{t-1} = (1+F_t) \times A_t \times T_t + (1+SGR) \times P_t \times R_t \times A_t \times T_t \times A_{t-1} \times T_{t-1}$

移项得:

$(1+SGR) \times A_{t-1} \times T_{t-1} \times (1 - P_t \times A_t \times R_t \times T_t) = (1+F_t) \times A_t \times T_t$

整理得:

$$SGR = \frac{(1+F_t) \times A_t \times T_t}{(1-A_t \times T_t \times P_t \times R_t) \times A_{t-1} \times T_{t-1}} - 1 \qquad (3.6)$$

式（3.6）即为放宽了所有假设条件的希金斯增长模型，该模型在任何条件下都可使用。

（三）企业可持续增长模型分析

1. 影响企业可持续增长率的主要指标

前文从理论的角度分析了影响企业可持续增长的主要因素有企业经营能力、融资能力、投资能力和股利政策。从已构建的模型式（3.6）发现，影响企业可持续增长的主要财务比率有资产周转率 A_t、销售净利率 P_t、权益乘数 T_t、留存收益比率 R_t 以及新股发行额与原股本的比例 F_t。其中 A_t 与 P_t 两者主要由企业的经营能力和投资能力决定；T_t 与 F_t 主要反映了企业融资能力的大小，F_t 取决于企业的股利分配政策。因此理论分析与模型分析的结论保持一致，表明了模型构建的合理性。除此之外，企业 $t-1$ 期资产周转率 A_{t-1} 和 $t-1$ 期权益乘数的大小对企业可持续增长率的大小也有影响。

因此，改善企业经营能力与提高企业财务政策比率是提高企业可持续增长率的主要途径。

2. 主要财务指标对企业可持续增长率的敏感性对比分析

在具体的企业可持续增长决策活动中，为了更好地分析各因素的变动对企业可持续增长率的敏感性，本章通过案例对模型进行敏感性分析。

案例假设 A 公司在 2010 年的销售净利率为 5%、总资产周转率为 3、权益乘数为 2.5、留存收益比率为 40%。为提高公司增长率，A 公司从 2011 年开始对经营效率或财务政策进行变革，提供了五种备选方案：

（1）公司资产周转率提高 5%，其他相关数据保持不变；
（2）公司的权益乘数提高 5%，其他相关数据保持不变；
（3）公司销售净利率提高 5%，其他相关数据保持不变；
（4）公司留存收益率提高 5%，其他相关数据保持不变；
（5）公司于 2008 年进行扩股，新股发行额与原有权益额的比为 5%，其他相关数据保持不变。

表 3-1　不同方案对企业可持续增长率的敏感性对比分析　　　单位：%

方案编号	具体措施	2010 年	2011 年
方案 1	提高资产周转率	17.65	18.69
方案 2	提高权益乘数	17.65	18.69

续表

方案编号	具体措施	2010年	2011年
方案3	提高销售净利率	17.65	33.41
方案4	提高留存比率	17.65	33.41
方案5	增发新股	17.65	29.41

通过模型的敏感性分析发现：

(1) 提高资产周转率和权益乘数对企业可持续增长率的敏感度相同，这一点从数学的角度讲也合理，从模型 (3.6) 发现，A_t 与 T_t 为相乘关系，并且具有轮换对称性。提高同比例的资产周转率与权益乘数对可持续增长率的变化影响程度完全相同。同样地，销售净利率与留存收益比率也具有此性质。

(2) 当财务因素发生变化时，企业销售增长率与留存收益比率两个指标的敏感度比资产周转率和权益乘数的敏感度高。

(3) 新股发行可以在短期内大幅度地提高企业增长率，但并不是所有企业可采用这种方式来维持企业可持续增长。

因此，如果要在短期内快速提高企业的增长率，对于影响可持续增长率的四个因素——销售净利率、资产周转率、权益乘数、留存收益比率，企业应该主要考虑提高公司的销售净利率和留存收益比率，实现企业短期快速增长的目标。但是，企业长久发展的核心还是做好企业内部财务资源管理和优化配置，增强企业资源价值的创造能力。

(四) 企业实际最佳增长速度研究

1. 企业实际最佳可持续增长速度的意义

增长是企业价值的体现，也是企业家精神的表达。几乎所有企业都渴望增长，但只有可持续的增长是企业真正希望的增长。要实现可持续增长，在科学地测算企业内部可持续增长速度的基础上，还要结合企业所处的外部环境、行业背景、市场条件等因素合理安排企业实际最佳增长速度，使企业的财务资源既能够保障企业的增长需求，不影响企业的快速发展，也避免出现增长中的财务困境。

2. 企业实际最佳可持续增长速度的确定

对于不同企业来讲，内部可持续增长速度可由模型 (3.6) 计算确定，对于企业实际 (外部) 最佳增长速度从以下几个方面来分析：

首先，分析企业所处的行业背景。一是如果企业所处的行业为朝阳产业，则企业间的竞争并不激烈，企业有很大的市场上升空间；二是如果企业所处的行业为夕阳（成熟）产业，行业内市场已趋于饱和，则企业间为了生存相互抢占市场，甚至恶性竞争，企业上升空间不大。

其次，根据企业实际增长速度与内部可持续增长速度之间的差距确定企业实际最佳可持续增长速度。

（1）当企业所处行业为朝阳产业时分为以下两种情况：①企业实际增长速度大于企业内部可持续增长速度。这说明企业的内部财务资源足够保障企业参与市场竞争的要求，企业有足够的能力占据更大的市场空间，在该行业中具有较大的竞争优势。但是，由于企业的实际增长速度超过了企业内部最佳增长速度，企业管理者应该注意随时关注企业现金准备情况和高负债带来的财务风险，避免出现增长过快而引起的负债过快增长、风险激增，最终导致企业价值降低，以及企业被收购的危险。在这种情况下，企业实际最佳速度应是在企业可承担的财务风险的前提下，略高于企业内部可持续增长的增长速度。②企业实际增长速度小于企业内部可持续增长速度。这表明企业实际增长速度过慢，加之所处行业是朝阳产业，有很大的上升空间，企业应尽可能扩大自身市场份额，提高市场占有率。在此情况下，应充分利用现有财务资源提高企业实际增长速度。

（2）当企业所处行业为夕阳（成熟）产业时分为以下两种情况：①企业实际增长速度大于企业内部可持续增长速度。这表明企业增长速度明显过快，加之所处的行业是成熟产业，市场内企业已趋于饱和，企业间的竞争比较激烈，企业此时的增长速度超越企业内部可持续增长速度，将会给企业带来财务风险。为此，应通过股票回购、减资等方式降低企业的实际增长速度。②企业实际增长速度小于企业内部可持续增长速度。这表明企业所处行业产能过剩，企业间存在恶性竞争的现象，并且由于所处行业的状况将长期存在。此时企业尤其要避免盲目扩张，造成生产能力过剩、资源浪费的现象。企业应该维持当前现状，而不要为了达到经济产量而冒险扩张，打价格战，并做好转型的准备。

基于以上分析，企业的实际可持续最佳增长速度的确定必须与其所处市场和行业背景结合起来，这样才能确保企业的可持续增长。企业实际增长速度超过企业内部可持续增长速度时，并非表示增长速度超过了最佳状态，还应当考虑企业所处的市场和行业因素来做出判断。当处于一个新兴的、前景广阔的市场中时，企业应该竭尽全力准备最充足的财务资源来提高企业的增长速度，扩大市场份额，提升竞争实力。此时，实际最佳可持续增长速度是企业财务资源所能承受的最大增长速度。当所处行业是为夕阳产业时，应削减规模，控制增长速度来避免更大的损失。此时，实际最佳可持续增长速度是在根据企业外部市场环境预测企业的目标销售净利率、目标资产周转率、目标权益比率和目标收益留存比率的基础上，根据本研究所构建的可持续增长模型（3.6）所计算企业内部可持续增长率。

四、我国出版上市公司可持续增长情况的实证研究

本部分将在前文理论分析及模型构建的基础上，对我国A股上市的出版上市公司可持续增长状况进行实证分析。本研究主要对样本企业按行业总体和年份两个角度，对出版上市公司可持续增长情况进行分析研究。

（一）样本选取及数据来源

相比国内其他行业，我国出版行业上市公司数量少，上市时间晚。为尽可能保证研究的有效性以及数据的连续性，笔者按照我国证监会行业划分标准，选取我国A股上市的11家出版上市企业2009~2011年的数据为研究对象。数据以相关上市公司披露的财务报表及相关公告为准。

（二）变量数据的使用说明

（1）销售收入。由于我国上市公司的行业分类标准是按照上市公司的主营业务进行划分，主营业务收入必须占全部收入的50%以上。考虑到我国出版上市公司主营业务特征明显，在计算中用主营业务收入增长率来代表公司实际销售收入增长率。

（2）资产周转率。对固定资产而言，其与销售额之间并不是简单的线性增长关系，而是与销售额的增长呈阶梯型变化。具体来说，固定资产尚未得到充分利用时，销量的增加并不需要更多的固定资产投资，当企业固定产能完全被充分利用时，销量的增加必须要加大对固定资产的投资。我国出版上市公司固定资产相对充裕，因此，本文使用流动资产周转率（除短期投资）来衡量代表公司资产周转率。

（3）留存收益比率。上市公司利润分配分为股票股利和现金股利两种形式，留存收益为公司当年净利润与分红股利的差，由于可持续增长率模型用来衡量公司财务资源对企业未来发展的支持或保障程度，因此，在本文留存收益的计算中，只减去现金股利。

（4）权益比率和实际销售收入增长率数据从公司财务报表和报告中获取。

(三) 基于可持续增长模型的实证分析

1. 我国出版上市公司总体可持续增长检验

（1）检验方法。对我国出版上市公司总体是否实现可持续增长的假设检验，主要分两步：

第一，根据企业可持续增长模型（3.6），计算样本公司每一会计年度的可持续增长率 SGR。

第二，比较样本公司可持续增长率与实际销售收入增长率，若实际销售收入增长率大于 SGR，表示出版上市公司财务管理活动存在一定的失控风险；若实际销售收入增长率小于 SGR，则说明出版上市公司实现了可持续增长。假设检验的具体方法如下：

①建立样本 T 检验零假设 $H_0: \mu = 0$，即假设实际销售收入增长率（G）与可持续增长比率（SGR）之差的均值为零；

②根据企业可持续增长模型（3.6）计算企业可持续增长比率；

③计算企业实际销售收入增长率，计算公式为 $G = \dfrac{S_t}{S_{t-1}} - 1$，其中，$S_t$ 表示企业第 t 年销售收入，S_{t-1} 表示企业第 t-1 年销售收入；

④构建样本（$x_1, x_2, \cdots, x_n$）的 T 检验统计量，$T = \dfrac{\bar{X} - \mu_0}{\dfrac{S}{\sqrt{n}}}$，该统计量服从自由度为 n-1 的 t 分布。其中，用样本方差 S 代替总体方差，X = G - SGR；

⑤给定检验置信水平 $\alpha = 0.05$，查 t 分布表确定临界值 $t_\alpha(n-1)$，使 $P(|T|) > t_{1-\frac{\alpha}{2}}(n-1)$；

⑥将样本统计量 T 的值与临界值 $t_{1-\frac{\alpha}{2}}(n-1)$ 进行比较；

⑦若 $|T| > t_{1-\frac{\alpha}{2}}(n-1)$，则拒绝 H_0 认为总体均值和检验值之间存在显著性差异；$|T| < t_{1-\frac{\alpha}{2}}(n-1)$，一般情况下接受 H_0，认为总体均值和检验值之间不存在显著性差异；若 |T| 与 $t_{1-\frac{\alpha}{2}}(n-1)$ 相差很小或者相等，则需要对样本平均值和方差进一步分析后再下结论。

（2）实证检验结果及分析。为了更好地说明出版上市公司总体可持续增长情况，首先利用模型（3.6）分别计算 2009 年、2010 年、2011 年出版上市公司可持续增长率和出版上市公司实际销售收入增长率。计算过程中，部分公司没有增发新股，故 F_t 为 0。然后再分别对 2009 年、2010 年、2011 年的样本总体进行单样本 T 检验。

第一，对 2009 年出版上市公司总体可持续增长情况的检验。2009 年出版上市公司可持续增长率及实际销售收入增长率情况具体计算结果见表3-2。

表3-2 2009年样本公司相关数据计算表

公司简称	实际销售收入增长率 G	资产周转率 A_t	权益乘数 T_t	留存收益率 R_t	销售净利率 P_t	新股发行额比例 F_t	可持续增长率 SGR
中文传媒（600373）	0.5674	2.2770	0.0747	1.0000	-0.0827	—	-0.3234
时代出版（600551）	0.1975	1.0894	0.7587	0.9840	0.1320	—	-0.3697
浙报传媒（600633）	-0.1722	2.7491	0.5538	1.1009	-0.0516	—	-0.0839
长江传媒（600757）	-0.4477	1.2546	-1.1596	1.0070	-0.9980	—	-4.8041
中南传媒（601098）	0.1415	1.2782	0.4814	0.9518	0.1203	—	-0.9848
皖新传媒（601801）	0.0543	1.3722	0.6476	1.0000	0.1085	—	-0.0275
凤凰传媒（601928）	0.1014	1.0290	0.6701	3.9497	0.1290	—	-0.9829
出版传媒（601999）	0.0972	0.8227	0.6542	1.0000	0.1003	—	0.0144
ST传媒（000504）	-0.0970	0.9306	0.3500	1.0069	-0.7622	—	-0.4173
大地传媒（000719）	1.0000	0.2682	0.0325	1.0000	8.8316	—	-121.3756
天舟文化（300148）	0.4354	1.4110	0.8215	1.0000	0.1550	—	0.5860

运用统计软件SPSS 17.0对2009年出版上市公司总体可持续增长情况进行描述统计分析和单样本T检验，具体结果见表3-3、表3-4。

表3-3 2009年单样本描述性统计表

2009年	\multicolumn{4}{c}{One-Sample Descriptive Statistics}
	N	Mean	Std. Deviation	Std. Error Mean
SGR-G	11	-11.876964	36.6698608	11.0563790

表3-4 2009年单样本T检验表

2009年	One-Sample Test					
	Test Value = 0					
	T	df	Sig. (2-tailed)	Mean Difference	95% Confidence Interval of the Difference	
					Lower	Upper
SGR-G	-1.074	10	0.308	-11.8769636	-36.512111	12.758184

由 P = 0.308 > 0.05 可得 2009 年我国出版上市公司样本总体可持续增长状况间不存在显著差异。在显著性水平 α = 0.05 时，$t_{1-\frac{\alpha}{2}}(10) = 1.8125$，样本整体的 T 检验值 |T| = 1.074，小于 1.8125，表明 2009 年出版上市公司总体上实现了可持续增长。

第二，对 2010 年出版上市公司总体可持续增长情况的检验。2010 年出版上市公司可持续增长率及实际销售收入增长率情况具体计算结果见表 3-5。

表 3-5　2010 年样本公司相关数据计算表

公司简称	实际销售收入增长率 G	资产周转率 A_t	权益乘数 T_t	留存收益率 R_t	销售净利率 P_t	新股发行额比例 F_t	可持续增长率 SGR
中文传媒（600373）	1.9964	2.5305	0.6928	0.9735	0.1153	—	-0.8717
时代出版（600551）	0.0463	0.8584	0.7696	0.9874	0.1374	—	-0.1221
浙报传媒（600633）	0.1502	3.1232	0.5222	0.2166	0.5741	—	0.3436
长江传媒（600757）	0.1520	2.9175	0.5911	-1.5933	1.1406	—	-1.2867
中南传媒（601098）	0.1753	0.8552	0.7281	0.9999	0.1262	—	0.0982
皖新传媒（601801）	0.0848	0.9804	0.7558	3.0691	0.1165	—	0.1345
凤凰传媒（601928）	0.0734	1.0580	0.5320	0.0350	0.1227	—	-0.1817
出版传媒（601999）	0.0282	0.7924	0.6845	3.6722	0.0978	—	0.2515
ST 传媒（000504）	-0.1476	1.2156	0.5618	0.9856	0.0378	—	1.1513
大地传媒（000719）	0.0000	—	0.7905	0.7717	-0.2325	—	-1.0000
天舟文化（300148）	0.6259	0.7047	0.9405	1.9074	0.1467	—	-0.2981

运用统计软件 SPSS 17.0 对 2010 年出版上市公司总体可持续增长情况进行描述统计分析和单样本 T 检验，具体结果见表 3-6、表 3-7。

表 3-6　2010 年单样本描述性统计表

One-Sample Descriptive Statistics				
2010 年	N	Mean	Std. Deviation	Std. Error Mean
SGR-G	11	-0.451454	1.0855320	0.3273002

表3-7 2010年单样本T检验表

2010年	One-Sample Test					
	Test Value = 0					
	T	df	Sig. (2-tailed)	Mean Difference	95% Confidence Interval of the Difference	
					Lower	Upper
SGR-G	-1.379	10	0.198	-0.4514543	-1.180725	0.277816

由 P=0.198>0.05 可得2010年我国出版上市公司样本总体可持续增长状况间不存在显著差异。在显著性水平 α=0.05 时，$t_{1-\frac{\alpha}{2}}(10)=1.8125$，样本整体的 T 检验值 |T|=1.379，小于1.8125，表明2010年出版上市公司总体上实现了可持续增长。

第三，对2011年出版上市公司总体可持续增长情况的检验。2011年出版上市公司可持续增长率及实际销售收入增长率情况具体计算结果见表3-8。

表3-8 2011年样本公司相关数据计算

公司简称	实际销售收入增长率 G	资产周转率 A_t	权益乘数 T_t	留存收益率 R_t	销售净利率 P_t	新股发行额比例 F_t	可持续增长率 SGR
中文传媒（600373）	1.2295	2.0464	0.5174	0.9793	0.6918	—	1.1361
时代出版（600551）	0.3299	0.8941	0.7344	0.9828	0.1129		0.0720
浙报传媒（600633）	2.1195	2.8372	0.6962	0.9598	0.1929	1.8262	4.3966
长江传媒（600757）	3.1424	2.2666	0.6682	2.4466	0.1091		0.6291
中南传媒（601098）	0.2297	0.7131	0.7286	0.9970	0.1377	—	-0.1015
皖新传媒（601801）	0.1040	0.8568	0.7854	3.2394	0.1310		0.2710
凤凰传媒（601928）	0.1144	0.8149	0.7231	4.0505	0.1232		0.4829
出版传媒（601999）	0.0486	0.7847	0.6787	7.7575	0.4887		-1.9634
ST传媒（000504）	-0.4020	1.1654	0.4716	1.0303	-0.3384		-0.3246
大地传媒（000719）	0.0384	2.4224	0.6948	2.1856	0.7947	2.3988	-4.7127
天舟文化（300148）	0.2982	0.5533	0.9147	2.4630	0.1196	—	-0.1026

运用统计软件 SPSS 17.0 对 2011 年出版上市公司总体可持续增长情况进行描述统计分析和单样本 T 检验，具体结果见表 3-9、表 3-10。

表 3-9 2011 年单样本描述性统计表

2011 年	N	Mean	Std. Deviation	Std. Error Mean
		One-Sample Descriptive Statistics		
SGR-G	11	-0.679080	1.8320952	0.5523975

表 3-10 2011 年单样本 T 检验表

2011 年	One-Sample Test					
	Test Value = 0					
	T	df	Sig. (2-tailed)	Mean Difference	95% Confidence Interval of the Difference	
					Lower	Upper
SGR-G	-1.229	10	0.247	-0.6790798	-1.909898	0.551739

由 P = 0.247 > 0.05 可得 2011 年我国出版上市公司样本总体可持续增长状况间不存在显著差异。在显著性水平 $\alpha = 0.05$ 时，$t_{1-\frac{\alpha}{2}}(10) = 1.8125$，样本整体的 T 检验值 |T| = 1.229，小于 1.8125，表明 2011 年出版上市公司总体上实现了可持续增长。

由以上结果可知，2009~2011 年我国出版上市公司总体上实现了可持续增长，说明出版行业的整体发展态势良好。

2. 我国出版上市公司可持续增长状况的年份检验

(1) 检验方法。为研究出版上市公司在某些年份有几家上市公司的实际销售增长率 (G) 与可持续增长率 (SGR) 保持一致，实现可持续增长，某些年份可持续增长率与实际销售收入增长率之间具有显著差异。本章将其看作两个相关样本，运用威尔考克森符号等级检验方法来对二者进行配对样本 T 检验。威尔考克森符号等级检验方法主要用于检验两个相关样本是否来自相同均值的总体，或检验两个相关样本是否具有相同的分布。具体检验步骤如下：

假定样本公司数量为 n，实际销售收入 (G) 增长率与可持续增长率 (SGR) 分别为 $(x_1, x_2, \cdots, x_n)$ 和 $(y_1, y_2, \cdots, y_n)$。

①建立零假设和备择假设：

H_0：出版上市公司实际销售收入增长率 (G) 与可持续增长率 (SGR) 没有

显著差异,即(x_1, x_2, …, x_n)与(y_1, y_2, …, y_n)没有显著差异;

H_1:出版上市公司实际销售收入增长率(G)与可持续增长率(SGR)有显著差异,即(x_1, x_2, …, x_n)与(y_1, y_2, …, y_n)有显著差异。

②分别计算带有正负号的差数。$D = x_i - y_i$ (i = 1, 2, 3, …, n)。

③对差数取绝对值,按大小顺序排列并编上等级,即确定顺序号。对于相邻的等值,则取其位序的平均数为等级。

④给每个等级恢复差数原来的正负号,分别将正负号的等级相加,用T+和T-表示,并取较小的T值为检验统计量。

⑤确定带正号或负号差数值的总个数为n。如果某项配对观察值的差数为0,该项就剔除,样本容量n相应减少。

⑥n≥25时,T分布近似正态分布,将T值进行标准化处理,转化为Z变量:$Z = \dfrac{T - \mu_r}{\sigma_r}$。本章中虽然样本数量为11,但是对现有出版上市公司进行全样本分析,因此仍然假设其近似服从正态分布。

⑦在显著性水平α下,查标准正态分布$\dfrac{\alpha}{2}$分位数$Z_{\frac{\alpha}{2}}$,当|Z|>$Z_{1-\frac{\alpha}{2}}$时,拒绝原假设,即认为出版上市公司实际销售收入增长率(G)与可持续增长率(SGR)有显著差异;否则没有充分的理由拒绝原假设,即认为没有显著差别。

(2)实证检验结果及分析。在对出版上市公司进行威尔考克森符号等级检验之前,先对样本进行相关性、连续性、对称性检验,以满足威尔考克森符号等级检验的假设。

对两组样本的相关性检验利用配对样本相关性检验,检验结果如表3-11所示,检验结果发现两组样本之间最小的相关系数的绝对值为0.413,最大的为0.688,按照统计学相关性标准,两者之间存在显著的相关性,符合检验要求。

表3-11 配对样本相关系数表

Paired Samples Correlations				
		N	Correlation	Sig.
Pair 1	2009年SGR & 2009年G	11	-0.688	0.019
Pair 2	2010年SGR & 2010年G	11	-0.413	0.207
Pair 3	2011年SGR & 2011年G	11	0.544	0.083

对两组样本变量的差值进行连续性分布和对称性检验，利用 P-P 图进行。P-P图是根据变量的累积比例与指定分布（程序默认为正态分布，本章也假设分布为正态分布）的累积比例之间的关系绘制的图形。当数据符合指定分布时，P-P 图中各点近似呈一条直线。如果 P-P 图中各点不呈直线，但有一定的规律时，可通过对数据的变换，使转换后的数据接近指定的分布，具体结果如图 3-1、图 3-2、图 3-3 所示。

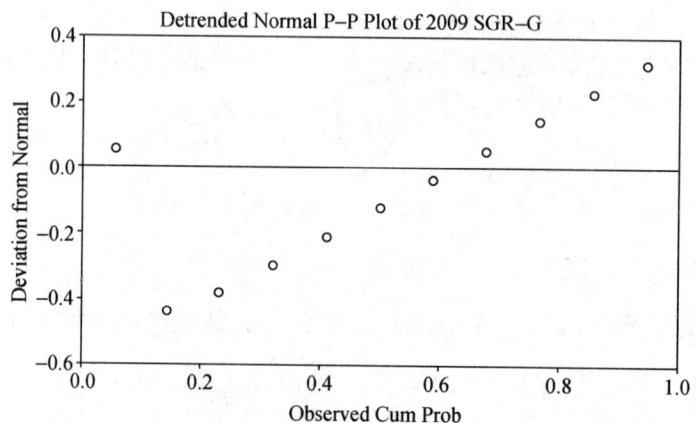

图 3-1　2009 年 SGR-G 的逆正态分布 P-P 趋势图

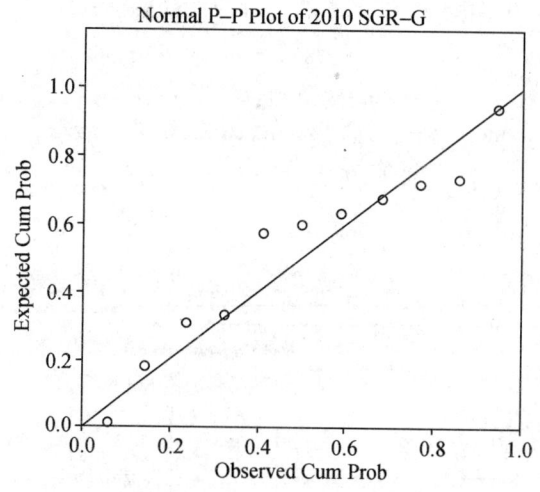

图 3-2　2010 年 SGR-G 的 P-P 趋势图

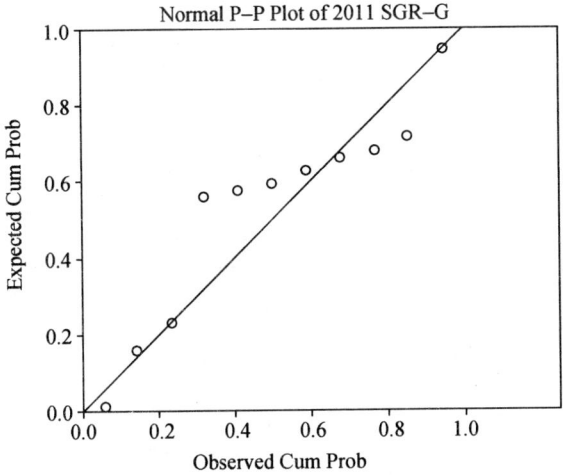

图 3-3　2011 年 SGR-G 的 P-P 趋势图

通过分析图 3-1、图 3-2、图 3-3 发现，2009 年两样本差值符合反趋势正态分布，2010 年和 2011 年符合正态分布，所以三图基本趋势为直线，满足威尔考克森符号等级检验对两样本数据差值的连续性和对称性假设。

运用统计软件 SPSS 17.0 对 2011 年出版上市公司总体可持续增长情况进行了相关样本威尔考克森符号等级检验，具体结果见表 3-12、表 3-13。

表 3-12　威尔考克森符号等级检验表

Wilcoxon Signed Ranks Test				
		N	Mean Rank	Sum of Ranks
2009 年 G—2009 年 SGR	Negative Ranks	2[a]	3.50	7.00
	Positive Ranks	9[b]	6.56	59.00
	Ties	0[c]		
	Total	11		
2010 年 G—2010 年 SGR	Negative Ranks	4[d]	4.75	19.00
	Positive Ranks	7[e]	6.71	47.00
	Ties	0[f]		
	Total	11		
2011 年 G—2011 年 SGR	Negative Ranks	4[g]	4.75	19.00
	Positive Ranks	7[h]	6.71	47.00
	Ties	0[i]		
	Total	11		

a. 2009 年 G < 2009 年 SGR   b. 2009 年 G > 2009 年 SGR   c. 2009 年 G = 2009 年 SGR
d. 2010 年 G < 2010 年 SGR   e. 2010 年 G > 2010 年 SGR   f. 2010 年 G = 2010 年 SGR
g. 2011 年 G < 2011 年 SGR   h. 2011 年 G > 2011 年 SGR   i. 2011 年 G = 2011 年 SGR

表 3-13　检验值统计表

Test Statistics[b]

	2009 年 G—2009 年 SGR	2010 年 G—2010 年 SGR	2011 年 G—2011 年 SGR
Z	-2.312[a]	-1.245[a]	-1.245[a]
Asymp. Sig. (2 - tailed)	0.021	0.213	0.213

a. Based on negative ranks.　　b. Wilcoxon Signed Ranks Test

在设定显著性水平 $\alpha = 0.05$ 的条件下，$t_{1-\frac{\alpha}{2}}(10) = 1.8125$，从分年度统计数据发现，2009 年的 $P = 0.021 < 0.05$，则拒绝原假设，即 2009 年出版上市公司实际销售收入增长率（G）与可持续增长率（SGR）有显著差异，也就是（x_1, x_2, …, x_n）与（y_1, y_2, …, y_n）有显著差异，且 Z 值为 2.312 大于 1.815。主要原因是，在 2009 年有 9 家出版上市公司超速增长。2010 年和 2011 年的 P 值均为 0.213，大于 0.05，则接受原假设，即 2010 年和 2011 年出版上市公司实际销售收入增长率（G）与可持续增长率（SGR）没有显著差异，也就是（x_1, x_2, …, x_n）与（y_1, y_2, …, y_n）没有显著差异，同时 2010 年和 2011 年的 Z 值均为 1.245，小于 1.815，表明这两年出版上市公司实现了财务的可持续增长，这与前文的结论相同。

（四）实证分析结论

通过前文的实证分析，可得出以下结论：

（1）从总体上看，我国出版行业 11 家 A 股上市公司通过了总体均值的假设检验，实现了财务可持续增长。

（2）从年度上看，2009 年 11 家 A 股上市出版公司中有 9 家实际增长率大于可持续增长率，没有通过威尔考克森符号等级检验，2010 年和 2011 年出版上市公司表现为财务可持续增长。

五、可持续增长模型对我国出版上市公司的管理启示及对策建议

(一) 可持续增长模型对我国出版上市公司的管理启示

由于相关政策的原因,我国出版企业上市起步较晚,并且是由事业单位转企改制而成立的。本章研究的11家出版公司上市后总体来看基本上保持了快速的发展态势。但与其他行业相比,出版上市公司的综合治理能力还有待提升。随着《国家"十二五"时期文化改革发展规划纲要》的发布,将有更多的出版企业上市,出版企业也将迎来最佳的增长时机。可持续增长模型作为一个平衡企业销售增长与财务资源保障能力的工具,对我国出版上市公司实施增长管理有以下几方面的启示:

(1) 出版上市公司可将可持续增长率作为其发展速度的参照标准。从前文分析中可以发现,我国出版上市公司基本上保持着可持续增长的态势,但是2009年有9家出版上市公司在超速增长,这种现象必须引起我们的注意。出版行业是一个成熟的行业,企业间竞争激烈。比如,图书经销商为了争夺市场份额经常打价格战,短期内的快速增长可能并不会引发企业财务资源的紧张,但从长期看,出版上市公司不会一直保持这种超速的增长态势。因为从长远分析,企业可持续增长率将一直影响实际增长率。但并不是意味着企业的增长必须不高于可持续增长率,通过企业可持续增长率这个标准,只有出版上市公司超速增长所需的资金需求完全可以通过盈余分配政策的途径解决,才能算是比较安全的快速增长。需强调的是,可持续增长率的意义并不是要求我国出版上市公司按照此要求增长,而是提醒公司管理者及时预测发展中可能出现的各种情况,以确保企业的顺利发展。

(2) 出版上市公司可将其作为财务资源利用情况的评价标准。可持续增长率的内涵是在不引发企业财务资源危机的情况下,企业所能获得的最大销售增长率。所以,从理论上讲,如果企业的实际增长率与可持续增长率基本保持一致,表明企业的财务资源得到了最优的配置和充分的利用;如果企业的实际增长率大于可持续增长率,即企业在超速增长,则公司管理者在防范企业财务风险的同时,对于上升期的企业,可考虑筹备足够的资金以保障企业扩张的需要;如果实际增长率小于可持续增长率,表明企业的财务资源出现了剩余,公司管理者要考虑如何将多余的财务资源配置到适合的地方,通过提升资金生产率的价值创造能

力，实现财务资源利用的最大化。因此，可持续增长模型为我国出版上市公司管理层对公司资源的使用效率的评价提供了一个比较实用的标准。

（二）我国出版上市公司可持续增长管理的对策建议

前文对我国出版上市公司可持续增长情况进行了实证检验，并提出了具体合理化的政策建议，本部分以 2011 年样本公司的数据为基础，对影响可持续增长率的五个因素进行因子分析，并根据各因子得分系数矩阵构建出核心影响因子，同时也为管理者对每个指标对可持续增长率影响的程度做量化的理解。

运用统计软件 SPSS 17.0 以样本公司的 2011 年数据为基础，对影响可持续增长率的五个因素进行因子分析，具体结果见表 3-14、表 3-15、表 3-16。

表 3-14 指标相关系数矩阵

Correlation Matrix

		资产周转率	权益比率	留存比率	净利润增长率	新股增发比例
Correlation	资产周转率	1.000	-0.375	-0.351	0.394	0.715
	权益比率	-0.375	1.000	0.206	0.000	0.014
	留存比率	-0.351	0.206	1.000	0.226	-0.192
	净利润增长率	0.394	0.000	0.226	1.000	0.468
	新股增发比例	0.715	0.014	-0.192	0.468	1.000
Sig. (1-tailed)	资产周转率		0.128	0.145	0.115	0.007
	权益比率	0.128		0.272	0.500	0.484
	留存比率	0.145	0.272		0.252	0.285
	净利润增长率	0.115	0.500	0.252		0.073
	新股增发比例	0.007	0.484	0.285	0.073	

表 3-15 主因子方差累计贡献率

Total Variance Explained

Component	Initial Eigen Values			Extraction Sums of Squared Loadings		
	Total	% of Variance	Cumulative %	Total	% of Variance	Cumulative %
1	2.178	43.562	43.562	2.178	43.562	43.562
2	1.353	27.070	70.632	1.353	27.070	70.632
3	0.891	17.830	88.462			
4	0.396	7.912	96.374			
5	0.181	3.626	100.000			

表3-16 因子得分系数矩阵

Component Score Coefficient Matrix

	Component 1	Component 2
资产周转率	0.427	-0.089
权益比率	-0.161	0.417
留存比率	-0.168	0.543
净利润增长率	0.266	0.481
新股增发比例	0.390	0.176

由表3-14可以发现，影响财务可持续增长率的五个变量间不存在明显的相关性；由表3-15可以发现，前两个因子的累计方差贡献率已达70.732%，能够很好地代表其他指标，因此将本章的五个指标整合为两个综合因子，用PF表示；具体表达式由表3-16（因子得分系数矩阵）确定，即：

$$\begin{cases} PF_1 = 0.427A_t - 0.161T_t - 0.168R_t + 0.266P_t + 0.390F_t \\ PF_2 = -0.089A_t + 0.417T_t + 0.543R_t + 0.481P_t + 0.176F_t \end{cases}$$

其中，第一个因子PF_1中，资产周转率和新股发行比例的得分系数分别为0.427和0.390，故将其称作资产整合能力；第二个因子PF_2中，股东权益比率、留存比率和销售净利率的系数较大，将其称为经营与回报能力。

基于以上分析结果，我国出版上市公司可考虑从以下几方面实现公司可持续增长：

（1）加快业务整合，提高企业流动性与主营业务增长率。在市场经济中，流动性是从经济和法律双重角度衡量企业能否生存下去的标准。主营业务是企业经常性的主要业务所产生的基本收入。出版企业的业务一般包括出版、印刷、发行三大板块。产品形式主要有图书（包括教材教辅）、报纸、期刊、音像制品、电子出版物、网络读物等。企业应根据自身的业务特长，整合优势资源集中发展主营业务，将其他盈利能力不足的业务转售或者出让。从本章的分析发现，公司资产周转率和销售净利率的增长对可持续增长率的影响处于第二和第三的位置，对企业来讲，长时间没有利润可以艰难度日，但是缺少流动性则无法继续存活下去。建立在损害（降低）企业资产流动性基础上的利润增长是比较危险的，比如较长时间的支付期限以获得更多的利润。因此出版上市公司要在保持主营业务增长的同时，加大对流动性指标的关注与检测。

（2）加快重组并购，提高股东权益，提升企业市场地位。我国出版企业数量多，单个实力弱，具有同类出版产品的企业可通过企业间的并购行为，将优势资本集中在一起，迅速扩大生产规模，提高市场份额，增强企业的竞争能力和盈利能力。从本文章证分析发现，我国出版上市公司股东权益对公司财务可持续增长率的影响程度为41.7%，同时已上市的出版企业的股权相对集中，在不考虑利益侵占行为的情况下，这种态势也使得我国出版上市公司（除个别公司外）在整个市场环境下有更加主动的应变能力。

（3）完善股利政策，增强市场信心。股利政策是股份公司关于是否发放股利、发放多少以及何时发放的方针政策。根据前文分析，留存收益比率对我国出版上市公司可持续增长率的影响最大，为54.3%，这表明我国出版上市公司的留存收益比率偏高。公司的盈利大部分作为权益资本进入企业，能够为我国出版上市公司长久发展积累资本，但这种情况不能长期存在，因为股利的支付情况在一定程度上反映着公司的盈利能力以及对股东的回报程度。我国出版上市企业应当在对未来股利支付能力科学预测的基础上，在不造成公司无力支付困境的前提下，调整股利政策，进而提升市场对出版上市公司的认可度，为公司的长久发展所需资金的募集创造条件。

（4）条件容许时可考虑增发新股。尽管我国对于上市公司增发新股有着严格的限制和要求，但具备增发新股的出版上市企业，应考虑通过增发新股来改善资本结构，降低企业负债比率，提高股东权益，壮大公司股本。

总之，增长是企业经营活动的结果，但不是企业的最终目标，企业需要的不是简单的大，而是实在的强。只有企业区分出可持续和不可持续的增长，企业才有可能在长期的市场考验中成为强者，而不是一味追求做大，被光鲜的外表蒙蔽。可持续增长率模型的宗旨在于保持企业财务收益的增长与资产增长的动态平衡，因而，其本质是一种财务规划的预测工具。投资者可通过计算企业可持续增长率，判断企业综合资产的获利能力以及企业对收益与风险权衡的财务政策。企业管理者通过实时分析实际增长率与可持续增长率的差异及导致差异的原因，再根据自身经营实力、风险偏好、外部资源的整合能力等多方面因素制定企业长远的动态发展速度，便于明确将来的发展规划和管理方向。

（三）研究局限与展望

1. 研究局限

企业可持续增长问题是一个战略性课题，涉及诸多因素，本章只从财务角度进行了分析，显得深度不够。

（1）资料来源的充分性。为研究我国出版上市公司可持续增长情况，笔者查阅和借鉴了国内外大量的相关研究成果。但是，由于我国出版上市公司起步晚，数量少，论文中使用到的数据大都来自相关公司网上的公开数据和报表，数据的真实性难以考证。在实际使用中，由于报表不完善，相关信息缺乏，相关指标数值要经过二次整理，这样无形中增加了研究结果的偏差。

（2）研究方法上的不足。在研究过程中，由于个人能力和资料获取的限制，对出版上市公司的总体把握稍显欠缺。另外，在实证研究部分，只对我国出版上市公司整体可持续增长情况和逐年增长状况进行了统计检验，深层次的因素分析有点欠缺。

2. 未来研究展望

在对希金斯可持续增长模型进行修正的基础上，本章从财务角度对我国出版上市公司可持续增长问题进行了初探，缺乏多视角、多维度的研究。未来在掌握更多资料和数据的基础上，可考虑从人力资本、公司战略、财务政策等多角度构建起能够更加全面评估我国出版上市公司可持续增长的综合模型，为我国出版上市公司提供更加科学、全面的经营管理方法与实践工具。

参考文献

[1] [美] 拉姆·查兰等. 持续增长 [M]. 北京：中国社会科学出版社，2005.

[2] [美] 罗伯特·C. 希金斯. 财务管理分析 [M]（第6版）. 北京：北京大学出版社，2003.

[3] [美] 詹姆斯·范霍恩. 现代企业财务管理 [M]. 北京：经济科学出版社，1998.

[4] [英] 亚当·斯密. 国富论（上）[M]. 上海：上海三联书店，2009.

[5] [英] 马歇尔. 经济学原理 [M]. 北京：商务印书馆，2005.

[6] [美] 彼得·圣吉. 第五项修炼 [M]. 北京：中信出版社，2010.

[7] [美] 汤姆·彼得斯. 追求卓越 [M]. 北京：中信出版社，2010.

[8] [美] 伊查克·爱迪恩. 企业生命周期 [M]. 北京：中国社会科学出版社，2004.

[9] [美] 安迪斯·彭诺斯. 企业成长理论 [M]. 上海：上海人民出版社，2007.

[10] 芮明杰. 管理学：现代的观点 [M]. 上海：上海人民出版社，2005.

[11] 王子平. 企业生命论 [M]. 北京：红旗出版社，1996.

[12] 李占祥. 矛盾管理学 [M]. 北京：经济管理出版社，2000.

[13] 陈昕，赵晓等. 企业成长理论 [M]. 上海：上海人民出版社，2007.

[14] 于庆东. 企业可持续发展研究 [M]. 北京：经济科学出版社，2006.

[15] [美] 彼得·德鲁克. 管理：任务、责任、实践 [M]. 北京：机械工业出版社，2009.

[16] 赖国毅，陈超. SPSS 17.0 统计分析典型案例精粹 [M]. 北京：电子工业出版社，2010.

[17] 贾俊平，何晓群等. 统计学（第二版）[M]. 北京：中国人民大学出版社，2010.

[18] 何晓群. 现代统计分析方法与应用 [M]. 北京：中国人民大学出版社，1999.

[19] 陈耀，汤学俊. 企业可持续成长能力及其生成机理 [J]. 管理世界，2006（12）.

[20] 沈峰等. 企业可持续发展的评价指标体系 [J]. 经济论坛，2006（16）.

[21] 于国庆等. 企业可持续竞争能力的系统评价研究 [J]. 东南大学学报，2003（1）.

［22］敖诗文等. 可持续增长财务管理模型及修正［J］. 天津商学院学报, 2004（5）.
［23］汤谷良, 游尤. 可持续增长模型的比较分析与案例验证［J］. 管理世界, 2005（8）.
［24］曹健. 关于可持续增长模型的应用问题研究［J］. 经济与管理研究, 2006（12）.
［25］陈春花等. 基于战略匹配的中小企业文化创新研究［J］. 科技管理研究, 2009（5）.
［26］肖海林, 王方华. 企业可持续发展新论［J］. 当代财经, 2004（7）.
［27］王旭晓. SA8000与企业可持续发展［J］. 企业文明, 2004（3）.
［28］黄蕊, 刘桂英. 考虑财务杠杆效应的企业可持续增长模型的构建［J］. 财务月刊, 2009（18）.
［29］黄永红等. 我国上市公司可持续增长的实证分析［J］. 重庆大学学报, 2002（9）.
［30］曹玉珊. 企业增长速度的成因与我国上市公司的证据［J］. 当代财经, 2007（4）.
［31］黄丽. 基于社会资本视角的企业可持续竞争优势建立机制研究［J］. 企业活力, 2008（7）.
［32］彭博. 基于聚类分析法的企业可持续增长研究——以纺织业上市公司为例［J］. 经济研究导刊, 2011（11）.
［33］刘斌, 刘星, 黄永红. 我国上市公司可持续增长的实证分析［J］. 重庆大学学报（自然科学版）, 2002（9）.
［34］顾晓敏, 王玄. 企业可持续增长模型及其应用研究［J］. 当代经济管理, 2008（2）.
［35］樊行健等. 企业可持续增长模型的重构研究与启示［J］. 会计研究, 2007（5）.
［36］周水银, 陈荣秋. 上市公司的可持续发展问题研究［J］. 我国软科学, 2000（6）.
［37］常健. 我国上市公司业绩决定机制实证分析［J］. 管理世界, 2003（5）.
［38］黄速建, 卢晟. 上市公司可持续发展的若干问题［J］. 经济管理, 2002（3）.
［39］黄永红. 我国上市公司可持续增长的实证研究［J］. 统计与决策, 2002（12）.
［40］朱开悉. 财务管理目标与企业财务核心能力［J］. 财经论丛, 2001（5）.
［41］肖作平. 上市公司资本结构与公司绩效互动关系实证研究［J］. 管理科学, 2005（15）.
［42］吴世农. 我国上市公司资本结构影响因素实证研究［J］. 证券市场导报, 2002（8）.
［43］刘盛蓉. 实现可持续增长策略探讨［J］. 价值工程, 2008（9）.
［44］王忠文, 冯涛. 国外资本结构理论综述及我国上市公司企业资本结构问题解析［J］. 学术论坛, 2007（9）.
［45］汤谷良. 可持续增长模型的比较分析与案例验证［J］. 会计研究, 2005（8）.
［46］项进. 我国可持续发展战略与企业的应对策略研究［D］. 中南大学硕士学位论文, 2002.
［47］姚文韵. 基于企业价值可持续增长的财务战略研究［J］. 南京财经大学学报, 2008（6）.
［48］崔勇等. 企业可持续发展评价指标体系和评价方法的初探［J］. 科学技术与工程, 2005（8）.
［49］吴应宇, 于国庆. 企业可持续竞争能力的系统评价研究［J］. 东南大学学报（哲学社会科学版）, 2003（5）.
［50］尹子民. 企业可持续发展能力评价方法的探讨［J］. 山西财经大学学报, 2003（1）.
［51］王丹, 陈兴述. 希金斯模型与拉巴波特模型耦合视角下的企业财务增长管理［J］.

财会通讯, 2010 (2).

[52] 邓贵林, 王虹. 企业可持续增长的国内研究回顾与评述 [J]. 商业时代, 2011 (8).

[53] 安明. 股利政策对 A 股上市企业可持续增长的影响分析 [J]. 金融时代, 2011 (11).

[54] 韩俊华. 企业可持续增长模型的构建与分析 [J]. 统计与决策, 2012 (13).

[55] 张波. 企业可持续增长研究现状评述 [J]. 财会通讯, 2010 (16).

[56] 陈建. 可持续增长模型的相关理论探析 [J]. 财政研究, 2008 (10).

[57] 闫华红, 孙明菲. 可持续增长下的财务战略研究——基于高新技术企业的实证数据 [J]. 经济与管理研究, 2011 (2).

[58] 王丽娟等. 基于可持续增长速度的企业融资效率研究 [J]. 会计之友, 2012 (16).

[59] 顾兰兰, 刘桂英. 可持续增长模型假设条件之修正 [J]. 财会月刊, 2010 (6).

[60] Aloke Ghosh, Zhang Yang, Prem C. Jain. Sustained Earnings and Revenue Growth, Earnings Quality, and Earnings Response Coefficients [J]. Review of Accounting Studies, 2003 (13).

[61] Armen Hovakimian, Tim Opler, Sheridan Titmen. "The Debt - Equity Choice" [J]. Journal of Financial and Quantitative Analysis, 2001 (6).

[62] Chen C. Jetal. Research on the Evaluation of Sustainable Development Based on Information Share [C]. Proceedings of the Fourth Asia - Pacific Conference on industrial Engineering and Management System, Dec. 2002.

[63] Rogers Edward W. A Theoretical Look at Firm Performance in High - tech Organizations: What Does Existing Theory Tell Us? [J]. Journal of High Technology Management Research, 2001 (1).

[64] Sch Waltz Gorostiza. Investment under Uncertainty in Information Technology: Acquisition and Development Projects [J]. Management Science, 2003 (1).

[65] Schwartz E. S. Patents and R&D as Real Options [J]. Economic Notes, 2004 (2).

[66] Fang Shi, Jiang Zhu. Empirical Study on Influence Factors of Family Firms Sustainable Growth [C]. IEEE, 2010.

[67] Zhang Liping. Empirical Analysis on Sustainable Growth of Listed Companies——Take Jiangxi Listed Corporation as an Example [C]. IEEE, 2010.

[68] Antonio Boggla. Measuring Sustainable Development Using a Multi - criteria Model: A Case Study [J]. Journal of Environmental Management, 2010 (7).

[69] Darrel Rigby, Suzanne Tager. Learning the Advantages of Sustainable Growth [J]. Strategy and Leadership, Vol. 36, Iss. 4, 2008.

[70] Rogelio Oliva. Sustainable Growth Rate for Emerging Firms [C]. International System Dynamics Conference, New York, August 2003.

[71] John Colley. Corporate Governance [M]. America: Mc Graw-Hill Publishing Co. 2003.

[72] Robin Marris. A Model of the "Managerial" Enterprise [J]. Quarterly Journal of Economics, 2003.

第四篇 我国出版上市企业面临的问题与对策研究

一、绪论

（一）研究背景

我国的出版企业从20世纪70年代末80年代初就已经开始进行改革的探索，但由于出版业的"事业单位"属性以及其被过分强调的行业特殊性，使之在体制和制度改革的进度上滞后于我国其他产业。

我国宏观经济体制由计划经济向市场经济转变的完成，进一步加深了出版业的体制和制度的改革。2003年，政府开始推动出版单位由事业单位转制为企业的改革试点工作。由事业单位向企业的转变，要求出版企业建立起以国有多元股份控股制公司为代表的现代企业，完善公司的法人治理结构，在产权清晰的制度基础上改革人事制度和分配制度。这种转变核心在于，在企业内部引入竞争机制和激励机制，在企业外部建立起退出机制，使出版企业在市场中成为真正的竞争主体，最大程度地通过市场而不是政府去解决企业自身的生存与发展的问题。2004年，中国出版业的体制和制度改革全面提速，根据中央的部署，在出版企业的体制方面，除人民出版社等少数出版单位保留事业单位的体制外，其他大多数出版社都将向经营型企业转型。

依照现代企业制度，在出版单位进行企业化改制的同时，需同时进行一系列的股份制改造，实现投资主体的多元化已经成为了必须解决的问题。这是因为企业化的改制解决的仅仅是出版单位成为《公司法》意义上的"企业"，而并非现代化意义上的股份制公司。出版企业存在的最大问题就是产权单一，这阻碍了出

---

* 作者简介：王庭亮，北京印刷学院企业管理专业2010级硕士研究生，指导教师为王关义教授。

版企业吸收用以扩大出版单位资金来源的社会资本,由此造成的影响是企业资金流动受阻,资本运营与扩张步履维艰,出版产业化难以为继,缺乏与外资竞争的力量。在这种形势下,出版产业内部着手运用资本运营等先进的市场运作手段,进行股份制改革,继而在中国内地或境外通过多种手段上市发行股票,谋求上市陆续成为一些出版集团和发行集团的发展战略。2006年被舆论称为"中国出版发行第一股"的上海新华传媒A股借壳上市成功,紧接着号称"中国出版传媒第一股"的辽宁出版传媒股份有限公司于2007年12月获得中国证监会核准,开始公开募股,在上海证券交易所挂牌上市。2009年,安徽出版集团选择中国科学技术大学旗下的上市公司"科大创新"作为战略重组对象,以其所持有的出版、印刷等文化传媒类资产16.69亿元,参与认购"科大创新"定向发行的股份共计1.2亿股,成为上市公司第一大股东,从而实现了主营业务的整体上市。此外,安徽新华发行集团、湖南出版集团、江西出版集团以及天舟科教文化股份有限公司等出版发行类企业也都陆续通过借壳或IPO等方式实现了其上市工作。

随着改革的不断深入发展,出版企业通过上市改变经营方式,适应市场化需求已是大势所趋。同时值得关注的是,出版产业的上市公司大都是由国有企业改制而成的,尽管它们进行了股份制改革,但其中绝大多数企业的经营管理体制、激励机制、约束机制和法人治理结构等制度并未完成相应转变或未完全适应发展的需要。这对企业的行为目标、投资效率以及内部管理和控制都造成了极大的影响,出版企业上市后的发展挑战也显得尤为重大。面对机遇,出版上市企业应牢牢把握上市带来的好处与优势,同时面对挑战,出版上市企业也应小心谨慎,正确处理和解决各种问题,只有这样,出版上市企业才能在上市后的道路上越走越远,不断取得长足发展。

(二) 相关文献综述

我国的出版上市企业是出版产业改革新举措的产物,而且多数出版上市企业都是在近两年才完成上市的,所以目前国内针对出版上市企业的系统研究并不多。相关的研究主要集中在以下几个方面:①出版上市企业的现状分析;②出版上市企业在资本运营、经营管理中出现的问题研究;③针对出版上市企业存在的问题的对策性研究。

针对意识形态如何规避的问题,姚德权(2007)在《"黄金股"助推出版业产权改革》一文中认为,中国出版业改革已进入制度攻坚的新阶段,产权改革是必须通过的关口。出版业进行产权改革具有三大功能,即推动出版企业建立现代企业制度功能;吸收外部资本,融通资金,做大做强出版产业的功能;便利资本流动、实现"有所为、有所不为",增强国有出版资本控制力的功能。出版业的产权改革,可以借鉴国外成功采用过的"黄金股"制度。出版业制度创新及资本运作可从产权多元化、产权流动化等方面逐步推进。

王关义(2007)在《出版集团上市面临的内生矛盾探析》一文中认为,由于中国出版业的特殊性,出版集团在寻求上市的过程中,不可避免地会遭遇到一些内生矛盾的困扰,包括宏观政策目标与微观企业目标的矛盾、内容管理与公司制运作的矛盾、上市公司的普遍要求与出版集团自身素质的矛盾等。正是这些矛盾影响了传媒的上市的进程和业绩表现。

杨晋等(2008)在《辩证地看待出版发行集团上市热》一文中指出了部分已上市的出版集团存在的突出问题:一是主营业务未体现新闻出版业的核心竞争力;二是经营效益不甚理想甚至逐年下滑。

张美娟等(2008)在《关于我国出版上市企业发展的思考》一文中提出当前我国出版上市企业的进一步发展思路应重点从三个方面展开,包括从强化企业规范化管理和完善公司治理结构和制度;增强企业的经营能力和盈利能力;加强政府的宏观调控和政策扶持。

邓向阳(2008)在《新闻出版企业 IPO 后的风险及防范措施》一文中有针对性地分析了出版企业上市后将面临的股权结构、内容生产、转移主营业务、多元化经营等方面的风险,进而提出了如何通过加强对风险的识别和估算、健全现代企业制度、建立专门的风险管理机构、采用灵活多变的风险防范策略、加大人力资本的投入等措施来规避和防范风险。

李华(2008)在《从辽宁出版传媒上市谈出版业的资本经营》一文中指出,出版企业资本经营至少包括:争夺上游——收购作者资源与版权;兼并同业——收购别的出版社;控制下游——收购图书销售渠道;跨媒体运作——收购互联网新媒体等内容。尽管出版企业资本经营面临出版社改制尚未完成、区域壁垒和系统壁垒依旧存在以及出版产业监管难等问题,但出版企业要有资本经营的意识,要培养和引进资本经营方面的人才,以此为提前谋划资本经营,才能克服种种困难,不断取得进步。

唐溯(2010)在《我国出版上市公司绩效综合评价》一文中通过对 5 家出版上市公司的经营数据的研究,指出出版业中长期发展前景较好,但挑战仍然严峻;上市促使出版企业转换经营机制,实现战略转型,市场化进程加速;出版上市公司利用资本市场的融投资功能,推进业态创新和商业模式创新,实现较快发展。

李然忠(2010)等的《中国上市传媒企业经营管理现状分析》一文,在分析我国内地上市传媒企业的总体特征基础上,比较传媒企业上市前后的相关财务数据，指出了企业在运营过程中存在的一些问题，包括传媒企业的上市并没有从根本上突破企业的所有制属性，上市传媒企业的经营和业务模式没有从根本上得到提升，以及上市并未能带来上市传媒企业净资产收益率的上升，资本的规模效应并没有凸显等，由此作者提出了三点政策建议：一是根据市场需求，推动传媒企业的制度创新；二是根据产业规模化集团化经营的发展趋势，积极推动传媒企业跨区域、跨媒体的联合重组，大力培育骨干文化企业；三是要提高监管水平，推动传媒监管的融合。

郭全中（2011）在《传媒业上市：现状·问题·对策》一文中选取2010年上半年出版传媒上市公司经营数据，分析了出版传媒类公司上市后的经营现状，指出了当前存在的几个主要问题：传媒企业呈现小、散、弱的局面，企业融资额较小；传统媒体尤其是带有很强意识形态属性的传统媒体成长性不高；存在改变融资资金用途的情况；高级经营管理人才尤其是高级资本运营人才缺乏。

周正兵（2011）在《出版类上市公司投资行为的实证分析》一文中，通过对出版类上市公司投资行为的实证分析，提出了出版产业培育战略投资者的几点建议：第一，切实推进出版领域的跨行业、跨区域、跨媒体的"三跨"突围；第二，上市公司应该彻底改变观念，借助资本力量推进传统出版的数字化升级转型；第三，出版业应该冷静对待上市问题，避免"羊群效应"造成的市场割据与无序竞争。

马轶凡（2012）在《中外出版业上市公司对比分析》一文中分析比较了中外出版上市的差别、发展优势，指出中外出版上市公司在政策背景、股票上市运作方式、融资后投资方向等方面均存在一定的差异。揭示了我国出版集团上市还处在初期，需要不断地兼并融合，将资金更多地投入内容生产和差异化经营，不断根据目标读者进行公司定位，才能在长时间的努力后建立品牌形象，更好地互动发展。

郝振省等（2012）在《出版传媒集团资本运营如何更上层楼——来自上市出版传媒集团老总的声音》一文中指出：资本市场最大的功能就是资源配置问题，如果一个行业的资源的流动受到严重限制，那么，它就很难实现与资本市场的完美对接。出版资源的流动性受到制约是导致出版传媒集团在资本市场表现不好的根本原因。

周正兵（2012）在《轩昂阔步走畅通四方流——中国出版上市公司发展十年盘点》一文中对近10年出版上市公司的发展状况进行了详细的分析，指出上市是出版企业改革与发展的重要手段，不仅有利于推动出版企业建立规范的法人治理制度，提升企业的经营管理水平，且有助于企业通过资本市场实现规模化发展，提升企业的核心竞争力。

（三）研究方法与结构

鉴于出版上市企业上市时间较短、上市时段密集，面对这股滚滚而来的上市热潮，出版界、理论界对于出版上市企业的探讨和研究还不够广泛，本章在详尽地总结已有研究的基础上对研究出版上市企业涉及的相关概念和理论进行全面的阐述，进而对已经上市的出版上市企业的现状、上市后存在的问题进行深入的探讨和分析，结合出版学与管理学的知识，运用文献分析法、比较分析法、案例分析法，综合定性和定量的研究，试图得出促进出版上市企业资本运营、经营管理等工作的对策性思考。本章核心内容分为以下四个部分：

第一部分，对研究出版上市企业涉及的相关概念和理论进行界定和阐述，主要包括出版上市企业的界定、产权理论、公司治理结构理论和股权融资理论等。

第二部分，针对已经上市的 13 家出版上市企业，对其现状进行对比分析，从经营管理、主营业务、资本运营等方面阐述出版上市企业的发展状况。

第三部分，分析了我国出版上市企业上市后存在的问题，包括证券市场的环境问题，以及出版上市企业内部存在的一些问题。

第四部分，在前三部分分析的基础上，从宏观和微观两个方面提出了促进出版上市企业发展的一些对策性思考。

（四）创新点与不足

出版企业上市后如何有效管理与经营、如何有效进行资本运作，以实现出版业跨越式发展的初衷和目标，对于我国出版上市企业而言是一个全新的课题。与没有上市的出版企业相比，出版上市企业具有上市带来的优势，同时也面临着新的要求和挑战。本章对于我国出版上市企业发展的研究，主要是针对这些优势和挑战，结合我国出版业的基本性质和出版上市企业的经营现状来展开的。但同时，由于我国出版上市企业上市的时间比较短，相关的理论研究还不够深入，上市企业经营和管理涉及的范围也很广，因此笔者对出版上市企业相关数据的收集还不够充实，对出版上市企业面临的问题分析也未能全面顾及。

二、相关概念界定及理论基础概述

（一）出版上市企业的界定

企业是具有内部分工协作，从事社会生产、流通或其他服务性经济活动，实行自主经营、自负盈亏,以盈利为目的的经济组织,是具有法人资格的经济实体。作为市场活动的主体,企业需要按照价值规律来办事,按市场要求组织生产和经营。我国出版业具有强烈的意识形态属性,在很长的一段时间内,对于出版单位是否为企业,都存在着激烈的争论。当时的主要观点有两种:一种观点从出版工作的意识形态属性出发,认为"出版社应确定为实行企业化管理的事业单位"。对于出版单位而言,它们承担着服务于社会主义意识形态,贯彻国家的出版方针政策,把握党的正确舆论导向等任务,因此,出版单位就应该具备事业单位的性质,这样才能强化其行政管理的功能。另一种观点则是从产业经济和市场经济的相关规律出发,认为出版单位是企业而不是事业单位,"逐步扩大出版单位作为市场竞争主体的经营自主权,用人制度和收入分配得到改善,以提高出版物质量为中心的岗位责任制逐步建立,出版队伍稳步发展,从业人员的素质不断提高,如在用人制度方面,大多数出版集团在定编、定岗、定责的前提下,引入竞争机制,大力推行全员聘任制,通过聘任制度转换企业的用人机制,实现了集团人事管理由身份管理向岗位管理的转变,由行政依附向平等人事主体的转变,由国家用人向企业用人的转变"。国务院在 2003 年颁布的有关文件决定,除全国和各省的人民出版社保留公益性事业单位性质之外,其他所有的出版社一律要由事业单位转制成为经营性的企业单位,并建立起以"产权清晰、权责明确、政企分开、管理科学"为特征的现代企业制度,进行真正的企业化运作。2004 年 4 月,经国务院批准,中国出版集团转制成为中国出版集团公司,由此成为了第一家以企业身份出现的出版单位。

而本章所指的出版上市企业,就是指转制成为经营性企业的出版社、出版发行集团有限责任公司或股份有限公司,其范围为传统出版,即图书出版与发行及其相关产业,它们是通过借壳或 IPO 等融资模式上市的出版企业。

(二) 产权理论

产权经济学的奠基者阿尔钦·阿门·艾伯特给产权下过一个定义:"产权是一种通过社会强制而实现的对某种经济物品的多种用途进行选择的权利。"阿尔钦认为,当一个社会存在两个或更多的人,每一个人都想得到同一种经济物品的更多数量时,竞争也就随之形成了。有竞争必然有矛盾,这种矛盾必须通过某种方式来解决。他认为,限制竞争的规则被称为产权。产权不仅是一种选择的权利,而且还是一种排他性的权利。还有一位产权经济学者哈罗德·德姆塞茨认为:"产权是一种社会工具,其意义来自如下事实:它们帮助个人形成与他人交往时可以合理持有的预期,这些预期反映在法律习俗和社会道德中,产权的拥有者被其社会同伴所认同,允许他以特定的方式行事。"德姆塞茨所说的产权,既包括法律意义上的权利，还包括构成人们行为约束的各种社会规范。显然，这里的产权并不只是指通常意义上所说的财产所有权，更为重要的是，它还包含了行为的权利。

现代产权理论认为，有效的产权应该具备三种特性，即普遍性、独占性以及可转让性。因此，只有建立合理的多元化产权制度，才能形成有效的市场价格机制和合理的竞争激励机制，由此实现资源的合理配置，从而促进企业的长效发展。对于上市企业而言，通过多元化产权制度的建立，产权所有人才可以有效实施"用脚投票"策略，从而激励和约束企业管理者的行为。

现代产权理论还研究了产权安排对企业效率的影响，进一步揭示了这一影响是通过产权清晰界定和产权有序运转达到的。也正是在这一影响意义上，现代产权理论的核心问题即是产权清晰界定和有序运转，并且通过二者的共同作用实现产权多元化目标。

我国出版企业产权的不可交易性是导致出版企业效率低下的根本原因之一。非上市出版企业虽然可以通过资产重组、企业并购等形式实现产权的流动，但由于产权交易市场尚未成熟，产权交易缺乏市场化形成的高效渠道，导致了产权交易成本较高。因此，积极引导出版上市企业，创造公平竞争的市场环境，降低交易成本，恢复出版企业产权的可交易性，增强产权的流动性，这对出版企业尤其是出版上市企业的发展具有巨大的理论意义和现实意义。

（三）公司治理结构理论

公司治理结构的概念早在20世纪80年代中期就被经济学家提出，但迄今为止，国内外学者关于公司治理的具体含义，并没有给出统一明确的解释。经济学家在谈论公司治理结构时，狭义地讲是指投资者（股东）和企业之间的利益分配和控制关系，包括公司董事会的职能、结构、股东的权利等方面的制度安排；广义地讲是指关于公司控制权和剩余索取权，即企业组织方式、控制机制和利益分配的所有法律、机构、制度和文化的安排。它所界定的不仅是所有者与企业的关系，而且包括相关利益集团（管理者、员工、客户、供货商、所在社区等）之间的关系。

本章所提到的公司治理结构是指广义的公司治理结构。公司治理结构的内容由一系列契约规定。这些契约包括正式契约和非正式契约。正式契约包括政府颁布的适用于所有企业的法律，如公司法、破产法、劳动法等，也包括企业自己的正式规定，如公司章程以及各种合同。非正式契约指由文化、社会习惯而形成的行为规范。这些规范没有具体化为成文的合同，从而不具有法律上的强制性，但却实实在在地在起作用，如一些企业的终身雇佣制或对在一定时期内保持工资不变的承诺。公司治理结构决定企业为谁服务（目标是什么），由谁控制，风险和利益如何在各个利益集团中分配等一系列根本性问题。建立公司治理结构的目的在于提高整个公司的效率。

结合我国市场理论实践，总的来说，公司治理结构是建立在出资者所有权与法人财产权分离的基础上，在企业内外部的股东会、董事会、监事会及经理层及其他利益相关者之间的权力制衡机制、激励约束机制及市场机制的一种制度安排。具体来说，公司治理结构既是一种经济关系、契约关系，也是一种权力制衡机制。

中国出版业进行市场化改革，通过的形式只能是股份有限公司，企业的所有权和经营权的分离便是其最显著的特征。出版上市企业也要与其他股份制公司一样，其公司所有者必然是股东，公司所有者将资产交给由股东大会选举产生的公司董事会托管，而他们只享有公司资产的收益权，不过问公司的日常经营活动。董事会是出版上市企业的最高决策机构，负责股东资产的保值，更重要的是增值，实现股东利益的最大化。董事会拥有对公司高层管理者的聘任、监督、奖惩和解雇的权力，相应地也承担委托人的法律责任。同时，在公司外部，高层管理者还要受到出版业经理人市场的制约，以此来保证其经营行为符合公司的利益。

因此，我国出版上市企业要形成有效的公司治理结构，实现高效运行，则不但需要股东大会、董事会和监事会三权机构形成的内部监控机制，而且需要完善的证券市场形成的外部治理机制。

（四）股权融资理论

上市企业融资的方式有很多种，其中股权融资属于直接融资的一种，它是指所需募集的资金不通过相关的一些金融中介机构，而是借助向市场发行股票这一方式直接从资金盈余部门流向资金短缺部门的融资方式。股东提供资金，因此他们享有对企业的控制权。股权融资方式具有以下几个特征：长期性，股权融资筹措的资金具有永久性，没有到期日，不需要归还；不可逆性，上市企业采用股权融资的方式不需要归还本金，投资人只有借助流通的资本市场才能收回本金。

现代融资理论研究是根据不同的融资方式，确定融资成本和风险，通过权衡来建立最佳的融资结构，以此实现企业价值最大化。目前主要的几种融资方式分别是内部融资、债券融资以及股权融资。根据融资优序理论，资本机构最佳的融资方式是内部融资，其次是风险较低的债券融资，而股权融资被认为是最后的融资方式。内部融资具有较低的成本优势；债券融资能够抵税，降低代理成本；股权融资由于其融资的风险较大，融资成本较高。综上所述，现代融资理论认为，股权融资并不是企业进行融资的最优决策。

然而我国资本市场的融资顺序与上述所讨论的融资优序理论却恰恰相反，融资顺序依次为股权融资、债券融资和内部融资。而债券融资又分为短期债券融资和长期债券融资。我国的大部分上市公司不论其经济效益好坏还是有无负债，都会倾向于采用股权融资。究其原因，这与我国长期以来不太成熟的市场经济环境和市场开放程度以及国家宏观政策分不开。我国债券融资中企业债券的发行集中在大型国有企业，而且其发行的多少直接与投资项目挂钩，由此导致了债券融资占企业外部融资的比重较小，甚至到了可以忽略不计的程度。这样的融资结构很难起到改善企业融资的目的，更不要说借此完善公司的治理结构了。正是由于我国资本市场的畸形化发展，才使得我国企业上市融资的选择顺序不同于西方发达国家。上市企业通过在债券市场和股票市场的直接融资，加快了他们在资本市场上的扩张速度，从而资本市场的资源配置作用得以不断加强。另外，金融行业的改革也在不断深入，商业银行不断完善借贷制度，"惜贷"现象越来越普遍，可见银行的金融风险意识不断提高，对于资本市场的风险防范也越来越重视。银行通过严格控制中长期信贷，降低金融风险。在这样的背景下，出版上市企业要想获得银行贷款，可谓是难上加难。再加上我国的出版企业在转企改制前大多负债较高，如果采取债券融资的话，其偿还本息的压力较大，很有可能导致企业的破产。在内外环境的双重约束下，进行股权融资自然便成了出版企业解决资金问题的最优模式。

另外，企业金融成长周期理论也为我国出版企业进行上市融资提供了切实可行的理论基础。对于我国出版企业利用融资优序理论在资本市场融资方面存在的畸形发展的缺陷，金融成长周期理论也做了很好的改善和补充。该理论认为，影响企业融资结构的基本要素包括信息约束条件、企业规模以及资金需求，这些都是企业成长过程中必须要考虑的。企业创立初期，由于其规模小、业务量少，财务结构简单，因此更多的是依赖于企业内部融资来解决资金问题。伴随着企业的发展，企业不断的成长，规模有所扩大，业务量上升，财务信息也不断完善，资金需求量也不断提高，这是仅靠企业内部融资已无法满足企业发展的需求，因此企业开始借助金融中介，寻求外部融资。企业稳步增长，做大做强后，其体系已趋于成熟，规模效益也已形成，财务制度也更加完善。这时，企业就基本具备了进入资本市场公开募股的条件。企业通过上市在资本市场上不断扩大融资渠道，股权融资在上市企业的资本结构中的比重不断增加，相应的债券融资比重下降，上市公司的股权结构就形成了。

金融成长周期理论表明，在企业的不同发展阶段，随着企业规模、财务信息、资金需求等条件的不断变化,企业的融资方式和资本结构也相应地跟着变化。我国的出版企业同样也存在着上述周期性的变化。通过股权融资,我国出版上市企业可以更好地进行市场化改制,解决风险分担、激励约束、信息评估、业绩评价、企业家培育以及对企业的外部监控等一系列问题。

三、出版上市企业的现状——基于13家出版上市企业的分析

在前文相关概念的界定中,已经明确了本章研究的出版企业范围,即图书出版和发行及其相关产业,而出版上市企业即是由这类企业通过借壳或IPO等融资模式上市的出版企业。根据中国证监会行业分类,出版业属于传播与文化产业的一个子类,笔者依据证监会的分类标准和上市公司数据选取了13家出版上市企业。其中,从行业类别来看,从事报刊出版及其相关业务的有2家,从事图书出版和发行的有11家;从上市地点来看,在上海证券交易所上市的有9家,在深圳证券交易所上市的有2家,在香港交易所上市的有1家,创业板上市的有1家。具体情况如表4-1所示。

表4-1 出版上市企业基本情况

股票名称	机构名称	企业属性	行业类别	主营业务	上市地点	上市模式	上市时间
ST传媒	北京赛迪传媒	国有	报刊业	报业经营	深交所	借壳	2000
新华传媒	上海新华发行集团	国有	出版业	图书发行	上交所	借壳	2006
新华文轩	四川新华发行集团	国有	出版业	图书发行	港交所	IPO	2007
出版传媒	辽宁出版传媒	国有	出版业	图书出版	上交所	IPO	2007
时代出版	安徽出版集团	国有	出版业	图书出版	上交所	借壳	2008
皖新传媒	安徽新华发行集团	国有	出版业	图书发行	上交所	IPO	2010
中南传媒	湖南出版集团	国有	出版业	图书出版	上交所	IPO	2010
中文传媒	中文天地出版传媒	国有	出版业	图书出版	上交所	借壳	2010
天舟文化	天舟科教文化	民营	出版业	图书出版	创业板	IPO	2010
浙报传媒	浙报传媒集团	国有	报刊业	报业经营	上交所	借壳	2011
凤凰传媒	江苏凤凰出版传媒	国有	出版业	图书出版	上交所	IPO	2011
大地传媒	中原大地传媒	国有	出版业	图书出版	深交所	借壳	2011
长江传媒	长江出版传媒	国有	出版业	图书出版	上交所	借壳	2011

资料来源:作者根据出版上市企业数据整理。

(一) 出版上市企业情况综述

1. 出版上市企业的上市历程

我国的传媒行业上市，大致可以分为两个时间段：第一阶段是 2000～2006 年的报刊业上市潮；第二阶段是 2006 年以后的图书出版业上市潮。这种上市格局与国家宏观政策密切相关，在转企改制的过程中，报刊出版业率先进行改革，在 2001 年前后就基本上完成了其集团化的改制。报刊业的经营方式也从事业体制向企业体制进行转变，伴随着广告业务高速增长的带动作用，报刊业集团的经营重点也逐渐从报纸、杂志转向了广告业务。因此，将与广告相关的经营业务从报刊业中剥离出来，成了这段时间报业集团主要精力，并且为了市场发展的需要，都相应地成立了股份制公司。正在这个时候，中国证监会发布了《上市公司行业分类指引》(2001)，将传播与文化产业定为上市公司 13 个基本产业门类之一，传媒行业作为一个新星，活跃在当时的资本市场上。借着传媒集团上市热潮的影响，赛迪传媒等以报刊经营为主业的传媒集团走上了上市之路。

伴随着文化体制改革的深入，我国图书出版业的改革也紧随其后，经过市场化、集团化等一系列改革之后，出版集团进入资本市场的条件基本上已经具备，只等待国家政策上的安排。2006 年，新闻出版总署公布了《关于深化出版发行体制改革工作实施方案》，由此在政策上对图书出版企业的上市给予支持。该方案指出，要在新闻传媒类集团改革成果的基础之上，大力推动条件成熟的图书出版和发行集团实现上市，并且明确推荐了 6 家可以上市的出版企业，出现如此积极的政策导向和信号，图书出版业上市的浪潮席卷而来。

首先在 2006 年 10 月，上海新华传媒股份有限公司，简称"新华传媒"，借壳"华联超市"上市，成为首家在境内证券市场上市的出版发行企业。需要说明的是，由于新华传媒借壳上市后没有更改行业分类项，目前它仍在"批发和零售贸易行业"而未在"传媒与文化产业"中。接着，2007 年 5 月，四川新华文轩连锁股份有限公司在香港联交所挂牌上市，成为境内首家在香港上市的出版发行企业。然后，2007 年 12 月，辽宁出版传媒股份有限公司在上海证券交易所上市，成为首家将"内容、广告、发行、印刷"打包整体上市的出版企业，意义重大。再然后，2008 年 9 月，安徽出版集团通过认购"科大创新"定向发行股份，借壳在上海交易所上市，囊括了包括安徽省教材出版中心安徽人民出版社、原科大创新股份有限公司等 15 家出版、传媒企业。而 2010～2011 年，图书出版类企业上市更是达到了高潮，先后有 8 家出版企业上市，远远超过了前一阶段上市企业数量的总和。

2. 出版上市企业上市方式描述

从上市时间分段来看，出版上市企业的上市也可以分为两个阶段：第一个阶段是 2001～2007 年，属于探索阶段；第二个阶段是 2008～2011 年，属于高潮阶段。两个阶段的上市方式也存在很大的差别，这里的上市方式不是指上市融资的方式，而是上市内容的方式，即是分拆上市还是整体上市。整体来看，第一个阶段主要是分拆上市，出版企业主要是通过将经营性资产与非经营性资产分开，实现独立上市。而第二个阶段则是整体上市，出版企业通过产业链的整体组合，将包括内容在内的所有业务打包上市。各出版上市企业上市方式情况如表 4-2 所示。

表 4-2 我国出版上市企业上市方式示意

阶段	上市方式	出版上市企业
第一阶段（2001～2007 年）	分拆上市	ST 传媒、新华文轩、新华传媒
第二阶段（2008～2011 年）	整体上市	出版传媒、时代出版、皖新传媒、中南传媒、中文传媒、天舟文化、凤凰传媒、浙报传媒、大地传媒、长江传媒

资料来源：作者根据出版上市企业数据整理。

根据证监会的解释，分拆上市是指一个母公司通过将其在子公司中所拥有的股份，按比例分配给现有母公司的股东，从而在法律上和组织上将子公司的经营从母公司分离出去。分拆上市在 2001 年前后是我国多数上市公司寻求上市采取的最为普遍的一种形式，这种模式是将上市公司的生产性资产打包上市，可以帮助其更有效地利用市场资源，独立地面向资本市场谋求发展。在早期的上市过程中，出版上市企业采用分拆上市也是有理可据的。一是由于改制的不够充分完全以及资本市场的不完善；二是由于分拆上市便于将涉及意识形态的内容制作等方面剥离出来，等待充分改制和政策调整。另外，这也对出版上市企业的经营造成了一定的不良影响。由于出版企业所采取的分拆上市属于纵向分拆，即只是将出版产业链中的广告、发行等可经营的资产打包上市，而并未涉及与内容相关的资产，这就必然使得出版上市企业产业链发生断裂、资产不完整，由此不利于出版上市企业的产业经营。

针对分拆上市对上市公司经营上造成的断裂，2006 年证监会颁布了《首次公开发行股票并上市管理办法》。该办法通过要求上市公司资产完整，同时在人员、财务、机构和业务上要独立，即通过限制上市公司的独立性，来鼓励企业整体上市。在这种政策的引导下，出版企业开始采用整体上市的方式进行上市。与此同时，我国文化体制改革也已经十分深入，除了少数出版单位保留事业制外，其余出版企业都已经具备整体上市的条件，可以实行整体上市。整体上市对于出版上市企业的全面发展更加有帮助，因其相比分拆上市而言，更加符合资本市场的需求。具体而言，整体上市的主要优势有：第一，整体上市能够将主业优势表现出来，有利于扩大规模效益和整体竞争力，主要表现在出版上市企业通过整体上市重组内部资源，整合产业要素，原有的产业链和业务流程得到优化；第二，整体上市经过对出版企业整体的股份制改造，出版上市企业由单一控股转变为多元控股，而现代企业制度需要建立在股权多元的基础之上，可见实施整体上市可以规范出版上市企业的公司治理结构；第三，整体上市将产业链整合起来，规避了由于分拆上市产生的关联交易，并且资金被集团公司单方面挪用的现象也得到了一定的抑制，使得出版上市企业的管理更加规范。

（二）出版上市企业经营管理评价

1. 出版上市企业管理能力评价

纵观我国国有企业改革的历程，上市助推了国有企业的改革，在我国的国企改制中起到了举足轻重的作用。就出版企业而言，上市有两个方面的意义：一是对出版企业转企改制起到了巩固作用，出版上市企业的体制得以完善，有利于其法人治理结构的规范，有效改善企业的经营管理水平；二是出版企业上市后可以通过资本市场募集资金，从而有能力将产业链进行延长，不断扩大企业的规模，实现出版上市企业规模经济效应。从目前我国 13 家出版上市企业的经营情况来看，这些上市企业在这两个方面都有一定的发展，具体体现在企业的管理能力有了长足的进步。

首先，在公司治理结构方面，13 家出版上市企业上市后的公司治理结构明显比上市前更加完善，企业的经营也更加规范化。长期以来，我国的出版企业由于意识形态的原因受到行政体制的约束，政企不分、政事不分的问题一直困扰着企业，企业的发展受到限制。而 13 家出版上市企业都已经按照上市的要求建立了由股东大会、董事会、监事会三权分立的组织架构，并和经理层形成了有效的相互制约机制，高级管理人员薪酬激励机制和信息披露等相关机制也已建成。这些制度和机制的构建，不但完善了公司的治理结构，而且使得公司的经营更加规范化。

其次，在资本市场方面，13 家出版上市企业通过资本手段对其产业链条进行重构，形成了以内容生产资源、内容加工能力、内容创新能力为核心，以内容的多渠道、多媒介传播为手段的横向价值链。例如，上海新华发行集团在上市股改期间就引入了解放日报集团、文广集团、文艺出版总社和世纪出版集团，它们分别以 34%、10%、10%、10% 的比例担任股东。这些集团公司的入股，丰富了新华传媒的产业链条，完善了其产业结构，拓展了公司业务。

2. 出版上市企业经营财务指标分析

（1）盈利能力分析。盈利能力是指企业获取利润的能力，也称为企业的资金或资本增值能力，通常表现为一定时期内企业收益数额的多少及其水平的高低。盈利能力指标主要包括营业利润率、成本费用利润率、盈余现金保障倍数、总资产报酬率、净资产收益率和资本收益率六项。实务中，上市公司经常采用每股收益、每股股利、市盈率、每股净资产等指标评价其盈利能力。本书选取摊薄每股收益和摊薄净资产收益率两项指标来对出版上市企业的盈利能力进行分析。

摊薄每股收益是指净利润扣除了非经常损益后得到的每股收益，非经常损益指那些一次性的资产转让或者股权转让带来的非经营性利润。从 2011 年出版上市企业财务指标来看，出版上市企业的摊薄每股收益为 0.3237 元，整体收益较低，收益最高的中文传媒，其摊薄每股收益也仅为 0.8515 元。

净资产收益率又称股东权益收益率，是净利润与平均股东权益的百分比，是公司税后利润除以净资产得到的百分比率。指标值越高，说明投资带来的收益越高。对企业外更多的侧重采用全面摊薄法计算出的净资产收益率，即摊薄净资产收益率。从 2011 年出版上市企业财务指标来看，出版上市企业的摊薄净资产收益率均值约为 7.38%，新华文轩、皖新传媒、中南传媒、中文传媒、浙报传媒和长江传媒摊薄净资产收益率较高，超过了 10%，而赛迪传播的摊薄净资产收益率为负值，这主要是因为赛迪传媒主营业务面临重大危机，导致其资产收益水平降低。

从出版上市企业摊薄每股收益和摊薄净资产收益率水平来看，整体行业盈利能力并不高，个别企业甚至出现了亏损。这充分说明出版上市企业所从事的行业多属于传统行业，行业利润率水平不高。

（2）偿债能力分析。偿债能力是指企业用其资产偿还长期债务与短期债务的能力。企业有无支付现金的能力和偿还债务能力，是企业能否健康生存和发展的关键。企业偿债能力是反映企业财务状况和经营能力的重要标志。本节选取流动比率、速动比率和现金比率三项指标对出版上市企业的偿债能力进行分析。

从 2011 年出版上市企业财务指标来看，天舟文化的三项指标数值异常之高，这说明天舟文化有大量募集资金没有使用，企业流动资金利用不充分，收益能力不强。剔除天舟文化之后，出版上市企业流动比率、速动比率和现金比率的平均值分别为 2.1401、1.5891、1.2456。从这些指标数值来看，三项指标数据均高于两市的平均水平，也高于这些指标的理想值。具体来看，除赛迪传媒和新华传媒外，其余出版上市企业的偿债能力普遍较高。同时，这也从侧面说明，出版上市企业募集的资金大量沉积，其现金管理能力还有较大的提升空间。

（3）发展能力分析。企业的发展能力，也称企业的成长性，它是企业通过自身的生产经营活动，不断扩大积累而形成的发展潜能。企业能否健康发展取决于多种因素，包括外部经营环境、企业内在素质及资源条件等。本研究选取净资产增长率、总资产增长率和营业利润增长率三项指标对出版上市企业的发展能力进行分析。

凤凰传媒、浙报传媒、大地传媒和长江传媒于 2011 年底才上市，大量募集资金尚未消化，故其发展能力的三项指标表现异常。另外，赛迪传媒的表现也异常。剔除这五家上市企业的影响，出版上市企业净资产增长率、总资产增长率和营业利润增长率平均值分别为 7.1878%、12.758%、8.8965%。整体来看，出版上市企业的发展能力一般。具体来看，出版上市企业的发展能力表现差距明显，主要体现在上市的时间上，2010 年上市的企业的发展能力指标明显高于 2010 年之前上市的企业，多数 2010 年之前上市的出版企业甚至出现了负增长。这也间接地体现了出版上市企业难以实现规模化、跨越式的发展，其成长性受到了很大的限制。具体数据见表 4-3。

表 4-3　出版上市企业 2011 年主要经营财务指标分析

股票名称	盈利能力		偿债能力			发展能力		
	摊薄每股收益（元）	摊薄净资产收益率（%）	流动比率	速动比率	现金比率	净资产增长率（%）	总资产增长率（%）	营业利润增长率（%）
ST 传媒	-0.096	-23.68	0.5129	0.4962	0.2072	-19.1479	-3.6091	-740.9
新华传媒	0.1727	7.29	0.6929	0.5976	0.3064	10.0204	10.1264	-14.5255
出版传媒	0.1227	4.13	2.6308	1.4988	0.9894	3.1823	4.0945	-63.5982
新华文轩	0.00	11.41	1.414	1.040	—	-0.011	0.0503	
时代出版	0.5391	9.44	2.8900	1.7169	1.0147	8.5571	13.8943	11.0220
皖新传媒	0.4358	10.58	3.4039	3.0517	2.4393	8.8609	4.7983	20.6284
中南传媒	0.4467	10.38	3.0146	2.6586	2.3709	9.9620	11.9581	39.0226
中文传媒	0.8515	12.68	1.5610	0.9133	0.4047	11.7748	49.0214	39.9065
天舟文化	0.3403	6.36	10.0286	9.4388	818.63	5.1555	8.1229	29.8198
凤凰传媒	0.2913	8.57	3.6480	2.8281	2.6889	126.0866	62.2400	3.2657
浙报传媒	0.5075	18.69	1.9921	1.8237	1.5040	686.1807	623.924	1547.11
大地传媒	0.3266	9.40	2.2364	1.4395	0.9875	404913	471961	7475
长江传媒	0.2694	10.74	1.6846	1.0049	0.7882	—	4160	425.76
均值	0.3237	7.3838	2.1401	1.5891	1.2456	7.1878	12.758	8.8965

资料来源：作者根据大智慧财经中心网股票板块（http://cj.gw.com.cn/news/stock/）整理。

(三) 出版上市企业主营业务分析

1. 出版上市企业主营业务构成

众所周知,主营业务是上市公司现实竞争力与未来成长能力最为重要的衡量指标之一,资本市场向来都青睐那些主导业务关联性强且表现突出的企业。按照鲁梅尔特分类法,从出版上市企业的主营业务来看,只有天舟文化和凤凰传媒由单一的业务构成,是专业化的企业。出版传媒的第一主营业务占比大于70%,属于低度多元化企业。其余出版上市企业的第一主营业务占比均低于70%,属于多元化企业。

表4-4 我国出版上市企业主营业务情况

股票名称	主营业务	其他业务	第一主营业务占比(%)	主营业务占比(%)
ST传媒	传媒业务	存储产品	54.62(传媒)	54.62
新华传媒	图书、报刊及其广告	文教用品及其他	47.36(图书)	81.76
出版传媒	图书出版发行	印刷及其他	77.82(出版发行)	77.82
新华文轩	出版、发行业务	印刷及其他	—	—
时代出版	图书出版发行	其他	32.38(教材教辅)	62.81
皖新传媒	图书销售	文体用品及其他	46.25(一般图书)	85.2
中南传媒	图书出版发行	印刷及其他	67.15(发行)	93.6
中文传媒	贸易及其他、教材教辅	图书出版发行	69.25(贸易)	97.26
天舟文化	图书出版发行	无	100	100
凤凰传媒	图书出版发行	无	100	100
浙报传媒	广告、发行	印刷及其他	51.62(广告)	81.96
大地传媒	物资销售、教材教辅	印刷及其他	47.22(物资销售)	81.07
长江传媒	教材教辅、一般图书	印刷及其他	60.28(教材教辅)	91.90

资料来源:作者根据大智慧财经中心网股票板块(http://cj.gw.com.cn/news/stock/)整理。

从表4-4中数据统计的结果可以看出,出版上市企业呈现营业业务种类繁多、经营范围广、主营业务关联性差等特点。出版上市企业的业务多元化发展,究其原因主要有:第一,我国出版业的发展受到了区域和行业的限制,难以形成全国性的市场,规模经济效益尤其是核心业务的规模经济效益的优势体现不出来。例如时代出版,其教材教辅出版发行的比重只占到32.38%,核心业务的不突出严重影响了企业的发展。第二,由于出版业受到管理体制的制约,出版上市企业的核心业务范围就必然会受到一定的限制,如对出版上市企业的股票的限制，设置了非流通股等。这种管理体制的限制导致了如上分析的出版上市企业主营业务特色不鲜明、业务之间的关联度差等特点。特别是有些分拆上市的企业，如浙报传媒，其主营业务集中在广告等出版的边缘领域，导致其核心业务发行业务与其相去甚远。从统计数据中可以看出，新华传媒、中文传媒以及大地传媒等都面临着这样的问题。出版上市企业之所以会出现主营业务特色不鲜明、业务关联度差的问题，主要还是因为部分上市企业采用的都是分拆上市，未将内容制作等业务纳入上市企业。随着文化体制改革不断深入，出版企业通过整体上市，打包其包括内容在内的所有业务上市，这将大大增强出版上市企业主营业务的关联度，推动上市企业健康发展。天舟文化和凤凰传媒就是通过打包其所有业务实现整体上市，使主营业务突出的典型企业。

2. 出版上市企业主营业务地区分布

我国的出版上市企业具有明显的区域性经营特点，这是由于我国出版长期以来受制于区域化的行政管理体制的制约所导致的。从数据统计结果来看，赛迪传媒和凤凰传媒的主营业务收入全部来自本地，新华传媒、时代出版、皖新传媒、中南传媒和浙报传媒在本地的主营业务收入占比也都超过了80%。出版上市企业主营业务区域化的特点，严重影响了上市企业主营业务的规模化经济效应，并直接影响其盈利水平，如表4-5所示。

表4-5 我国出版上市企业主营业务地区分布比例

上市公司	地区	占主营业务收入比例（%）
ST传媒	北京地区	100
新华传媒	上海地区	95.48
	其他地区	4.52
出版传媒	辽宁地区	59.13
	其他地区	40.97
时代出版	安徽地区	85.65
	其他地区	14.35
皖新传媒	安徽地区	94.7
	其他地区	5.3
中南传媒	湖南地区	82.63
	其他地区	17.37
天舟文化	湖南地区	53.56
	其他地区	46.44

续表

上市公司	地区	占主营业务收入比例（%）
凤凰传媒	江苏地区	100
浙报传媒	浙江地区	95.05
	其他地区	4.95
大地传媒	河南地区	53.39
	其他地区	46.61
长江传媒	湖北地区	68.88
	其他地区	31.12

资料来源：作者根据大智慧财经中心网股票板块（http://cj.gw.com.cn/news/stock/）整理。

2009年，新闻出版总署推出《关于进一步推进新闻出版体制改革的指导意见》，其目的就是通过促进出版企业跨区域重组，打破出版上市企业主营业务区域化限制，推动出版产业结构调整。此后，出版业进行跨区域重组的尝试，收到了一定的效果。首先是出版传媒与天津出版集团、内蒙古新华发行集团签订了跨地区合作工作协议，实现了跨区域发展；时代出版紧随其后，与黑龙江出版集团签订重组协定，使其主营业务延伸到了东北地区。这些举措对于出版上市企业跨区域发展无疑起着重要的推动作用。

（四）出版上市企业资本运营分析

1. 出版上市企业融资与投资

从上市融资的情况来看，出版上市企业募集资金的方式主要是股权融资，包括首发和增发这两种方式，这与我国其他上市公司的融资方式和偏好基本相同。从上市募集资金的额度来看，除新华文轩在上市初募集的21亿元资金外，其余出版上市企业募集资金的额度普遍不多。尽管如此，出版上市企业通过募集的资金，缓解了企业的资金瓶颈，为企业业务的发展和产业链的延伸提供了资金保障。

从投资的方向来看，出版上市企业主要的投资方向为渠道建设。例如出版传媒、新华文轩、新华传媒、时代出版和皖新传媒5家上市企业用于渠道建设的资金约为31.85亿元，占其上市募集资金的比例高达71.29%。渠道建设耗费了大量的资金，这说明我国出版业条块分割严重，行业的集中度较低。

综述所述，我国出版上市企业在融资与投资方面存在一定的盲目性。一方面表现为大量的募集资金未能如期投放，资金利用效率较低；另一方面，投资方向偏离出版企业核心竞争力方面，造成大量重复投资。当前，摆在出版上市企业面前的使命，就是充分利用好募集资金，有效地进行资本扩张，形成基于内容提供商的规模化经济效应和加强核心竞争力。

2. 出版上市企业并购与重组

相关统计数据显示，剔除借壳上市所涉及的重大资产交易外，2000~2010年，出版上市企业在沪深两市共发生41笔重大资产交易，涉及金额33亿元，而其中金额较大的几笔交易均为母公司和子公司之间的关联交易。由此可以看出，出版上市企业没有能够有效地利用资本市场的力量来推动其主营业务的跨区域发展和扩张，只是进行企业的内部调整。从出版上市企业的并购行为来看，主要表现为多强弱重组，强强联合甚少；多区域内重组，跨区域重组甚少。如出版传媒对民营出版机构的重组就是强弱重组，新华文轩对四川出版集团的重组就是区域内重组。出版上市企业的这种强弱并购和区域重组，难以实现企业跨越式的发展和资源的优化配置，也难以实现企业的规模化经济效应，不利于出版产业机构升级和调整。

四、出版上市企业上市后存在的问题分析

通过前文对出版上市企业现状的分析发现，上市给出版企业带来了大量的现金资源，企业的经营水平得到了一定的提升，而且推动了出版上市企业现代企业制度的建立。但同时，由于出版产业的特殊性以及出版企业上市的时间比较短，出版上市企业还处在探索阶段，宏观政策层面和出版上市企业本身都还存在这样那样的不足，企业管理和经营能力都需要不断提升。

（一）出版上市企业的外部环境问题

1. 我国出版业的意识形态属性和市场经济属性的矛盾

我国出版业具有两种属性，即意识形态属性和市场经济属性，而且意识形态属性要优先考虑，这两种属性分别对应社会和经济两种效益，因此可以说我国的出版企业具有社会效益和经济效益，并且社会效益要放在第一位。从我国出版业进入资本市场发展的历程来看，不管是改制前的事业单位性质，还是改制后的企业性质，出版业的管理和经营都受到了政府部门行政力量的制约，只不过改制后的出版企业受到行政力量约束的范围少一点。但出版企业仍然还受到计划经济时代的影响，其运营模式还是存在一定的计划性，如在决策方面，政府要进行宏观规划和操作；在资金来源方面，存在出版企业上级部门的政策拨款等。

出版业的意识形态属性和市场经济属性的矛盾也体现在出版上市企业之中。从出版业的意识形态属性来看，它既承担着党和国家的舆论导向的作用，又肩负着文化传播与文化积累的任务。这就要求出版上市企业在社会效益和经济效益的权衡之中，要把社会效益作为根本，一切以政策导向为依据，而其经济效益部分只能兼顾。但是从上市公司的经济属性来看，上市公司必须考虑股东的利益，要将利益最大化摆在首要的位置，实现公司的盈利。因此，这就要求出版上市企业完全地进入资本市场，受市场行为的制约。正因为这种矛盾的存在，出版上市企业的定位就有可能会出现问题。

在意识形态属性和市场经济属性的双重属性原则的指导下，出版业的改革乃至出版上市企业的发展都受到了巨大的影响。从其意识形态属性出发，由于体制改革的深入，完全的行政化管理已经不复存在，政府开始鼓励出版企业上市，但同时也对其有一定限制，比如将内容分离出来不予上市，或即使上市也要保持国有股份占到51%以上，确定国有控股的绝对地位。从经济属性出发，国家虽然支持出版企业采取一定的方式上市，但又限制其完全市场化，这是为了防止因完全市场化而导致的"市场失灵"情况出现。在这双重作用的影响之下，出版上市企业的内容生产和上市公司运作之间产生了难以协调的矛盾，其市场竞争主体地位难以建立。这就导致了出版上市企业的内部运行机制的混乱，没有能够完全达到上市公司的要求。

2. 外部治理机制作用的局限

当今，上市企业经营者不仅要考虑内部利益相关者的要求，还要顾及外部利益相关者的要求。由此形成的现代公司治理结构要求企业朝着内外结合的趋势来发展。企业的内部利益相关者当然就是股东，而外部利益相关者则包括一般股民、其他大中型投资者以及投资机构等。在国外，外部治理机制主要通过三种力量来发挥作用，即外部市场投资者"用脚投票"，中介机构和银行系统的信用机制。其作用机理主要是：当企业出现运营问题时，对其运作最为敏感的市场投资者会选择抛售手中的股票，企业会因为股票市场的动荡而引起其股票价格的下跌，这样的信息被中介机构和银行获知，它们便会中止该企业的资金流通甚至发布信用危机，通过这些方式，给企业的经营者造成压力，促使经营者改善其公司经营。而在我国，考虑到出版业的特殊性质，其国有股"一股独大"的性质很难在短时间内改变。因此，外部市场投资者"用脚投票"的作用几乎发挥不出来。另外，我国也没有形成良好的信用机制，缺乏对出版上市企业的信用约束。

针对出版企业的改制和上市，目前政府部门已经出台了很多相关的政策法规，并且提供了多项通道和优惠，尽管如此，政府对出版企业还是有着一定的限制，主要体现在内容上，这主要是政府出于对社会舆论的导向以及防止外界资本对舆论导向的干扰考虑的。这样一种限制使得我国出版上市企业的业务范围基本都不涉及内容领域，只是将其发行广告等业务进行上市，而将其采编经营业务拆分开来。另外，资本市场上还没有针对出版企业的法律，尤其是针对出版上市企业的法律。这种法律上的空白，再加上出版企业上市方式的畸形化，使得出版上市企业在资本市场上没有竞争力而且竞争混乱。

3. 不成熟的证券市场对出版上市企业融资的负面影响

从目前来看，我国出版业上市的制度因素和出版业融资的金融环境大致上已经具备。然而我国的证券市场相对来说发展不够成熟，出版上市企业的融资因此也会受到一定的负面影响。

首先，我国的股票市场先天不足，发育不成熟。2001年4月，中国证监会发布新版《上市公司行业分类指引》，将传播与文化产业作为上市公司13个基本门类之一，出版业则从传媒类中单独放出来，作为传播与文化产业的一个子类，这对促进出版上市企业利用资本市场进行融资具有十分重要的现实意义。但是我国的股票市场是在不发达的市场经济的基础上发展起来的，相应的监督管理机制也没有能有效地建立起来，因此股票市场缺乏管理和调控。股票市场的这种不成熟表现使得股市的投机性增强了，信息的透明性降低了，这对迫切想利用股票市场进行资本运作的出版上市企业来说，无疑是一种束缚，增大了融资的风险性。

其次，金融中介机构发展不规范。对于出版上市企业来说，要进行上市融资就需要有中介机构，而证券公司作为出版业与金融市场之间的纽带和桥梁，是最为重要的中介机构。出版上市企业只有借助证券公司才能有效地进行融资。然而，由于我国的证券市场从建立开始就不是很完善，再加上2006年牛市效应的吸引，证券机构的需求量猛增，证监会对申请中介机构的条件放宽，使得很多不符合要求的证券公司纷纷进入证券市场。这又加剧了证券市场的内部混乱，进一步妨碍了出版上市企业利用证券市场进行融资。

（二）出版上市企业内部存在的问题

1. 严重依赖教材教辅的出版和发行，政策风险不断增大

从前文对出版上市企业的主营业务分析中可以看出，大部分出版上市企业在图书出版方面，很大一部分都是教材教辅的出版和发行。正是因为上市公司对于教材教辅出版和发行的依赖性很大，所以，对于教材教辅影响比较大的政府采购、循环教材、教材出版发行招投标等政策因素，无疑与出版上市企业的发展有着直接而又密切的关系。

2008年，教育部规定：农村义务教育阶段的学生教科书由政府统一采购，免费发放给学生。政府的统一采购行为，使得出版上市企业教材教辅的销售规模

不断增加，例如新华文轩在四川省内的教材教辅收入就增长了16.9%。但同时，由于是政府采购，其让利幅度也会比较大。相应地，利润的增长也不高甚至有所减少。例如，出版传媒的教材教辅出版在实行政府统一采购后，其毛利率同比下降了1.4%，发行的毛利率同比下降了0.65%。

循环教材是借鉴欧美国家经验而推行的一种环保、节约的教材使用方式。教材经过了循环使用，会大大减少新教材的销售量，没有了新教材教辅的销售，出版上市企业的收入和利润受到了一定的影响。出版企业对于循环教材的推广颇有争议，多数依赖于教材教辅出版和发行的上市企业都寄希望于政府部门的政策调整。如此依赖于政府部门的宏观政策，对于出版上市企业的发展是极其不利的。

同时，出版上市企业在教材教辅出版和发行方面还受到招投标的政策影响，存在一定的隐性风险。目前各省份的教材出版发行权，主要还是由地方的出版发行集团获得。随着出版业跨区域发展和产业链改革的不断深入，对于教材的出版发行权的政策条件必将放宽，出版上市企业所赖以生存的地方优势也会减弱，外省大型出版上市企业的进入以及民营发行企业等其他行业的介入，势必会使以教材教辅出版和发行为主的出版上市企业受到巨大的冲击。

时代出版和中文传媒等严重依赖教材教辅出版和发行的上市企业，如果不进行结构调整，降低对教材教辅的依赖性，上述任何一项政策的改变，都会对它们的盈利能力和成长能力产生严重的影响。

2. 出版上市企业公司治理结构尚不完善

根据《证券法》和《公司法》的相关规定，出版上市企业在上市前都进行了改组工作，并完成了证券市场对于上市所需要的一些准备工作。在经历了这些之后，出版上市企业在资本市场的融资能力和财务管理能力得到了加强，其联合、兼并以及重组等业务水平也出现了大幅度的提升。尽管如此，从目前已经上市的出版上市企业来看，部分出版上市企业的仍未建立起现代企业制度，也没有完善的法人治理结构，出版上市企业大多是带着计划经济体制的尾巴进入资本市场的。因此，表面上看出版企业呈现出一派繁荣的上市景象，实则面临着诸多的发展困境，其不完善的公司治理结构，也将会对出版上市企业的发展形成无形的障碍。

从我国出版上市企业目前的运行情况来看，其公司治理结构还不够完善，具体表现在以下几个方面：

（1）公司运作机制不高效。部分出版上市企业虽然都完成了企业化的改制，建立了公司制企业的管理框架和法人治理机构，但事实上这些制度和管理机构并没有真正在上市企业中实行，取而代之的还是计划经济体制下的旧的管理机制。出版上市企业还未真正意义上摆脱上市前的运行体制的束缚。

(2) 法人治理结构不科学。上市公司的治理结构应该是决策、执行、监督三者之间形成制衡的机制，这样的法人治理结构才算得上科学。由于出版上市企业还保留着行政授权和权利运作的行政化机制，有些出版上市企业虽然在决策层上建立了董事会，在执行层面有经营管理班子，在监督层上建立了监事会，但三者之间关系复杂、高度重合、联系紧密，使得董事会和监事会形同虚设，公司的治理结构不能发挥应有的制衡和监督作用。

3. 出版上市企业缺乏核心竞争力，对资本市场吸引力较弱

在世界各大交易所上市的公司中，图书出版上市企业相对于其他行业来说数量并不大。国外选择上市的出版企业也都是规模经济效益较好、业务齐全、实力较强的大集团。之所以产生这样的情况，是因为上市公司要依靠资源和产品来吸引市场，而出版业的市场价值大多表现在难以进行预测和评估的著作权、版权等无形资产方面，没有标准的尺度来进行测量。因此，无论是国外图书出版业还是国内图书出版业，无论是传统图书页还是现代书业，都不是一个高回报的行业。与其他商品相比，图书的市场竞争能力相对较弱。

在大部分出版上市企业的图书出版模块里，教材教辅都是重要的组成部分。而教材教辅的需求量毕竟有限，发行范围也很窄，而且受政策的影响也很大，资本市场对其持续盈利能力的信心不足，因此对其投资会非常谨慎。有些通过借壳上市的出版企业，仍然保留着借壳公司的部分业务。这些业务与出版上市企业的核心业务关联度差，这使得上市企业的主营业务不突出，业务种类杂乱。过多的无关联业务分散了企业的资金，主营业务的竞争力突显不出来。

在出版业涉及资本市场的初期，出版上市企业只能在发行这一方面上市融资，以内容为核心的出版企业在资本市场上毫无竞争力，很难吸引资本。出版集团争取经营性资产上市的目标，是将整个集团做大做强，而要想做大整个集团，就一定是要把内容生产做大做强，将内容生产一起上市，而不仅仅是发行方面的经营业务上市。而目前来说，只有凤凰传媒和天舟文化等少数几个出版上市企业是将内容等业务整体上市的企业，大部分出版上市企业还未将其内容生产体现出来。

4. 出版上市企业抵御金融风险能力较差

国内出版板块的上市公司主要是通过外部融资方式来完成资本规模的扩张，而发达国家的上市公司更多地是依靠自身的资本积累来实现企业的可持续发展。分析其原因，可能是由于多数出版企业从事业单位向企业转制的时间还比较短。改制之前，出版单位经营所需要的资金大多由政府部门提供；改制之后，出版企业更多地要依靠市场来筹集资金，其内部资本积累严重不足，远远不能满足公司的发展需求。因此，出版上市企业要更多地通过发行股票、配股、债券、银行借

贷等外部融资方式来筹集资金。

出版上市企业具有明显的股权融资偏好，具体表现在它们的融资行为中。拟上市的出版企业在上市之前，有着极其强烈的愿望去寻求股票的发行并期望能够成功上市；出版企业上市之后，往往首先考虑的是配股或增发等融资方式，非到不得已才会选择债务融资，并且更倾向于债务融资中的短期借款，而长期借贷则是最后才会考虑的方式。这充分说明，我国出版板块上市公司的净现金流量严重不足，所以公司希望通过大量的短期债务来维持正常的运营。一般而言，短期负债比例占总负债一半的左右较为合理，偏高的流动负债水平将增加上市公司在变化多端的金融市场环境中的风险，如利率上调、银根紧缩时，企业资金周转出现困难的可能性增大，从而增加了上市公司的信用风险和流动性风险。

目前，我国出版上市企业在资本市场上主要存在以下两方面的风险。一方面，部分出版上市企业是通过借壳或者买壳的方式实现上市的。借到的壳不一定是好壳，这存在一定的风险；又因"壳"资源的稀缺性和人为的干预，"壳"价昂贵，容易带来高成本的融资风险。另一方面，出版上市企业存在着关联交易风险。多数通过借壳上市的出版企业，其上市的部分本质上来讲并不是公司的主体部门，而是这个上市公司背后的出版企业，而上市企业又必须将其与之联系起来，因此关联交易的可能性非常大，其上市部分的公司利益难以得到保证。我国出版上市企业融资还处在探索阶段，对股市风险还没有全面、准确的认识，因此出版上市企业应该从业内外的上市公司中吸取经验和教训，增强股票市场的风险意识和防范意识。

另外，出版上市企业对应对上述风险方面并没有做好充分的准备，对风险的评估也不到位，对核心竞争力、上市后经营管理方法以及投资回报率方面的研究做的还不够深入，再加上出版上市企业内部也缺乏相应的金融管理人才，如何提高抵御金融风险的能力，对出版上市企业来讲仍是个难题。

五、促进出版上市企业发展的对策性思考

目前我国出版上市企业应该注重按照《公司法》及证监会的有关要求进一步强化规范化管理，特别是完善公司治理结构和制度；增强经营能力和盈利能力，增强为股东负责的责任感。同时，出版企业上市在我国出版业发展史中是一项具有某种突破性意义的改革，且出版上市涉及的面比较广，需要政府的扶持，为出版上市企业的进一步发展营造一个良好的外部环境。本部分将在前文论述的

基础上，分别从宏观和微观两个层面上就如何促进出版上市企业的发展提出一些对策和建议。

（一）宏观方面的对策性思考

1. 处理好出版上市企业意识形态属性和经济属性的关系

我国的出版上市企业除了要满足一般上市企业的盈利目的外，还具有鲜明的社会责任。出版业担负着文化传播的重任，出版业的意识形态属性较为明显。但同时，作为上市企业，出版上市企业必须要为股东盈利，要遵循国家关于上市企业的管理规则，要满足证监会对上市企业的监管要求。出版上市企业的运作必须规范，管理方式必须满足现代企业的管理要求。因此，必须正视和摆正出版上市企业两种属性的关系，这对于出版上市企业的发展具有十分重要的意义。

（1）必须正视出版上市企业具有了两种难以调和的属性，即出版业意识形态属性和上市公司的经济属性。出版上市企业的意识形态属性是出版业的独有属性，其独有属性致使出版上市企业与其他上市公司不同。出版业作为文化传播的载体，就被要求尽可能地服务于公众，对于利益的追逐不可避免地要退居于次要地位。而作为上市企业，出版上市企业必须要满足于股东对于利益的追逐，对于利润增长的追求。因此，两种属性间的冲突和困扰，时常制约出版上市企业的发展。出版上市企业在经营中过于偏向经济属性，过度追逐企业利润必然会致使其社会责任感的损害。然而忽略经济属性、不顾企业经营的成本和收入又会致使企业成本过高，损害股东利益，导致出版上市企业在经营过程中难以为继。

（2）必须意识到出版上市企业两种属性在冲突中合作，在对立中互利的关系。经济基础决定上层建筑，出版上市企业作为文化传播的载体和舆论导向的喉舌，只有实现了经济上的独立，才能摆脱某一集团和个人的控制，才能更好地发挥社会、公众所赋予的社会责任，在舆论宣传的文化传播中不偏不倚，立场公正。同样，作为文化传播的载体和社会舆论的喉舌，出版上市企业所具有的社会影响力和良好的企业形象都会为其带来巨大的利益，帮助出版上市企业实现其作为上市公司的利益诉求。

因此，只有协调好出版上市企业两种属性的关系，使两种属性均衡发展，合作互利，才能使两种属性真正实现良性互动。在处理这两者关系，充分发挥政府宏观调控作用的同时，更要重视市场机制的调节作用，只有这样才能使出版上市企业在坚持国家和公众赋予的社会责任的前提下，实现社会效益与经济效益的协调发展。

2. 加强政府对股票市场的监管，为出版上市企业融资提供中介服务机构

出版企业上市的根本目的就是借助股票市场的融资能力，帮助出版企业做大

做强。我国股票市场经过多年的发展,已经日趋成熟和规范,规模也在不断地壮大。这为出版上市企业的进一步发展提供了较为有利的资金保障和广阔平台。但受到原有的计划经济体制的影响,也由于我国股市发展的年限较短,运作仍然不很规范,因此很多问题在股市的持续运作中不断地暴露出来。例如高价发行、高比率配股、国有股减持定价不合理、垃圾股包装上市、信息披露失真、内幕交易、财务欺诈和关联交易等,这些问题的存在极大地损害了股民的利益,使得股市在股民的眼里成了某些不良公司和特权阶层"圈钱"的工具。这大大打击了股民投资的积极性,也致使股票市场内资金日渐减少,并出现"劣币驱逐良币"的现象,导致股市不能很好地发挥资源配置的作用。

股票市场运行机制的缺陷也加大了借助其进行上市融资的出版企业的运营风险,因此,加强政府对于股票市场监管职能,已成为完善我国出版上市企业融资工作中所必须解决的重要问题。本着这个思路,应该采取如下措施:一是通过逐步完善《证券法》、《公司法》等法律,以加快证券诉讼、民事赔偿方面的法律法规的研究制定,加大监管力度,完善相关配套的实施细则和操作办法,使证券诉讼、民事赔偿有法可依,加大查处操纵股价、侵害投资者利益行为的力度,杜绝不合法的市场行为,真正发挥股票市场融通资本、配置资源的作用;二是提高市场透明度,本着"公平、公开、公正"的原则,提高上市公司的质量和可信度,增加投资者对股票市场的信心;三是在股权分置改革的基础上,进一步处理好国有股股东和流通股股东在国有股流通问题上的利益问题,规范非流通股的减持行为,以维持股票市场的稳定,减少其非理性波动。

另外,由于上市融资的主要内容涉及资金融通、资产重组和产权交易,其本身是一项极为专业、系统和复杂的活动。由于出版企业的上市融资在我国尚处于起步阶段,许多出版上市企业不具备这方面的专门部门或人才。因此,出版企业上市融资的成功,需要专业的中介机构根据其行业属性,为其提供信息、咨询、评估、策划、财务、法律等方面的专业服务,以提高其进行上市融资的效率。对此,政府需要采取积极措施,大力鼓励信息咨询公司、会计师事务所、律师事务所、资产评估机构、证券公司和保险公司等中介机构拓展针对出版业的专门服务,并对其服务进行规范,以提高其职业道德和服务质量。

3. 完善信息披露机制,加强对出版上市企业募集资金的管理

出版上市企业在股市中可以募集到大量的资金,其目的是为了追求企业的进一步发展。出版上市企业在使用募集到的资金时,如果是为了顺应日益变化的市场潮流,并能实现股东价值的增值,而改变部分募集资金的使用方向,也是无可厚非的。但我国证券市场仍然存在着很多问题,证券市场的市场化改革仍在进行中,对于上市企业的监管力度仍然不是很大,如果有关部门不能建立起对于上市

企业募集资金的有效管理制度，就会导致对出版上市企业募集到资金的使用情况监管不力，可能会出现资金不同程度闲置、资金使用方向不明、被大股东挪作他用甚至被肆意侵占等行为，这会直接影响募集到的资金使用效率，并大大增加了出版上市企业的运营风险，有损出版上市企业的公众形象，损害股民的利益，甚至会使公司运营难以为继，严重影响出版上市企业的健康发展。

在国外成熟的证券市场环境中，上市公司对股权融资非常慎重，一般将其作为投资项目融资方式的最后选择，因此投资项目变更的情况并不多见。同时，由于其市场功能完善，上市公司股价与公司业绩、投资行为息息相关，上市公司即使进行募集资金投向变更，也主要是基于利润最大化和股东价值最大化的角度出发而进行的审慎变更，监管部门无须对此进行特别监管。但在我国证券市场市场化改革尚未到位的情况下，如果证券监管部门不能对出版上市企业建立起有效的募集资金管理制度，就可能导致其资金在使用过程中出现投向变更频繁、不同程度闲置、被大股东肆意占用及被挪作他用等种种问题，这直接影响到募集资金的使用效率，增加了企业的经营风险，侵害投资者的利益，并最终影响整个出版产业的健康发展。

加强对出版上市企业募集资金管理，关键在于要加强对其资金使用情况的监督，这除了需要政府在政策上予以规范外，更需要出版上市企业建立完善的市场信息披露机制。当前，出版上市企业募集资金使用情况的披露途径一般是企业年报，但年报数据存在着关键信息不够透明、资金使用情况较为模糊等特点。这种披露周期相对较长且信息披露方式较为单一的做法，很难使股民对出版上市企业的资金使用情况做到较为准确、及时的了解。募集资金所产生的投资业绩往往决定了出版上市企业的内在估值，其募集资金的使用进度、投向及项目的可行性等问题，也都直接关系到对出版企业价值的发现和投资风险的控制。可以说，募集资金的使用情况越透明，披露周期越短，就越能使投资者做出准确判断，从而尽可能地规避投资所存在的风险。现在通行的做法是采取定期报告的形式，在定期报告中以较短的披露间隔周期来反映出版企业募集资金的使用情况，能使投资者易于辨别出版企业是否纯粹以"圈钱"为目的进行上市融资。同时，那些实际投资进度缓慢，频繁变更募集资金投向的问题也将及时在定期报告中体现出来，这有利于证券监管部门做出相应的反应，更好地对出版上市企业不符合市场准则的行为进行纠正。

（二）微观方面的对策性思考

1. 构建和完善科学合理的公司治理结构和制度

（1）建立完善的董事会机构。在构建治理机构时，董事会尤其重要，作为最高权力和决策机构，出版上市企业的董事会成员应该包括上级主管部门、国有资产管理部门的代表以及出资方。他们一起行使所有者的权利，履行所有者的义务，为企业的生存发展出谋划策。只有形成完善的董事会制度，才能确保出版上市企业的发展方向以及投融资过程不偏离正确轨道。也只有加强董事会的建设，才能对总编辑和总经理进行有效的监督和指导，避免"内部人控制"的现象，防止某些管理者为了追求个人利益而做出不利于公司发展的短期经营行为。

（2）形成职业经理人制度。随着市场的激烈竞争，只有职业化、专业化的公司才能得到长足的发展。总编辑和总经理作为出版企业的领导人要具有高标准的职业操守、职业道德、职业观念和职业素养。在出版企业中总编辑负责把握出版物的内容质量，总经理保证公司战略的实现和重大项目的执行，实现资产的保值增值。将他们培养成职业化的领导是出版企业增强企业的竞争力，是谋求长远发展的必由之路。

（3）采用内外结合的机制设立监事会。成立监事会是为了保证公司正常有序、有规则地进行经营，确保公司决策正确和领导层合法执行公务，防止出现滥用职权，危及公司、股东及第三人的利益的情况。监事会分为外部监事和内部监事两种。外部监事主要由政府主管部门、国有资产管理部门、审计部门的人员组成，也可以聘请专业人士担任外部监事；而内部监事则从职工中选择，他们能从公司内部观察经营者的行为。与此同时，为了保证监管的公正性，监事会中的所有成员都不应在出版上市企业中担任任何行政职务。

（4）出版企业的治理结构须符合自身的特殊性。由于出版行业的特殊性，出版上市企业的治理结构不能完全照搬工商企业治理结构"股东会—董事会—经理层"的模式。出版上市企业为了保证企业的社会效益，防止管理层基于商业目的而过度干涉编辑业务，同时也要避免广告商的类似干预，所以在治理结构上，企业必须保证编辑部门的相对独立性，可以考虑设立编辑部门与经营部门两大系统。

2. 确立股权结构，对出版上市企业进行分权治理

从出版上市企业的实践来看，不论是集团资产整体上市，还是集团一部分资产形成子公司先行上市，都必须通过股份制改革，形成多元投资主体的股权结构。因此，上市公司在法律上不仅要受《公司法》的约束，而且要遵守《证券法》、《上市公司治理规则》等其他法规，接受国家证券监管机构的管理。出版集团作为控股大股东，除了要保障母公司的权益，确保资产保值增值，还必须严格按照法律规定，严守其出资额的权利与地位，消除第一大股东的越权现象，保护全部股东的利益。

（1）确立管理新理念，依法履行大股东职责。上市以后，大股东出版集团

首先要认清自己的控股股东地位，在管理思路上不能再沿用单个企业内部对子公司直线型控制的老路子上；在管理职能上要实现由集团自身管理向控股型公司管理的转变；在管理方法上要按照上市公司管理模式和公司章程要求发挥大股东职能。这都依赖大股东出版集团在管理观念、管理知识和管理水平上的提升。

（2）确立管理新关系，充分尊重出版上市企业的经营自主权。首先需要明确出资人与被投资企业之间的关系，大股东出版集团有责任和义务按照法律要求维护出资人的合法权益，出版上市企业通过加强经营管理、完善产品结构等方法，确保全体股东的整体利益。同时，大股东出版集团与出版上市企业都是依法设立的独立企业法人，在法律上享有平等的关系。出版上市企业首先是一个公众公司，大股东出版集团要规范自身行为，严格依法行使出资人的权利，切实履行对上市公司及其他股东的诚信义务，不直接或间接干预上市公司生产经营活动，确保上市公司的独立运作，尊重出版上市企业的经营自主权，维护中小股东的合法权益。

（3）确立管理新模式，建立出版上市企业独立自主的运作体系。要根据上市公司章程的规定，切实完善上市公司股东大会、董事会、监事会和经营层"三会一层"的法人治理结构。以时代出版为例，时代出版与安徽出版集团根据要求将业务、人员、资产、机构和财务等方面严格分开。为了保持上市公司的独立性，重组后，原上市公司完成了工商登记变更、证券简称变更、资产过户等工作，对大股东出版集团与出版上市企业进行严格区分，时代出版具有完整的业务体系和直接面向市场独立经营的能力。在实际经营运作过程中，时代出版的经营业务、机构运作、财务核算独立并能够单独承担经营责任和风险。企业内部的董事会、监事会和内部管理机构均独立运作，确保重大决策能够按照法定程序和规则要求形成。

（4）确立管理新职能，发挥大股东出版集团的综合效用。要按照法定框架，重新确定大股东出版集团对上市公司的管理内容。大股东要通过上市公司的股东大会、董事会来行使控股集团对上市公司享有的股东权利、展现自己的意愿，防止行使超出自身法定权利的管理权力的情况。作为出版类企业，安徽出版集团对上市公司时代出版主要行使导向管理、平台发挥、适度增持股权三大作用。首先是加强导向管理。导向是出版类企业的生命线，必须坚持把握出版导向不动摇。大股东出版集团在出版导向方面对出版上市企业必须进行强有力的引导，保证正确的出版方向。其次是发挥平台作用。大股东出版集团是上市公司的项目蓄水池和产业孵化器，是上市公司的品牌打造平台、资源聚集平台和产业嫁接平台。最后是适度增持股权。大股东集团发挥资本优势，以产业预期和资本信心为基础，适时、适度增持上市公司股票，提升上市公司的市场影响力。

3. 实施品牌战略，打造出版上市企业的核心竞争力

外语教育与研究出版社前任社长李朋义在回顾中国出版业发展历程时谈到，中国出版业竞争主要分三个阶段：第一个阶段是20世纪80年代计划经济时期的品种竞争，或者说产品竞争。当时资源是由国家配置，纸张等出版资源都是稀缺品。在这种局面下，谁能印出书来谁就占有了市场。第二个阶段是90年代的市场竞争。在市场经济时代，资源配置由市场完成，同时出版社数量较80年代有了较大增长，图书品种更加丰富。这种情况下选题策划好、市场意识强、商业模式新颖的出版社成为市场的主体。进入21世纪之后，出版市场的竞争进入了第三个阶段——品牌竞争。在品牌竞争阶段，我国出版上市企业在制定并实施品牌战略的过程中，必须构建以品牌创建、品牌维护和品牌延伸为内容的品牌经营框架体系，对市场进行准确定位、精心选择品牌元素、科学制定市场营销策略以及开展富有成效的营销传播活动，从而在消费者心目中形成独特的、鲜明的和积极的品牌认知，树立出版企业自身的品牌形象。

（1）创建出版上市企业的品牌。现代市场环境中，上市本身就是一个获得社会关注、提高知名度的过程，因此出版企业应当结合上市这个契机，对市场进行准确定位，提高品牌创新能力，打造新的品牌。例如以图书发行为主业的四川新华文轩在实现上市后，其首先依托"新华"这一老字号品牌，再结合市场发展的特点对传统的新华书店经营模式进行再造，通过打造"文轩模式"这一连锁模式，使多元化的大众图书门店以"文轩"为品牌，影音产品门店则以"时代新华"为品牌，通过建立一系列的连锁品牌模式，从而创建了自己的品牌识别体系。

（2）维护出版上市企业的品牌。市场竞争如逆水行舟，不进则退。出版上市企业在完成品牌创建后，只有持续不断地对品牌进行维护，并不断形成品牌附加值，才能使品牌具有生命力。辽宁出版集团作为中国出版业"走出去"的领军企业，在品牌的建立和维护上形成了其具有特色的产业化、商业化的发展道路和经营模式，并在国际图书贸易领域中创建了自身的品牌。在出版业，版权出口是目前图书"走出去"广泛采用的方式，即相当于工业领域的技术出口，在出版贸易链条中交易行为则更为简单，产品的最终表现形态、定价权、渠道被版权买入方享有，虽经营风险小，但收益较单一。而成品书出口是形成品牌附加值的另一种形式，但成品书出口贸易是图书实物出版后直接在国际市场销售，对成品书出口方的要求更为严格，需要对翻译投入、渠道掌控等更多元和复杂的出版要素进行整合运作，并承担作为产品生产者的一切风险，但其经济收益更为可观，产品出口所形成的品牌附加值、市场附加值也更为持续。而辽宁出版集团就通过上市融资而整合了各种出版要素，并且在开展成品书出口贸易过程中，改变国内

其他产业走向国际市场靠低人力成本和低原材料成本来打开国际市场的"价格竞争"模式，而采取逐步通过产品内容创新、掌握自主的国外市场营销渠道等方式，围绕内容的不可替代性等产品的"价值竞争"作为突破口，从而提高国际出版市场对中国图书商品的关注度。成品书直接出口国际市场能力的提升促进了公司品牌和形象的国际化，这也是辽宁出版集团在"走出去"战略中成功进行品牌维护的重要标志。

（3）延伸出版上市企业的品牌。品牌经营的目标就是通过品牌创新，谋求更高的市场份额和更大的利润，为此必须增加、扩张品牌作用空间。当品牌成为企业在市场中的名片时，企业就可借助品牌优势，通过品牌延伸、收购兼并等方式，积极而又稳妥地扩大品牌规模，并将现有品牌名称扩展到新的产品和新的市场，扩展品牌的作用范围，获取更大利益。

4. 提高资本经营水平，增强出版上市企业抵御金融风险能力

通过上市，出版企业确实获得了可用于中长期发展的大量资金，但如果不提高经营管理水平，则很难形成持久的盈利能力和竞争能力，若企业业绩下滑而使得股价下挫，不仅国有资产保值增值的目标难以实现，也增加了出版企业的市场金融风险。因此，提高出版上市企业的经营水平、增强抵御金融风险的能力是完善出版企业上市融资工作的保证。

（1）加强控股子公司的财务管理。由于当前出版上市企业多为出版发行集团，如何对通过收购兼并等资产重组方式将新并入的企业实施财务重组，尽快实现与母公司的财务管理的要求一致，以实现财务信息的顺畅，成为其亟须解决的问题。在这个问题上，国外一些跨国传媒集团对于子公司的财务管理方式则值得我们借鉴：首先，集团会设计一个完善的、科学的财务报表，下发给子公司，要求子公司财务按照统一的标准提供各自财务报表。通过财务报表，可以管理子公司的业务，发现问题并及时处理；其次，集团对子公司的财务权限进行一定的限制，子公司签署合同的金额必须要有上限；再次，母公司要定期对子公司的财务管理进行审计，派专人到子公司了解业务情况和部门运营流程，与经理层进行沟通，从实际调查中审核子公司财务。

（2）加强预算编制，对成本及费用进行科学管控。出版上市企业要在经营管理上实现粗放型向节约型转变，就必须加强预算编制，以科学的方法实现对成本与费用的管控。在国外成熟的市场经济条件下，出版企业十分重视建立在销售基础上的预算编制工作。在预算的实施过程中，优秀的企业能随着市场形势的变化及时调整预算（如实行滚动预算等），采取多种应对策略，以最大程度地适应市场，实现利润的最大化。有了严格的预算制度，公司在经营活动中便能够科学地进行成本和费用控制，例如"美国新闻集团有100多个广告员，分布在国内各

地，他们从属于集团的 CFO（首席财务官）或 COO（首席常务行政官）管理。在广告业务员的交际费用管理上，根据预算，每个广告业务员会有一定额度的交际开支，财务部门会定期核查，通过预算控制来避免不当费用的发生。交际费控制好的广告业务员年底还可以拿奖金"。

（3）进行有效的现金流管理。现金是企业的生命，是衡量企业偿债能力的重要指标。如经营活动不能产生通畅的现金流，将会严重影响企业的进一步发展，甚至会导致债务危机。反过来，企业若长期持有大量现金，也会增加巨大的机会成本，不能给股东带来丰厚的投资回报。因此出版上市企业的财务部门必须对风险投资、现金管理以及银行利率等非常熟悉，通过编制现金预算，及时了解企业未来一定时间内现金的预计流动情况，利用闲置资金进行期限较短的投资，让企业的资金在每个时段都发挥最大价值，创造最大化的利益。

（4）加强应收款项管理。随着市场经济程度的日益提高，在以买方市场特征为主的竞争环境下，信用营销已成为企业扩大市场份额经常采用的手段。出版企业为了扩大销售，提高图书及音像电子产品的市场占有率，把产品赊销给客户已经成为十分普遍的现象。但是由于缺乏科学的信用管理，一些出版企业常常被动、盲目地向买方赊销，造成了大量的应收账款。对于出版上市企业而言，应收账款数目占流动资产比例过大、应收账款周转天数过长会造成资金运转不畅，不利于资本结构的优化，增加了潜在的经营风险。长期的应收账款必然导致大量坏账的出现，从而进一步增大成本、减少利润。另外，大量的应收账款还可能因涉及诉讼存在潜在的损失，而使出版企业陷入难以自拔的境地。因此，出版上市企业应加强应收款项的管理，采用适当的方法使应收账款及时变现，如在签订销售合同后主动联系银行或中介机构，通过合理的成本出售应收账款，就能迅速筹措到短期资金，以弥补临时性短缺；也可以考虑用应收账款抵押借款筹集资金，达到用应收账款融资的目的，快速收回被买方所占用的资金，使其再次转换为企业的营运资金。

（5）在进行外源融资的同时，加强内源融资，优化资本结构。资本结构优化是一项复杂的工作，出版上市企业在实际的运营过程中，应把资本结构的影响因素尽可能地全面考虑，并在此基础上结合自身的实际情况对资本结构加以调整。这对于企业最终实现资本结构的优化，增加企业价值有着积极的意义。纵观中外企业的发展史，企业的发展壮大在很大程度上依赖于自身的积累，而不是仅仅指望所有者追加投资、债权人恩惠及政府赦免等。虽然外源融资可以大大提高资源配置效率，对社会的宏观资源配置和单个企业的微观经营都极为重要，但这并不意味着可以忽视内源融资。内源融资是外源融资的保证，而且其能力衡量着后者的规模和风险。因此出版上市企业应该积极进行自我"造血"，而不是只靠外部"输血",按照《公司法》和公司章程的要求,及时足额地投入资本金,并不得任意抽逃资本金,以确保公司生存的基本来源。在资金运用过程中,要充分使用自有资金,减少自有资金的闲置和低效使用状况,提高资本使用经营效益不佳的局面,从而使企业的资本结构逐步走向优化。

六、结语

无论是对于出版行业还是其他行业的企业来说,上市都只是一种筹集资金的手段,并非目的。出版企业上市的目的在于通过以媒体的优势吸引各界资本,打造出版业的核心竞争力,使出版上市企业成为多元化、综合性的大型出版集团。

我国出版上市企业目前正处于国内外新闻出版竞争激烈、新技术日新月异、国家政策仍有限制却在逐渐放宽的历史机遇期,虽然出版上市企业因其特殊的双重属性仍受到行政力量对其经营和管理的干预,出版上市企业也存在诸多问题,但突破既有界限、实现包括出版在内的文化产业繁荣大发展的趋势是肯定的。这就需要国家、社会、出版单位、出版从业者等从政策法规、出版管理和运营机制等多个层面互相合作、共同努力。

对于出版上市企业如何有效管理与经营,如何有效进行资本运作,以实现通过上市实施出版业跨越式发展的初衷和目标,对于中国出版业而言,是一个全新的课题。本章通过对出版上市企业现状的分析,总结其上市后遇到的问题,提出了相应的对策和建议。但限于篇幅和作者的学术水平,对有关问题的分析还不够深入,对出版上市企业面临的问题也未能顾及全面。诸如出版上市企业对现行管理体制、运营方式如何与资本市场要求对接,出版行业的信用状况如何适应资本市场要求,企业发展速度能否满足资本回报要求,在融入资本市场以后如何保持原有的控制力、如何保证内容导向、如何进行风险控制等问题,还有待于进一步的研究和实践。

参考文献

[1] 陈俊锋. 也谈出版社的性质问题 [J]. 出版发行研究,1999 (3):12 – 13.

[2] 陈昕. 中国图书出版产业发展现状分析 [N]. 出版商务周报,2007 – 07 – 30.

[3] 约翰·伊特韦尔等编. 新帕尔格雷夫经济学大辞典 [M]. 北京:经济科学出版社,1992:1101.

[4] 哈罗德·德姆塞茨. 产权导论 [J]. 美国经济评论,1967 (57):347.

[5] 季爱华. 上市公司分拆上市的深层次分析 [J]. 经济研究参考, 2005 (8).

[6] 任殿顺. 中国品牌社 [N]. 中国图书商报, 2006-09-06.

[7] 王泳波. 美国出版业的核心竞争力在哪里 [EB/OL]. 中国图书商报网, http://www.cbbr.com.cn/info_13713.htm.

[8] 曹翼飞. 出版传媒板块上市公司上市情况综述 [J]. 出版与印刷, 2011 (2).

[9] 王关义, 孙海宁. 出版集团上市面临的内生矛盾探析 [J]. 出版发行研究, 2007 (8).

[10] 田海明. 出版集团与上市公司的管与控 [N]. 中国图书商报, 2012-06-08.

[11] 黄宵旭. 出版上市公司"数字化"透视——我国出版上市公司经营绩效分析与考察报告 [J]. 出版广角, 2012 (5).

[12] 张美娟, 张海莲. 关于我国出版上市企业发展的思考 [J]. 出版科学, 2008 (4).

[13] 鲁明月. 我国出版传媒的整体上市研究 [J]. 东南传播, 2008 (5).

[14] 盛虎, 王冰. 我国出版传媒类上市公司投资战略研究 [J]. 中国出版, 2012 (4).

[15] 胡誉耀. 我国出版集团公司治理研究 [D]. 武汉大学硕士学位论文, 2010.

[16] 唐溯. 我国出版上市公司绩效综合评价 [J]. 出版发行研究, 2010 (8).

[17] 赵婷. 我国出版业市场化路径: 上市问题研究 [D]. 北京印刷学院硕士学位论文, 2009.

[18] 范利亚. 我国上市公司重整制度的构建研究 [D]. 中国政法大学硕士学位论文, 2005.

[19] 杨小忠. 新闻出版上市公司必须处理好的几个关系 [J]. 出版发行研究, 2011 (2).

[20] 周正兵. 轩昂阔步走畅通四方流——中国出版上市公司发展十年盘点 [J]. 编辑之友, 2012 (1).

[21] 朱敏. 出版企业上市融资问题研究 [D]. 苏州大学硕士学位论文, 2009.

[22] 叶思遐. 我国出版传媒整体上市及资本运营研究 [D]. 浙江大学硕士学位论文, 2009.

[23] 魏斌. 中国出版业上市公司治理结构探析 [J]. 编辑之友, 2008 (2).

[24] 王关义. 中国出版业发展现状趋势与变革 [J]. 科技与出版, 2010 (1).

[25] 崔青峰. 我国出版业现状与发展对策研究 [D]. 郑州大学硕士学位论文, 2007.

[26] 方家喜, 邵帅. 15家出版传媒企业上市提速 [N]. 经济参考报, 2011-07-21.

[27] 姚德权, 乔海曙. "黄金股"助推出版业产权改革 [J]. 出版发行研究, 2007 (6).

[28] 谢耘耕. 中国传媒资本运营若干问题研究 [J]. 新闻界, 2006 (3).

[29] 范广红. 中国出版企业上市的制度分析 [J]. 经济经纬, 2007 (5).

[30] 李华. 从辽宁出版传媒上市谈出版业的资本经营 [J]. 科技与出版, 2008 (2).

[31] 杨军. 我国内地传统媒体上市存在的问题研究 [D]. 中国政法大学硕士学位论文, 2010.

[32] 杨晋, 郝捷. 辩证地看待出版发行集团上市热 [J]. 出版发行研究, 2008 (1).

[33] 夏芳. 中国出版集团称正为上市做准备计划年内IPO [N]. 证券日报, 2012-02-17.

[34] 吴培华. 中国出版业"上市热"的冷思考 [J]. 中国出版, 2008 (10).

［35］喻国明. 出版企业上市的诉求［J］. 出版参考，2008（12）.

［36］严丽华. 我国出版企业上市融资瓶颈及突破对策［J］. 出版科学，2008（3）.

［37］唐溯，陈敬良. 上市转身：出版企业决胜资本市场的战略［J］. 出版发行研究，2009（9）.

［38］王冰. 我国上市出版企业可持续发展能力之比较［J］. 中国出版，2011（19）.

［39］范军. 出版传媒企业上市录［N］. 中国新闻出版报，2012-02-14.

［40］黎传文. 对出版发行企业上市若干问题的思考［A］. 出版科学探索论文集（第9辑）［C］. 2010.

［41］姚禄仕. 上市公司可持续发展研究［D］. 合肥工业大学硕士学位论文，2009.

［42］王恩胡. 国内上市公司品牌经营效应实证研究［J］. 统计与信息论坛，2005（2）.

［43］张霞. 跨媒体经营——出版产业结构调整新走向［J］. 图书情报知识，2005（1）.

［44］周正兵. 出版类上市公司投资行为的实证分析——我国出版产业培育战略投资者的现实思考之二［J］. 编辑之友，2011（1）.

［45］朱阳生. 我国出版企业上市融资的问题与对策研究［J］. 科技与出版，2012（3）.

［46］邓向阳. 新闻出版企业IPO后的风险及防范措施［J］. 出版发行研究，2008（4）.

［47］李然忠，刘亮. 中国上市传媒企业经营管理现状分析［J］. 求索，2010（10）.

［48］郭全中. 传媒业上市：现状、问题、对策——从上市公司2010年半年报引发的思考［J］. 新闻前哨，2011（12）.

［49］龚慧明. 上市出版传媒企业成长战略浅谈［J］. 北方经济，2012（10）.

［50］王关义，张文琪. 从股市表现看上市出版企业存在的问题与对策［J］. 现代出版，2012（5）.

［51］Albert N. Greco. The Book Publishing Industry［M］. Lawrenee Erlbaum，2004.

［52］Dan Prescott. Publishers as Instruments of Nationalism［J］. LOGOS Journal of the the World Book Community，2005（1）.

［53］Damsell Keith. Broadcast，Publisher Shift Focus. The Globe and Mail［N］. Toronto，March 26，2003.

［54］Andrews K.，NaPoli P. M. Changing Market Information Regimes：A Case Study of the Transition to the BookScan Audience Measurement System in the U. S. Book Publishing Industry［J］. The Journal of Media Economies，Vol. 19，Issue 1，2006.

［55］Erie Newman，John Wiley. Publisher Across Two Centuries and the World［J］. LOGOS Journal of the World Book Community，whupr Publisher，2008（1）.

［56］Hans van Kranenburg，John Hagedoorn，Jacqueline Pennings. Measurement of International and Product Diversification in the Publishing Industry［J］. The Journal of Media Economics，2004，17（2）.

［57］Iain Stevenson. 'The Liveliest of Corpses'：Trends and Challenges for the Future in the Book Publishing Industry［J］. Aslib Proceedings，No. 4，Vol. 52，April 2000.

[58] Jeffrey Cohen, Ganesh Krishnamooerthy, Arnold M. Wright. Corporate Governance and the Audit Process [J]. Contemporary Accounting Research, No. 4, Vol. 19, Winter 2002.

[59] Leora F. Klapper and Inessa Love. Corporate Governance, Investor Protection, and Performance in Emerging Markets [J]. Journal of Corporate Finance, Issue 5, Vol. 10, November 2004.

第五篇　我国中小文化创意企业战略薪酬体系研究[*]

一、绪论

（一）研究背景及意义

1. 研究背景

随着知识经济的到来，人力资源成为企业的战略性资源，人力资源管理也逐步成为战略激励型管理。薪酬作为人力资源激励机制最重要的方面之一，在吸引、保留和激励人才方面往往起着决定性作用，也直接关系到企业人力资本效能的发挥以及企业的可持续发展。要培育和提升企业核心竞争力，就必须重视企业的薪酬激励问题。由此，企业薪酬体系的设计必须从企业的战略出发，服务和服从于企业发展战略的要求。企业必须建立适合自己发展战略的战略薪酬体系，战略薪酬体系是企业获取竞争优势的推进器，能够帮助企业获取竞争优势。

近年来，文化创意企业随着文化创意产业的振兴而快速发展起来，尤其是国家在"十二五"规划中提出要大力推动文化创意产业的发展并使之成为国家支柱产业，从而为文化创意企业的发展带来了很好的发展机遇。在未来五年甚至更长时间里，文化创意企业将会进入一个新的发展期。文化创意企业发展的好坏决定着文化创意产业的兴荣。作为文化创意企业的重要组成部分——中小文化创意企业由于自身能力的局限，在竞争中往往处于弱势地位，加上经营管理中存在的缺陷，在吸引和留住员工方面存在一定困难和压力。在这样的形势下，我国中小文化创意企业如何根据自身的特点科学设计和应用先进的战略薪酬激励体系，并

---

[*] 作者简介：孙小芳，北京印刷学院企业管理专业2010级硕士研究生，指导教师为乔东亮教授。

以此实现对员工的有效激励显得尤为重要。

2. 研究意义

（1）理论意义。我国中小文化创意企业的特点在于创意，工作灵活有弹性，企业的管理具有较强的自主性，制度规范和约束机制相对缺乏，在薪酬决策过程中极易出现随意化，因此薪酬战略的制定必须基于经营战略的指导，与其经营战略相匹配，才能利于企业的发展壮大。要建立基于战略的薪酬管理必须要有一套科学而适用的薪酬理论作指导，研究设计战略薪酬体系并提出具体的实施策略能为我国中小文化创意企业薪酬激励管理提供新的有价值的工具模型，也能为我国中小文化创意企业薪酬管理的实践提供理论依据。

（2）现实意义。能够有利于中小文化创意企业吸引、保留和激励核心创意人才，提升企业竞争力。在知识经济时代，创意人才尤其是优秀的创意人才对中小文化创意企业发展起着至关重要的作用，但由于中小文化创意企业本身规模小、实力弱、抗风险能力差等特点决定了其对创意人才的吸引力不高，人才流动性高，缺口大。本研究的目的之一就在于尝试为中小文化创意企业建立一套合适的薪酬激励体系，挽留并最大限度地激发员工的潜能，调动其工作积极性，从而提升企业的竞争力。

（二）国内外研究现状

随着企业的不断发展，薪酬问题一直是在其经营过程中需要重点关注的问题，理论源于实践的需要，薪酬问题也成为理论界众多学者的关注点。因此了解薪酬管理的研究发展脉络就成为必要，对企业薪酬管理实践具有十分重要的意义。薪酬理论的演化历程有四个阶段，总结如下：

1. 早期工厂制度阶段——主张把员工薪酬水平降到最低限度

在前工业革命时期，工人还没有养成"工业习惯"，工厂制度管理约束缺乏，工人工作时间较随意，在这种情形下，有关经济学派的研究得出结论，收入与所提供的劳动之间不是正相关关系。因此在很长一段时间里，雇主们觉得应尽量降低工人的劳动所得，让其劳动所得稳定在最低水平上，使工人刚好能维持正常的生计，争取激发工人的工作欲望。

在这个阶段，雇主们为了吸引和激励熟练技术工人，采用了计件工资制。这种制度将工人的报酬与个人工作量挂钩，特别是在那些劳动密集型的工厂里，这种激励使用得相当广泛。

一些学者还提出了利润分享计划，作为对工人固定薪酬的补充，以充分发挥薪酬的激励作用。利润分享计划提出工人的部分薪酬（如固定薪酬部分）要根据工厂获得的利润来定；如果工人对其工作能提出任何的改进建议，那么就能得到额外的好处,比如建议奖金。在工厂制度逐步成熟的过程中,雇主们已经认识到薪酬激励在工厂管理中的地位和作用。

2. 科学管理阶段——围绕工作标准和成本节约展开的薪酬政策

在科学管理时期,"以高工资提高生产力,降低产品单位成本"的思想得到了发展。当时有观点提出将劳动报酬与劳动表现结合起来,利用利润分红来鼓励工人用较低的生产成本制造出更多的产品。弗雷德里克·W. 泰罗对此阶段正在流行实施的利润分享计划持不同观点。他提出对所有员工都实施利润分享,这样并不能激励员工作出自己最佳的工作贡献。据此泰罗提出了差别计件工资制度,用来解决工人的"偷懒"行为,为进一步解决部分劳动力问题提供相应措施。该计划认为根据工时确定具体的工作标准,实施差别计件工资,工人的报酬按照工作标准的完成程度来定。那些达不到工作标准的工人只能获得很低的报酬,而那些确实达到标准的工人则能够获得较高的报酬。在此基础上,甘特提出了"完成任务发给奖金"的制度,来进一步激励工人间的团结合作,以弥补泰罗制在这方面存在的缺陷。该制度的主要观点提出,一个工人如果每一天都能完成分配给他的全部工作,那么他每天将得到额外的报酬。也就是说,工人如果能够在规定时间或不超过规定时间内完成分派的任务,他们除了可以得到正常的劳动报酬外,还能按该工作时间的百分比来获得额外的报酬。同时,甘特提出了将普通工人的工作进度与工长的报酬相挂钩,即如果一个工人达到规定的工作标准,该工长则可以得到一笔奖金;如果所有的工人都达到规定的工作标准,他还会得到额外的奖金。这种工长额外奖金制度是为了使工长把有限的精力用在能力差的工人身上,使这些工人能够在规定的时间内完成规定的工作任务。这可以说是最早的关于管理者薪酬激励的表述。

在此期间,利润分享计划得到了进一步的修正和改善,提出了团队激励的观点。约瑟夫在1938年提出的斯坎伦计划就是关于团队激励的。斯坎伦计划的核心是建立以计划和生产委员会为主体寻求节省劳动成本的联合委员会,对提出建议的个人不单独支付报酬,实行团体付薪,以团队为单位,强调合作。在整个企业范围内支付报酬,鼓励工会与管理当局进行协作以降低成本和分享利润。

这个时期的激励理念经历了从"低薪"到"高薪"的根本转变。"最饥饿的工人就是最好的工人"的观点逐渐为"最廉价的劳动力是得到最好报酬的劳动力,正是由于得到最好报酬的劳动力去操纵机器,才保证了相对于资本投入最多的产品"的观点所替代。在这个阶段,"高工资、低成本"的观点在企业中得到确立。

3. 行为科学阶段——适应员工心理需求的薪酬制度

该阶段的主流观点是,薪酬必须适应员工的心理需求,强调员工对薪酬的心理感受以提高工作效率。认为工作中的人和生活中的人在某些方面一样并不是彻底的理性动物,他们也是有感情的,希望自己被需要,自己的工作能够被人认为重要。当然这并不是说员工认为薪酬不重要,而是因为他们的主要关注点发生了变化。他们主要的关注点是他们的薪酬是否能够确切地反映他们所做的不同工作的相对重要性(勒特利斯贝格尔,1950)。此阶段企业在满足员工心理需求方面作出了不同的尝试。

林肯的个人激励计划和怀延·威廉斯的工资权益理论得到广泛认可。林肯的个人激励计划认为金钱并不能满足员工的需求,员工更为看重的是对他们技能的重视。工资权益理论认为,从工人角度看,工资是相对的,也就是说,重要的并不在于一个人所得到的绝对工资,而在于他所得到的相对工资。

4. 现代管理阶段——战略薪酬体系

在今天的知识经济时代,随着经济和信息的全球化,企业间竞争日趋加剧,导致职业分工日益精细化和员工工作动机日益多样化。薪酬体系作为保护和提高员工工作热情的最有效的激励和约束手段,在制度设计方面打破了传统的做法,主要从战略层、制度层和技术层三个层面制定,将企业的薪酬体系和企业战略相结合,在此基础上将其作为一种能有效辅助企业战略实施的重要手段并逐步纳入到企业战略的框架,以促进企业战略的有效实施,提升竞争力。至此关于战略薪酬体系与企业经营战略相匹配的研究及其权变性研究得到了理论界的广泛关注。

战略薪酬体系理念应运而生,其主要关注点在于如何使薪酬战略与企业经营战略相匹配。较早把"匹配"这一概念引入薪酬战略研究的是 Gomez Mejia (1987),他认为薪酬战略的制定要根据环境的变化,尤其是企业经营战略的变化。此后,国内外相关学者进一步对企业薪酬战略和经营战略的匹配问题进行研究。

国内的王凌云、刘洪、张龙等人在以往研究的基础上,进一步把企业的经营战略类型进行了细分,并在此基础上具体分析不同类型下经营战略与其薪酬战略的匹配问题。张冠兰、刘洋等人在研究了战略薪酬管理基本理念的基础上,借助于薪酬战略和企业战略相匹配原理,探讨了战略薪酬管理体系的构建原理及其在实践中的具体应用和应该关注的问题。

从上文可知国内外研究者更多的是关注薪酬战略和企业战略匹配的问题,并阐述了两者匹配对企业经营发展的重要意义。同时就如何采取与管理变革相适应的薪酬制度和技术方法去构建战略薪酬体系进行了初步研究,但关于如何全面地将薪酬与企业整体战略进行匹配以及战略薪酬管理的创建路径并没有深入研究,在此基础上用战略的视角与理念来进行企业薪酬管理的研究更不多见。

(三) 主要内容及研究框架

1. 主要内容

第一部分为绪论。描述本章的研究背景及意义、国内外研究现状、研究内容及框架、研究方法和创新点。

第二部分为相关理论综述。该部分首先阐述了企业经营战略、薪酬和战略性薪酬的概念,其次对管理激励理论和权变理论进行了综述。

第三部分为中小型文化创意企业的薪酬管理现状及问题。该部分首先对中小型文化创意企业进行概念界定,在此基础上对中小文化创意企业的薪酬管理现状及问题进行分析。

第四部分为战略薪酬体系的构建。分析了我国中小型文化创意企业薪酬管理问题的成因,提出战略薪酬体系的构建原理,在此基础上提出战略薪酬体系的构建方案。

第五部分为 M 公司薪酬体系设计。该部分分析了 M 企业出现的薪酬管理的问题以及其背后深层的战略问题,提出具体的战略薪酬管理的构建方案。

2. 研究框架

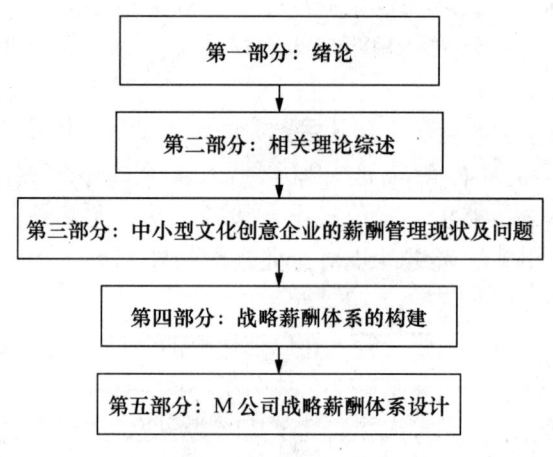

图 5-1 研究框架

(四) 研究方法及创新点

1. 研究方法

(1) 理论分析和实证分析相结合的方法。总结企业战略和薪酬管理理论的发展脉络,通过分析中小文化创意企业的薪酬管理现状及存在的问题,提出战略薪酬体系构建的必要性，同时结合 M 企业的实例，分析我国中小文化创意企业的薪酬管理。

（2）对比分析的研究方法。通过对比研究不同经营战略，选择与中小文化创意企业经营战略相匹配的薪酬战略，为构建企业战略薪酬体系提供了理论支持。

2. 创新点

本章的研究对象与以往学者的研究对象不同，通过对相关文献的阅读，虽然学者们对企业战略薪酬的研究很多，但是对中小文化创意企业薪酬管理方面的研究很少，随着国家对文化创意产业和文化创意企业的扶持，中小文化创意企业将会进入一个快速发展的阶段。结合中小文化创意企业自身的特点研究适合该企业发展的薪酬体系，提高其竞争力也就很有理论意义和现实意义。

二、相关理论综述

（一）相关概述

1. 企业经营战略

企业经营战略是指企业为了适应未来环境的变化，寻求长期生存和稳定发展而制订的总体性和长远性的规划，旨在确立企业的发展方向和目标、业务范围，以及实现目标的资源配置方案。企业经营战略按竞争内容可分为：

（1）成本领先战略。它实际上就是低成本战略，即在产品本身的质量大体相同的情况下，企业可以以低于竞争对手的价格向客户提供产品。追求这种战略的企业非常重视效率，尤其是对操作水平的要求很高。

（2）差异化战略。它又称别具一格战略、差别化战略，是将企业提供的产品或服务差异化，形成一些在全产业范围中具有独特性的东西，以此来提高顾客的忠诚度，获得竞争优势。实施差异化战略的企业非常重视创新和团队的合作性。

（3）集中化战略。集中性战略是主攻某个特殊的顾客群、某产品线的一个细分区段或某一地区市场。它是低成本战略或差异化战略在细分市场上的具体运用，基于此，本章中只就成本领先和差异化两个战略来对企业经营战略类型分别进行具体研究，如表 5-1 所示。

表 5-1　两种经营战略的比较

经营战略	经营重点
成本领先战略	1. 一流的操作水平 2. 追求成本的有效性
差异化战略	1. 缩短产品生命周期 2. 向创新性产品转移

2. 薪酬

（1）薪酬的概念。薪酬（Compensation）是企业对员工的贡献包括员工的态度、行为和业绩等所做出的各种回报。广义薪酬是员工因雇佣关系而得到的内在薪酬和外在薪酬，也称全面薪酬。其中内在薪酬是员工自身心理上感受到的回报，主要体现为一些社会和心理方面的回报，包括：有趣的工作、挑战性、成就感、参与决策、良好的工作环境以及发展机会等。外在薪酬主要指企业对员工劳动所实施激励的物质形态，可分为直接薪酬和间接薪酬。其中，直接薪酬是员工薪酬的主要组成部分，由基本薪酬、奖金、绩效薪酬、津贴、加班费、佣金、利润分红等组成；间接薪酬即福利，由企业向员工提供的各种保险、非工作日工资、额外的津贴和其他服务组成。本研究所涉及的薪酬是指全面薪酬，如图5-2所示。

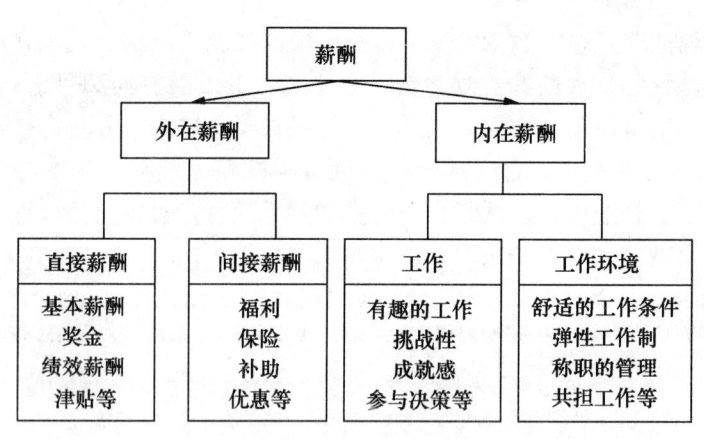

图 5-2　薪酬的构成

（2）薪酬的四大要素。第一，固定薪酬。固定薪酬也叫基本薪酬，是根据员工所承担或完成的工作本身或者是员工所具备的完成工作的技能向员工支付的稳定性报酬，是员工收入的主要部分，也是计算其他薪酬性收入的基础。基本薪酬具有高刚性和高差异性，是一位员工从企业获得的较为稳定的经济报酬。一般是企业根据各层次职位相对价值，同时结合其他雇主支付给同类劳动者的基本薪酬的变化、员工本人所拥有的知识、经验、技能的变化以及由此而导致的员工绩效的变化而确定的金额。因此，这一薪酬组成部分对于员工来说是至关重要的。它不仅为员工提供了基本的生活保障和稳定的收入来源，而且还往往是可变薪酬确定的一个主要依据。

第二，浮动薪酬。浮动薪酬也叫奖金，是指相对固定薪酬来讲具有风险性的报酬，它的获得通常是非固定的和不可预知的，它与劳动者的具体工作表现正相关。例如当前比较盛行的绩效薪酬就是浮动薪酬的一种形式。同样不定期和不定式的物质奖励以及精神奖励都是浮动薪酬的形式。浮动薪酬的好处在于更加有利于反映企业经营战略目标的瞬息变化，从而即时根据所面临的内外部环境调整员工的工作，使其始终和企业的经营战略保持动态的一致。这样不仅能有效地激励员工的工作过程和成效，而且能对企业的经营成本进行有效的控制。

第三，员工福利。员工福利是薪酬体系的重要组成部分，是企业或其他组织以福利的形式提供给员工的报酬。福利是对员工生活的照顾，是组织为员工提供的除工资与奖金之外的一切物质待遇，是劳动的间接薪酬。从管理层的角度看，福利可对以下若干战略目标做出贡献：协助吸引员工；协助保持员工；提高企业在员工和其他企业心目中的形象；提高员工对职务的满意度。与员工的收入不同，福利一般不需纳税。员工福利从内容上包括：①法定福利。法定福利是指政府通过立法要求企业必须提供的，如社会养老保险、社会失业保险、社会医疗保险、工伤保险、生育保险等。目前在国内所有的企业都实行该项福利。②企业福利。除了法定福利外，一般企业为了吸引人才或稳定员工而会自行为员工采取的福利措施，如工作餐、工作服、团体保险等。目前比较流行的是弹性福利。弹性福利强调让员工依照自己的需求从企业所提供的福利项目中来选择组合属于自己的一套福利"套餐"。每一个员工都有自己"专属的"福利组合。另外，弹性福利非常强调"员工参与"的过程，希望从别人的角度来了解他人的需要。弹性福利计划既有效控制了企业福利成本，又照顾到了员工对福利项目的个性化需求，可以说这是一个双赢的管理模式。也正是因此，弹性福利正在被越来越多的企业关注和采纳。

第四，附加薪酬。附加薪酬设定的目的在于实现不同工作和不同工作下的报酬合理化，是对特定工作相比一般工作所要做出的特别付出的一种补偿。它强调只能是对从事特殊工作和其生活条件给岗位角色带来的额外付出所做的一种补偿，以使这些需要做额外付出的工作能够为人们所接受，包括生活补贴、工作补贴、保健性补贴和技术性津贴等。

3. 战略薪酬

（1）战略薪酬概念。战略薪酬以企业经营战略为指导，以调动全体人员积极性、创造性实现战略目标为目的，以绩效管理为薪酬实际发放的依据，动态地对企业的价值分配进行计划、设计、实施和控制。它是将企业薪酬体系的构建与企业的经营战略有机结合起来，使企业薪酬体系成为实现企业经营战略的重要杠杆。战略薪酬强调薪酬体系为企业发展提供带有前瞻性的战略支撑。它在关注为企业所有员工提供一般意义上的薪酬激励的同时，为企业战略瓶颈部门和核心人力资源设计出有重点、有区别的薪酬体系与薪酬政策，以便为企业整体发展提供战略支撑。

（2）战略薪酬的设计要点。一般而言，战略薪酬体系设计要经过以下几个实施步骤：

第一，寻找企业发展战略瓶颈。不同的行业，不同的企业，不同的发展阶段，不同的市场环境，企业发展的战略瓶颈是不同的。战略薪酬设计的第一步就是要找到企业发展的战略瓶颈之所在。发现企业的战略瓶颈有许多方法，比如成功关键因素分析法和标杆分析法是其中十分得力的分析工具。

成功关键因素分析法（Key Success Factors）是指企业在特定市场持续获利所必须拥有的资源和能力。每一个行业都有不同的成功的关键因素（一般而言，对于高科技行业而言，研发能力和营销能力等是其成功的关键因素；而对于制造业而言，成本控制技术、供应链管理能力等是其成功的关键因素），如果行业中的某企业在成功的关键因素上有缺陷时，该缺陷往往构成该企业的发展战略瓶颈。

标杆分析法（Benchmarking）是目前应用很多的一种衡量企业运营状况的方法。它通过与行业中运营最好、最有效率的企业进行比较，从而获得需要改进的信息。

第二，分析相应的人力资源瓶颈。当找到公司发展战略瓶颈后，就要分析该战略瓶颈部门存在的人力资源瓶颈。战略瓶颈部门存在的人力资源资源瓶颈通常表现为数量不足、质量不高、配置不当、缺乏激励等各种现象中的一种或几种的组合。

第三，制定相应的战略薪酬体系。企业的发展瓶颈有时会表现为一个或几个部门，有时则会表现为一个或几个部门的部分岗位。比如，某公司营销部门虽然不是公司的战略瓶颈部门，但营销部门中的渠道管理人员仍然十分稀缺，属瓶颈之一，可以称这些岗位所需要的人力资源为核心人力资源。

战略薪酬设计的要点在于，薪酬要向企业的瓶颈部门和核心人力资源倾斜，企业可以为其战略人力资源建立"薪酬特区"，以便吸引、留住与激励战略人力资源，进而为突破企业发展战略瓶颈提供人才保障。

第四，动态分析企业发展瓶颈及其带来的人力资源瓶颈，并前瞻性地制定战略薪酬政策。应该说，上面提到的三个步骤已经构成了一个相对完整的战略薪酬的实施过程，但以一种动态的眼光来看，企业面临的市场环境复杂多变，企业内部组织也在不断调整之中，因此企业的战略瓶颈也是不断变化的。因此，意图获得持续竞争优势的企业，必须前瞻性地分析企业的战略瓶颈及其人力资源瓶颈，并制定具有前瞻性的战略薪酬政策。

（二）相关理论综述

介于薪酬在企业经营管理中处于的重要角色以及对企业运营过程中产生的深远影响，薪酬的相关理论一直是理论学家和企业家们关注的重点。本章首先阐述了管理激励理论的相关内容，对传统薪酬管理的理论的发展脉络进行了大致梳理；在此基础上又对现代薪酬理论的发展状况进行了分析，从而为构建中小文化创意企业战略薪酬体系提供理论基础和研究思路。

1. 管理激励理论

管理激励理论是关于如何满足人的各种需要、调动人的积极性的原则和方法的概括总结。激励的目的在于激发人的正确行为动机，调动人的积极性和创造性，以充分发挥人的智力效应，做出最大成绩。自20世纪20、30年代以来，国内外许多管理学家、心理学家和社会学家结合现代管理的实践，提出了许多激励理论。主要理论如下：

（1）内容型激励理论。所谓内容型激励理论，是指针对激励的原因与起激励作用的因素的具体内容进行研究的理论。这种理论着眼于满足人们需要的内容，即：人们需要什么就满足什么，从而激起人们的动机。主要包括马斯洛的"需要层次理论"、赫茨伯格的"双因素理论"、奥德弗的"ERG 理论"、麦克莱兰的"成就需要激励理论"等，如图 5-3 所示。

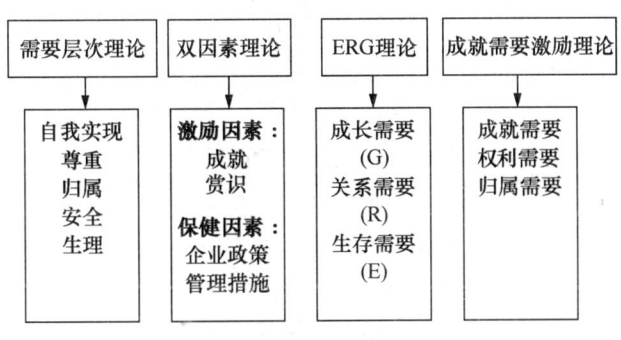

图 5-3 内容型激励理论

内容型激励理论侧重于强调工作内容对于员工工作热情、积极性和潜力激发的影响。将员工的需求心理进行层次分析和研究以满足员工的需求。因此，在设计科学的战略薪酬体系时要按照员工的需求层次的高低逐步满足，从而达到吸引和保留员工的目的。

（2）过程型激励理论。过程型激励理论重点研究从动机的产生到采取行动的心理过程。主要包括弗鲁姆的"期望理论"、洛克的"目标激励理论"和亚当斯的"公平理论"等，如表5-2所示。

表5-2　过程型激励理论

弗鲁姆	洛克	亚当斯
期望理论	目标激励理论	公平理论
认为人们之所以采取某种行为，是因为他觉得这种行为可以有把握地达到某种结果，并且这种结果对他有足够的价值。换言之，动机激励水平取决于人们认为在多大程度上可以期望达到预计的结果，以及人们判断自己的努力对于个人需要的满足是否有意义	认为目标可使人们知道自己要完成什么工作，以及必须付出多大努力才能完成。明确的目标可以提高绩效，尤其是目标相对较困难但又可以实现时，能产生更高的绩效。但绩效并不完全由指向目标的努力决定，组织支持、自我信心也是影响绩效的两个重要的客观因素	认为个人不仅关心自己经过努力所获得的回报，也关心自己的汇报与他人之间的关系，其过程实际上就是人与人之间进行社会比较的过程，是判断公平与否并据以指导行动的过程。不公平会挫伤人的工作积极性，而公平则使人心理上得到满足，激发动机

过程型激励理论则侧重于研究人的动机形成、目标选择到行为发生的心理过程。在该理论看来，激励在人的心理上是个相当长的过程，只有在激励对其接受激励内容的情况下，激励过程才得以开始。他们认为，内容型激励理论的主要不足在于缺乏对激励过程所达到的预期目标能否使激励对象得到满足方面的研究。过程型激励理论弥补了这一缺憾，着重研究了人们选择其所要做的行为过程，研究了如何转化人的行为，以达到激励的目的。

（3）修正型激励理论。修正型激励理论重点研究激励的目的（即改造、修正行为）。主要包括斯金纳的"强化理论"和海德的"归因理论"等，如表5-3所示。

表5-3　修正型激励理论

斯金纳	强化理论	把心理学习和条件反应原理应用于影响人们激励和绩效的过程，认为人们的行为很大程度上取决于行为产生的结果。强化理论强调工作绩效与奖励之间的客观联系。得到奖励的行为倾向于重复出现，没有得到奖励的行为或得到惩罚的行为倾向于不再重复出现
海德	归因理论	探讨人们行为的原因与分析因果关系的各种理论和方法的总称。归因理论侧重于研究个人用以解释其行为原因的认知过程，亦即研究人的行为受到激励是"因为什么"的问题

2. 现代薪酬理论

(1) 权变理论。权变理论兴起于20世纪60年代，卢桑斯的《管理导论：一种权变学说》是其形成的标志。该理论是以具体情况及具体对策的应变思想为基础而形成的一种管理理论。它认为每个组织的内在要素和外在环境条件都各不相同，因而在管理活动中不存在适用于任何情景的原则和方法，即在管理实践中要根据组织所处的环境和内部条件的发展变化随机应变，没有什么一成不变的、普适的管理方法。成功管理的关键在于对组织内外状况的充分了解和有效的应变策略。

权变理论的核心观点包括三个方面：

第一，企业是社会系统中的一个开放的子系统，受环境影响。因此，必须根据企业在社会大系统中的处境和作用，采取相应的组织管理措施，从而保持对环境的最佳适应。

第二，企业的活动是在不断变动的条件下以反馈形式趋向组织目的的。因此，必须根据组织的目标以及当时的条件，采取依势而行的管理方式。

第三，管理的功效体现在管理活动和组织的各要素互相作用的过程中。因此必须根据组织的各要素的关系类型及各要素与管理活动之间相互作用时的一定函数关系来确定不同的管理方式。

权变理论开阔了人们的视野，在关注企业内部管理变化的基础上，开始更多地关注企业的外部经营环境，并根据内外环境的变化适时调整薪酬管理策略，从而保证薪酬体系始终与企业的经营目标一致。

(2) 宽带薪酬理论。宽带型薪酬就是指对多个薪酬等级以及薪酬变动范围进行重新组合，从而变成只有相对较少的薪酬等级以及相应的较宽薪酬变动范围，它实际上是一种新型的薪酬结构设计方式，它是对传统上那种带有大量等级层次的垂直型薪酬结构的一种改进或替代。该理论注重员工的能力，员工的岗位与等级不再是薪酬策略的重点，员工的个人成长和职业生涯规划成为薪酬策略的重点工作。基于该理论建立的薪酬体系更能满足员工的个人需求，充分激发员工的创造才智。

通过梳理薪酬管理理论的发展历程，可以看出企业经营战略在薪酬体系设计中充当战略导向作用，只有建立基于企业经营战略的薪酬体系才能实现对员工有效的激励，有力推动企业经营有效运行，最终达到经营战略目标的实现，获得竞争优势。本章的中小文化创新企业战略薪酬体系就是基于以上相关薪酬管理理论构建，构建的关键点在于薪酬体系要与企业经营战略实现动态的匹配，这样才能充分发挥战略薪酬体系的有效激励作用。

三、中小文化创意企业的薪酬管理现状及问题

在知识经济成为主导、创意经济大发展的今天,中小文化创意企业成为我国经济发展中重要且活跃的主要力量。特别是步入21世纪以来,世界各国已经意识到创意经济在国民经济中的重要性,大力发展文化创意产业成为经济发展的主流。作为文化创意产业主导力量的中小文化产业企业无疑成为各国积极扶持的对象。因此理论界也将研究视角投向中小文化创意企业的相关研究。本部分主要关注目前我国中小文化产业企业的薪酬管理现状,对其存在的问题进行深入分析,以期能够解决一些实践管理问题,为推动文化产业及创意经济的发展提供理论借鉴。

(一)中小企业界定

根据《中华人民共和国中小企业促进法》和《国务院关于进一步促进中小企业发展的若干意见》(国发〔2009〕36号),中小企业划分为中型、小型、微型三种类型,具体标准根据企业从业人员、营业收入、资产总额等指标,结合行业特点制定。其中符合本研究划定范围的标准如表5-4所示:

表5-4 中小企业划定范围

企业类型		从业人数
中小微型企业	中型企业	100人及以上300人以下
	小型企业	10人及以上
	微型企业	10人以下

从业人员300人以下的为中小微型企业。其中,从业人员100人及以上的为中型企业;从业人员10人及以上的为小型企业;从业人员10人以下的为微型企业。

(二)文化创意产业界定

1. 文化创意产业的界定

文化创意产业的概念最早由英国的文化、传媒和体育部(DCMS)于1998年提出,"所谓创意产业,就是指那些从个人的创造力、技能和天分中获取发展动力的企业,以及那些通过对知识产权的开发可创造潜在财富和就业机会的活动"。

这一定义凸显了创意产业的来源、媒介以及其对经济和社会的作用。北京市权威部门根据我国《国民经济行业分类》和对北京市文化创意产业的调查研究分析，定义文化创意产业为：源于创意产业和文化产业，以创作、创造、创新为根本手段，以文化内容和创意成果为核心价值，以知识产权或消费为交易特征，为公众提供文化体验，具有内在联系的行业集群。

2. 文化创意产业的分类

我国文化创意产业可分为九大类：文化艺术，新闻出版，广播、电视、电影，软件、网络及计算机服务，广告会展，艺术品交易，设计服务，旅游、休闲娱乐，其他辅助服务。

（三）中小文化创意企业的概述

1. 中小文化创意企业的概念

本章中所指中小文化创意企业是指在我国文化创意产业范围中其从业人员、营业收入与资产总额符合中小企业界定标准的企业，是中小企业的员工借助自身的创造力、技能及天赋的运用，通过知识与创新来获得发展动力，创造竞争优势的过程。

从企业类型看，在调查企业中，员工人数最多的有 2000 多人，员工人数最少的只有 5 个人，超过 70% 的企业的员工人数在 100 人以下。其中 11~50 人的企业占 29.17%，51~100 人的企业占 25%，小型企业是被调查企业中比例最高的，这充分表明目前小型企业还是文化创意产业的主体，整个产业处于发展的初级阶段。

从企业性质来看，民营企业以占总体数量 32% 的比例超过了国有和国有控股企业 1 倍，在数量上位列第一。

从企业主营业务内容看，以从事多媒体和软件开发的企业数量为最多，以 18.75% 的比例排名第一；从事印刷或出版的企业数量以 16.67% 的比例排名第二；从事数字休闲娱乐的企业和从事广告的企业数量以 12.50% 的比例并列第三名；从事工艺和设计的企业数量以 10.42% 的比例排名第五；其余还有从事文化观光的企业、从事视觉艺术和表演艺术的企业，以及从事音乐和电影、电视、广播的企业。

2. 中小文化创意企业的特征

中小文化创意企业作为中小企业和文化创意企业的特殊载体，在员工素质、组织结构和工作性质等方面都具有其特殊性。

（1）注重员工的创意和创新能力。文化创意企业创造的产品属于富含文化底蕴的精神类产品，主要在于满足顾客精神方面的需求，这就需要企业员工具有扎实的专业技能和创意灵感。创意人才大多接受过高等教育，拥有较高的专业素质，极富创意激情。他们个性张扬，乐于自我管理和自我约束，渴望宽松、灵活、弹性的工作时间和工作氛围。同时这些员工还具有其独特的价值取向，他们有较高的职业定位，注重自身的职业生涯规划，摒弃传统的金钱至上的理念，注重自身价值和社会价值的实现，喜欢接受具有挑战性的工作任务，渴望得到别人的认可和尊重。

（2）扁平化的组织结构。文化创意企业的工作有很强的独特性，竞争对手较难模仿，就要求员工在产品创造时有较强的工作独立性和团队合作精神，同时不断拓展沟通渠道，以不断激发员工创新能力。扁平化组织结构具有传统组织结构所没有的优势就是灵活和民主，这不仅能充分调动员工的工作积极性，而且能够更加迅速地对组织内外环境的复杂变化做出反应，及时掌握消费者需求的动态变化，生产出市场需求的产品，满足消费者的需求，提高市场占有率，获取竞争优势。

（3）工作性质具有自身独特性。中小型文化创意企业的工作极具创新性和高挑战性，要求员工具有较扎实的专业技能和创作灵感，从而去完成相关产品的创造。员工需要借助创新能力，在极易变化和无法预料的环境中去进行创造性工作任务，其工作过程没有固定的流程和步骤，工作时间具有极大的随意性和自主性，完全依靠员工临时的灵感发挥，因此很难对其工作过程进行管理监督。文化创意企业产品制作过程中所运用的知识、经验、创作灵感和临场表现都是员工本身所拥有的独特素质，是企业无法控制和提供的，因此企业就难以给员工提供更大的活动空间和创作舞台。同时员工为了不断追求自身价值的实现和在更大舞台上展现自己的才华，频繁跳槽寻找合适的工作，这些都造成了创意企业的人员流动性较高。

（四）中小文化创意企业的薪酬管理现状及问题

进入21世纪以来，我国中小文化创意企业得到迅速的发展，其在国民经济中扮演的角色地位越来越重要，成为推动我国知识经济发展进程的中坚力量。但我国的中小文化创意企业由于自身经营规模、资金和技术等限制，无法与大型企业相比，制约了进一步的发展。目前，中小文化创意企业存在人才不足和流失较严重的现象，而中小文化创意企业留不住人才的主要原因在于薪酬管理不合理，薪酬激励没力度，薪酬体系设计缺乏科学性等。

（1）薪酬管理与企业战略不匹配。企业经营战略随着经营发展的需要不断变化，薪酬策略也应随着其变化进行动态调整，始终做到与经营战略相匹配，这样薪酬才能充分发挥其应有的激励作用，为企业的经营发展提供有力的推动。但就目前来看，我国中小文化创意企业实行的薪酬策略较僵化，缺乏应有的灵活性，很大程度上忽略了与企业经营战略的结合。随着薪酬管理理论不断发展，中小文化创意企业对于企业经营战略在薪酬设计过程的重要性已经有了较清晰的认识,但是企业在实际确定其战略目标时,忽视将企业薪酬体系构建与企业经营战略密切结合起来。多数中小创意企业在研究薪酬体系设计问题时,只是考虑了薪酬的系统性、激励性、竞争性等方面,并没有真正做到把薪酬的构建提升到战略导向的高度。究其原因:一方面是目前我国许多中小创意企业受到技术、规模和资金的限制,经营过程缺乏科学性,经营战略不清晰,薪酬体系的设计也就无从匹配于经营战略,制约了其激励作用的发挥;另一方面则是由于多数中小创意企业即便能够做到将薪酬激励体系的设计与企业的经营战略相结合,来实现对创意型员工的吸引、保留、潜力提升与激发,也极少能够实现薪酬战略随着经营战略的动态变化,真正做到为企业的经营发展提供有力的杠杆作用。

(2) 从业人员整体薪酬水平不高。和其他行业的薪酬水平相比,创意行业的薪酬水平整体来说并不高。其中年薪3万元以下的从业人员达到70%左右,3万~5万元的占17.53%,5万~8万元约占10%,超过8万元的从业人员占4.12%,其中高层管理人员年薪水平在5万~15万元的居多。创意企业从业人员整体薪酬水平不高。

(3) 就业人员社会保障缺乏。在创意企业的薪酬福利结构中,值得关注的是福利类项目采纳的比例较低,企业更喜欢采用工资和奖金等直接激励的薪酬模式,其中只有超过10%的企业选择使用长期激励。据调查,在北京地区创意企业中,只有58.33%的文化创意企业员工有社会保险,有住房公积金的员工比例为41.67%,补充医疗保险缴纳的比例更是低到29.17%。

(4) 人力资本的投资补偿不足。创意型员工最为看重的是工作的发展前景和自身的学习成长空间,对工作的挑战性和工作内容的丰富性也较重视,中小文化创意企业对此没有足够的关注,更没有认识到学习、培训对创意型员工来说也是有力的管理手段,忽视创意型员工的职业生涯规划。对员工技能的培训和提升与企业发展间的良性互动关系认识不足。因此鼓励创意型员工积极加大自我开发力度,这将有助于员工专业素质的提升,员工专业素质提升又将有助于企业经济效益的提高,从而形成员工素质提升和其薪酬水平提高与企业更好发展间的相互促进关系。

四、中小文化创意企业战略薪酬体系的构建

(一) 中小文化创意企业薪酬管理问题的成因

中小文化创意企业薪酬激励存在多种问题,究其原因,有客观方面的,也有

主观方面的。客观原因包括社会、历史、文化等多个方面,主观原因包括企业高层管理者对企业战略认识不足和创意型员工本身的特殊性。此外,企业对薪酬管理激励理念和薪酬体系设计关键环节的研究不足也是原因之一。

(1) 对企业经营战略管理缺乏清晰的认识。中小文化创意企业对企业经营战略管理缺乏清晰的认识,其中的缘由包括:一方面是企业高层决策者缺乏企业经营战略管理和薪酬战略管理的相关理论素养,或者即便是进行过系统的理论研究,但在企业管理的实践中并没有清晰界定经营战略,没有将经营理念提升到战略的高度。另一方面是企业在构建薪酬体系时也没有考虑将其与经营战略相结合。中小文化创意企业的核心点在于创新,其产品极具独特性,其生产主要依靠员工的创意灵感,采取差异化的战略来支撑企业的发展是其正确选择。但现实中大多企业并没有界定明确的战略,只是靠直觉来定策略,走一步是一步。薪酬体系的构建也只是在传统的薪酬设计基础上进行,没有考虑到员工的特殊性,造成员工流失较为严重,人才吸引力不大。

(2) 企业没有给予创意人才应得的报酬和尊重。创意人才更多地重视自身价值的实现和事业的发展,他们渴望被别人尊重和认可,而企业往往忽略了他们的这种需求。据调查,选择该行业的从业人员,最为看重的文化创意产业因素分别是产业发展前景和学习成长空间,均超过五成;其次是工作的挑战性和工作内容的丰富程度,分别为38.14%、36.08%;还有约占两成的从业人员认为产业的薪酬吸引力较大,其余因素相对影响小。企业在薪酬的制定中并没有完全反映创意员工的这种自我实现需求,也缺失对员工进行恰当的职业生涯规划,职位间晋升空间比较狭窄,员工并没有获得应有的尊重、信任和认可,导致员工满意度不高,制约了创意员工的创新精神的激发和工作主动意识的提高。

(3) 从业人员工作年限短。文化创意企业从业人员大量没有社保与这个行业人员从业年限较短有关系。据分析,文化创意企业员工从业年限两年以下的达到73.2%的比例,其中44.33%的员工从业不足1年,3~8年的占到21.64%,8年以上的仅占5.15%。

(二) 中小文化创意企业战略薪酬体系的构建

1. 战略薪酬体系模型 (MSCS)

战略薪酬体系的构建涉及企业内外部的多个方面,在综合考虑企业内外部环境的基础上,首先明确企业战略、愿景;其次确定相应的人力资源战略,之后根据企业战略、人力资源战略,制定出企业的薪酬战略;最后在薪酬战略的指导下,选择薪酬策略,确定薪酬计划,设计薪酬结构,这样有利于企业获取竞争优势的战略薪酬体系就建成了。战略薪酬体系模型如图5-4所示。

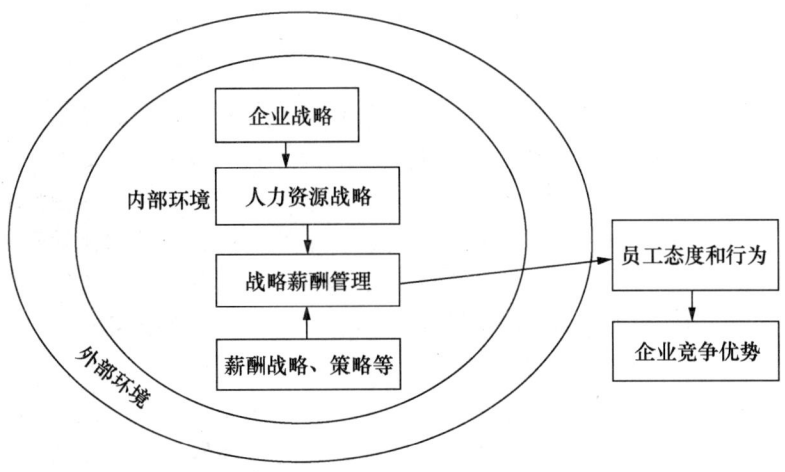

图 5-4 战略薪酬体系模型（MSCS）

2. 构建战略薪酬体系的原则

战略薪酬体系的构建是薪酬管理能否帮助企业获得竞争优势的关键，在构建过程中，要遵循以下原则：

（1）企业战略导向原则。企业战略导向原则，战略薪酬体系的设计关键点就是将企业薪酬体系的构建与企业经营战略有机结合起来，从而使企业战略薪酬体系成为支撑企业经营战略实施的重要工具和手段。那么在构建薪酬体系时必须以当前企业的经营战略为指导，建立符合该经营战略的薪酬战略来实现有限激励员工的目的，提高企业的竞争优势。由于企业经营战略具有动态性，因此战略薪酬体系的构建要随企业的经营战略调整而做出相应的调整。

（2）体现员工价值原则。现代的人力资源管理必须解决企业的三大基本矛盾，即人力资源管理与企业发展战略之间的矛盾，企业发展与员工发展之间的矛盾和员工创造与员工待遇之间的矛盾。创意员工从事创新工作，他们自主、个性、创新，对经济性的薪酬不做过多关注，他们认为自身的价值主要体现在能够接受有挑战性的工作、对工作有参与决策权、拥有弹性工作时间等。企业在设计薪酬体系时应该注重结合员工的这些价值，使员工感觉到自己被充分尊重，价值得到充分发挥。

（3）激励性原则。薪酬的激励首先要与员工的绩效结合起来。绩效相异的员工在薪酬激励方面应该体现差异性。对企业有重要贡献的员工应得到较高的薪酬激励；稀缺的岗位或员工由于其具有别人无法模拟的特殊性，是企业的竞争优势所在，也应获得不同的激励薪酬。企业在具体设计薪酬激励时，需要考虑影响激励的相关因素，以获得最大的激励效果。

（4）公平性原则。公平性原则指的是员工对贡献和所得是否一致的判断。当员工认为自己的薪酬与对企业的贡献一致时，那他对薪酬发放是默认公正和公正的；当两者出现不一致时，这是的薪酬就是不公平的。薪酬的公平原则是企业在设计薪酬体系时必须关注到的。员工对薪酬公平的感知来自企业外部和内部两方面，当员工将自己的付出与企业外部员工相同标准衡量的付出相比较，一致时，认为是公平的；不一致时，就认为是不公平的。企业内部的比较和外部相一致。只有公平的薪酬设计才能真正体现员工的价值，激发员工的工作积极性。

（5）竞争性原则。薪酬的竞争性是指和企业外部的薪酬相比较，本企业的薪酬水平能够吸引和留住员工。因此企业在设计薪酬体系时要遵循竞争性原则，高薪无疑会吸引来企业所需的人才。但企业的薪酬水平并不是凭主观确定的，首先应关注市场薪酬水平，在此基础上，结合劳动力市场的人员供求状况、物价波动、企业经营状况和实际支付能力来确定符合本企业情况且具有竞争力的薪酬。

此外，在薪酬设计中人力资源的稀缺性也应作为遵循竞争原则需要考虑的重要因素。就目前我国人才供求状况来看，大体上供大于需。但就某些稀缺人才而言，则出现供不应求的现状，例如目前创意人才在我国缺口就比较大，在设计这类人才的薪酬时，不仅要制定领先的薪酬，更多的是使员工在非经济报酬方面的薪酬激励具有竞争力，这样才有利于吸引和留住创新人才。

3. 薪酬战略的制定

（1）薪酬战略的概念。薪酬战略指的是基于企业经营战略做出的一系列薪酬策略和决定，是获得企业竞争优势的重要保证。薪酬战略是设计战略薪酬体系的第一步，是科学管理企业薪酬的行动指南。通过制定和实施适合企业的薪酬战略，企业可以充分利用薪酬这一激励杠杆，向员工传递企业的战略意图，调动员工的积极性。企业的薪酬战略必须有针对性，与企业所处的发展阶段、企业的战略、企业的组织结构及企业的文化相匹配，并对其起到支持作用。

（2）企业经营战略的确定。中小文化创意企业的核心是文化和创意，它以文化和个人创意为基础，从事文化创意产品及其服务的研究、开发、生产和技术服务。成本已不是企业的首要战略目标，企业的主要目标在于使自己的产品或服务有别于竞争对手的产品或服务，创造与众不同的东西，从而满足顾客的需求，提高竞争力。因此这类企业的首选经营战略是差异化战略。通过较强的研发能力和创新，使企业建立起顾客的忠诚，使得替代品无法在性能上与之竞争。

（3）薪酬战略与企业经营战略的匹配。由于中小文化创意企业的首选经营战略是差异化战略，其薪酬战略的制定必须与企业的经营战略相匹配，才能支持企业经营战略，最终获得竞争优势。

中小文化创意企业取得成功的关键在于企业的新产品开发能力和技术创新能

力；同时由于该类企业的投资项目多，资金和人才需求大，非常注重团队合作。培育成熟的项目开发团队、产品设计团队和服务团队是实现企业经营战略的重要途径，中小文化创意企业薪酬战略重点在于激励员工的创新精神。在薪酬上，由于受传统薪酬理念的影响，只注重经济性薪酬的支付，忽视了对非经济性薪酬的支付。在此基础上，采用团队薪酬，完善工作用品补贴和额外津贴，加强员工福利就成了企业薪酬战略设计的重点。

4. 选择薪酬策略

薪酬策略是根据企业战略和经营环境而制定的应用于薪酬激励的指导原则。通过选择和企业战略相一致的薪酬策略，满足员工对薪酬的期望，最终实现员工期望和企业的目标期望相统一。薪酬策略是企业进行薪酬设计的首要环节。薪酬策略直接源于薪酬战略，薪酬战略的不同决定着薪酬策略的不同。薪酬策略主要包括五个方面内容，具体如下（见表5-8）：

（1）薪酬激励重点。不同性质的企业所选择的薪酬激励重点也不尽相同，但大体上都要确定激励核心部门和核心人员。中小文化创意企业薪酬激励的重点在于：

第一，核心部门的确定。核心部门指的是能够提高企业竞争力的部门。中小文化创意企业在差异化战略的指导下，注重产品创新和技术创新，尽可能多地创造差异化产品，获取企业竞争力，在这种情况下企业的研发部门就属于其核心部门。同时由于生产产品的主要目的是销售出去，强有力的营销团队也是企业经营发展的武器，在这种情况下，营销部门也可能确定为企业的核心部门。

第二，核心人员的确定。核心人员是指对企业发展至关重要且具有核心知识和技能的员工。中小文化创意企业的竞争优势主要来自其产品的差异性，而差异化的产品来自其拥有一批具有创新能力的研发人员，这些员工具有独特的知识和研发能力，是企业价值的主要创造者。因此对这些研发人员或团队进行重点激励成为该类企业的重要环节。

（2）薪酬支付基础。薪酬支付基础是指用什么支付报酬，目前薪酬的支付基础主要有以下四种，如表5-5所示。

第一，基于职位。基于职位的薪酬支付基础表明企业根据职位的相对价值给员工支付报酬。在中小文化创意企业中，行政人员、管理人员和财务人员主要是根据其该对职位的具体任务的完成量来支付薪酬。

第二，基于能力。基于能力的薪酬支付基础表明企业是根据员工能力的高低来给员工支付报酬。在中小文化创意企业中，研发类员工主要是通过自身所拥有的知识和技能去创造具有差异化的产品，赢得企业的竞争优势。企业对研发类员工以知识和能力为薪酬支付基础，来吸引、留住创造型人才。

第三，基于绩效。基于绩效的薪酬支付基础表明企业根据员工为企业做出的贡献大小和绩效状况给员工支付报酬。在中小文化创意企业中，销售类员工通常以此为薪酬支付基础，这种薪酬支付直接与绩效挂钩，销售业绩越佳，获得的报酬越多，有利于激发员工的工作热情和满足其成就感。

第四，基于年薪。年薪制是指企业以为年度为单位并根据自身规模和经营业绩，确定并支付给经营管理者的一种薪酬分配方式，其关键是把企业经理人的利益与企业所有人的利益相结合，在此基础上促使两者的目标趋于一致，从而加强了薪酬的激励和约束力。在中小文化创意企业中，一般针对的是高层管理者。

表 5-5 四种薪酬支付基础

薪酬支付基础	支付原则	特点	适用范围
基于职位	职位的价值	职位薪酬提升	行政人员、管理人员、财务人员
基于能力	胜任本职工作所需的能力	依据成功员工特点和要素评价决定该职位薪酬	研发人员
基于绩效	员工近期绩效	与绩效直接挂钩，薪酬随绩效浮动	销售人员
基于年薪	平均薪酬水平、企业性质、效益	基薪+效益加薪	高层管理人员

（3）薪酬水平。企业在经营战略的指导下，结合当地劳动力市场状况和行业薪酬水平来确定相应的薪酬水平。通常来说，企业的薪酬水平策略可分为以下三类，如表 5-6 所示：

表 5-6 薪酬水平类别

领先策略	跟随策略	落后策略
采取本组织的薪酬水平高于竞争对手或市场的薪酬水平的策略。这种薪酬策略以高薪为代价，在吸引和留住员工方面都具有明显优势，并且将员工对薪酬的不满降到一个相当低的程度	是根据市场平均水平确定企业的薪酬水平的一种常用做法。实施这种薪酬水平策略的企业往往既希望确保自己的薪酬成本与产品竞争对手的成本保持基本一致，而不至于在产品市场上陷入不利地位，同时又希望自己能够吸引和保留员工，不至于在劳动力市场上输给竞争对手	采用落后策略的企业，大多处于竞争性产品市场上，边际利润率比较低，成本承受能力很弱。受产品市场上较低的利润率所限制，没有能力为员工提供高水平的薪酬，对于企业吸引高质量员工来说非常不利

中小文化创意企业本身的特点决定了其薪酬水平首要选择领先策略。中小文化创意企业是一类朝阳企业，这类企业的特点就是"年轻"，大多数还处于发展的成长期，加上国家政策的大力扶持，目前发展非常迅速，这就造成了创意性人才出现较大缺口；同时由于创意企业以文化和创意为基础，要想在行业中或市场上建立企业独特的竞争优势，首要的就是拥有属于自己的研发人员和团队，发挥他们特有的创新能力来保持和提高竞争力。而采用领先薪酬策略能够比较迅速地吸引和留住一批这样的创造性员工。

（4）薪酬组合。薪酬组合主要指企业薪酬构成中的固定部分薪酬（主要指基本工资）和浮动部分薪酬（主要指奖金和绩效工资）所占的比例。企业可采用的薪酬组合如表5-7所示：

表5-7 薪酬组合

高稳定模式	指薪酬主要取决于工龄和公司的经营状况，与个人业绩的关系不大。主要特征是基本薪资高，奖金比重较小，福利、保险比例适中；具有较强的安全感，但缺乏激励功能，人工成本增加过快，企业负担较重。适合于经营稳定性强的企业，或处于成长后期至成熟阶段的企业
高弹性模式	指为了避免传统刚性薪酬体系所带来的弊端，以业绩为基础的薪酬制度。在这种薪酬模式下，员工的薪酬起伏可能较大，具有较强的激励功能，但使员工缺乏安全感。适合于人员流动性较大、需要创建品牌和快速增长型的企业
调和模式	以上两种模式的折中，它既有一定的弹性，能够不断激励员工提高业绩，也有一定的稳定性，给予员工一种安全感，使之关注长期目标

中小创意企业贵在创意，因此其薪酬模式应采取混合型模式。其中核心员工最重要的能力是创新。要提高员工的产品开发能力和技术创新能力，必须打破传统的以固定薪酬为主的薪酬模式，将员工的业绩与薪酬挂钩，薪酬的浮动紧随业绩的高低来确定，这样才能激发员工的创新能力，降低离职率。因此，中小文化创意企业对这些核心员工应采用高弹性的薪酬模式。这种模式除了提高员工的创新能力外，对研发、生产和营销部门之间的团队协作也有一定的激励作用。同时，从事行政和财务等这些职位的员工工作内容较为稳定，可以对他们采取高稳定薪酬模式。

（5）薪酬制度。中小文化创意企业应实行开放的薪酬制度，注重员工参与薪酬决策，以满足员工的参与感，提高忠诚度；建立高透明度的薪酬体系，更倾向于采用以收益分享为基础的奖金计划、期股、期权和员工持股等一系列风险收益和长期激励计划，以及宽带薪酬制度，以实现对高级技术工人和知识型创新性员工的激励。

表5-8 差异化战略下的薪酬体系

经营战略内容		差异化战略
薪酬战略		激励员工创新精神
薪酬设计	激励重点	多为研发、营销部门
	支付基础	倾向于知识和能力
	薪酬水平	领先或对应
	薪酬组合	混合型薪酬模式
	薪酬制度	多为开放管理,长期激励,宽带薪酬,注重员工参与,薪酬透明度高

5. 薪酬计划安排

(1) 薪酬人员计划。构建战略薪酬体系,需要中小文化创意企业在自身战略指导下,结合内部现有资源能力,分析实现企业经营战略所需人力资源的数量、质量及其种类以制订适合的薪酬人员计划。薪酬人员计划的制订有两方面:

①企业内部人力资源环境分析。

第一,员工年龄结构。据调查,78.35%的员工年龄在20~25岁,26~30岁的员工占14.43%,只有7.22%的员工是在30岁以上,如图5-5所示。从调查数据可得中小文化创意企业的员工较为年轻化。年轻人具备较强的创造力和创意激情,这也正符合了此行业需要有创造力、创新能力强并且富有激情、活力的人才要求。

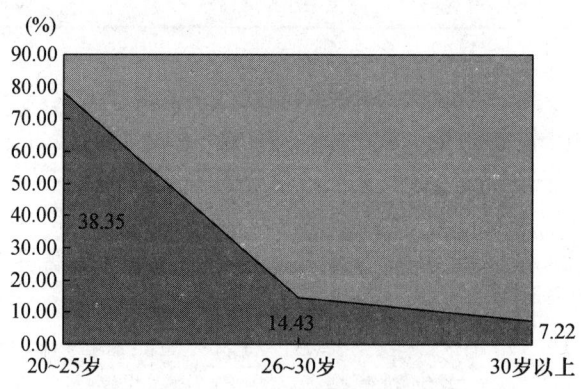

图5-5 员工年龄结构

资料来源:中国社会科学院. 中国人才发展报告 (No.4) [R]. 2007.

第二,员工岗位结构。中小文化创意企业的员工多以设计类、编辑类和策划类等专业为职位,分别达到了45.36%、18.56%、13.4%,而财务、管理、行政、教育等非专业类职位所占比例较低,共为22.68%,如图5-6所示,这与文化创意产业更强调专业化的发展方向密切相关。

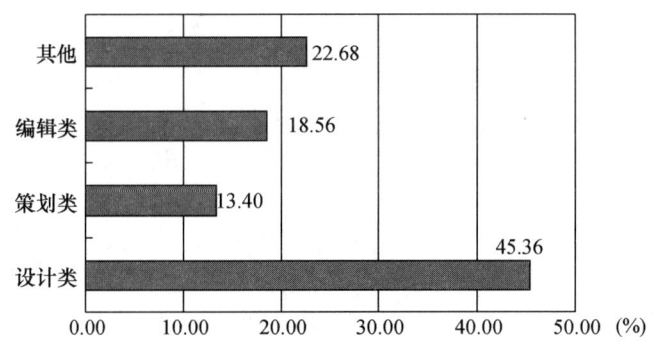

图5-6 员工岗位结构

资料来源:中国社会科学院.中国人才发展报告(No.4)[R].2007.

第三,员工教育程度。中小文化创意企业的员工主要以大学本科为主,其中本科占到62.6%,而大专及以下学历约占25.3%,研究生学历只占12.1%,如图5-7所示。这说明企业在用人时并不单唯学历化,更关注创意人才的实际能力。

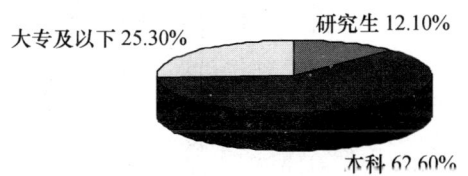

图5-7 员工学历结构

资料来源:中国社会科学院.中国人才发展报告(No.4)[R].2007.

第四,人员素质分析。中小文化创意企业关键在创意,富有创新精神是员工最重要的能力。据调查,53.61%的被调查员工认为,这个行业的从业者最重要的能力是有创新精神,其次43.3%人认为是沟通能力,再次是职业素养、责任心、学习能力、灵活性、开拓精神、适应能力、协调能力和分析判断能力。

第五,人员流动性。相关调查中,将近80%被从业者跳过槽,在北京地区将近有50%的创意人才因不拥有北京户口而更换工作单位,有40%的企业管理者认为本单位的创意人才流失严重。根据相关调查结果,这类员工频繁跳槽的原因在于，一方面是创意人才供不应求，随着创意企业的迅速发展，大批的创意类岗位出现空缺，而相应的人才不足以填补这些空缺；另一方面存在的原因是目前劳动力市场流动的创意人才较为年轻化、个性张扬，思想自主，难以定性在哪一类职位上，他们追求的是有更多的发展机会和更大的展示自己才华的舞台。

上面分析了企业员工的年龄结构、岗位结构、教育程度、人员素质、人员流动性，对企业内部的整体人力资源状况有所了解。目前中小文化创意企业需要一批年轻化的、教育程度在本科及以上的从事设计类、策划类和编辑类等专业类职位的人才。

②企业人力资源需求预测。

中小文化创意企业在分析企业内部人力资源环境的基础上进行人员需求预测。本章对文化创意企业人员需求预测运用的是经验估计法和德尔菲法两种方法的结合。

通过对中小文化创意企业内部人力资源状况进行分析，来对企业的人力资源需求进行预测。具体做法：以中小文化创意企业的研发部门为例来讲述预测经过，每年年度末，研发部主管根据本部门的研发项目发展需求，找出那些职位出现空缺（如目前动漫企业的研发部门中设计类、策划类和编辑类职位就出现相当大的缺口），统计相关岗位具体需要多少员工，在此基础上按需要对已有的岗位进行评估，及时做出相应增减变动，以保证研发项目能有正常运转下来，并在下年初将所做出的预测信息上交人力资源部审核。此后，人力资源部在每年度末组成研究小组成立专家组，根据研发部门提交的相关预测数据设计调查问卷分发给相关专家，就需要预测的岗位和人员进行讨论。专家成员是主要来自企业各个职能部门的主管、各个部门综合管理岗位的负责人和外聘专家组成，一般由25人组成，专家组的组成成员对外部具有保密性，这样有利于提高预测数据的准确度。研究小组对调查表的信息进行收集和统计，然后再将信息反馈给各个专家。如此反复多次直到各位专家成员的意见相统一。最后，人力资源部根据研究小组得出的结论，调整研发部门的岗位数量和人员计划。

通过薪酬人员需求预测，确定企业研发部门需要增减岗位，以及这些岗位上相关员工的缺口是多少，同时为企业的薪酬财务计划做好基础工作。

（2）薪酬财务计划。在具体预测了企业相关部门所需的员工和岗位数量基础上，了解企业本年度的经营状况和往年所实施的薪酬总量，确定适合本企业的薪酬财务计划。

中小文化创意企业主要采用以企业的经济承受能力为基础，以市场薪酬水平为主导的方法来进行薪酬财务计划。该方法的具体做法在于首先了解企业的盈利能力，对本企业的经济承受能力的范围进行一个大致界定；在此基础上根据外部薪酬市场调查数据确定适合本企业的薪酬水平策略，进而确定出该企业相关职位的薪酬额度，进而计算薪酬总额，并以企业的经济承受力进行及时调节，以便制定出切合实际的薪酬财务计划以支撑薪酬体系的有效运行。

企业的薪酬人员计划和薪酬财务计划是企业战略薪酬体系得以构建和有效实施的奠基石。合理地预测所缺失的员工和岗位数，规范地预算所需薪酬总额，在此基础上制定薪酬策略，进行薪酬设计，才能真正做到与企业的经营发展步伐相一致，与企业战略相匹配，最终为企业提供有竞争力的薪酬激励，同时保证企业有充足的资金进行经营发展。

6. 薪酬结构设计

薪酬结构的设计是手段和方法，是企业战略薪酬体系得以构建和有效实施的有力保障。良好的薪酬设计，能够依据职位职责、技能等标准对企业内部的不同职位进行薪酬等级划分，并据此结合企业外部的薪酬调查信息进行相应调节，最终确定每个职位所应分配到的薪酬额度，以实现对员工的激励作用。

企业设计薪酬结构有三点需要强调：①对企业不同职位间进行分等；②确定相应薪酬等级的区间值，通俗地说是指薪酬在不同薪酬等级间的变动范围；③相邻薪酬等级间的重合度，在这里重合度是指某一较高薪级和相邻薪级间的重复比例。

下面以中小文化创意企业为例，说明薪酬结构设计在以上三点的相关操作：

（1）对中小文化创意企业的不同职位按照相应的职位评价指标进行价值评价，其中行政管理、财务等职位以职位职责的大小来进行评价；研发技术类职位以员工的能力高低来进行评价；销售类员工则以月销售量的多少来评价；高层管理者通过具体实现的利润来评价，然后对这些经过评价的职位进行从高到低的排序和划分薪酬等级，最后将相类同的职位划分到同一个薪酬等级。

（2）确定薪酬等级的区间值。要确定每一薪级的区间值，首先要确定各薪级的区间中值，这里的区间中值一般选取外部劳动力市场的薪酬水平值；在此基础上来确定薪级的浮动范围，实践操作中一般在10%左右浮动。薪级的浮动幅度要结合企业的职位价值、职位层级和员工的技能高低来定。职位价值越大、员工技能越熟练，其对应薪级浮动值应越大；职位等级越高，对应的薪级浮动值也应越大，原因在于高层级的员工晋升空间相对较小，加大薪级浮动范围，有利于体现员工的价值和提高满意度。

（3）设计重合度。重合度指的是较高级别薪级的最低薪酬水平和与之相邻的低一级薪级的最高薪酬水平相重叠的情况。等级重合的设计可以使低等级的员工由于业绩或资历的优越而获得与更高等级的员工同样或更高的薪酬水平，这一做法既可以缓解企业内部职位晋升空间的不足，又可以适当体现员工的价值，激励员工更加努力工作。

7. 薪酬动态管理

中小文化企业的经营处于迅速发展过程中，其薪酬管理也必然随着内外环境的变化处于不断变化中。由于外部经营环境的复杂多变，企业的经营战略也不断进行动态调整，其薪酬战略也必然随着进行动态调整；内部由于企业薪酬体系自身的调整也会引发薪酬策略的变化。

（1）外部动态管理。企业的战略薪酬体系是基于企业的经营战略建立的，其建立并不是一成不变的，而是随着企业经营战略的变化而变化。随着企业经营环境的发展变化、企业组织结构的变革、企业发展阶段的不同等都有可能引起企业本身发生巨大变化，面对这些变化企业也在相应地动态调整自身的经营战略来实现可持续发展。这就要求企业的战略薪酬体系在一定程度上能和企业经营战略保持动态的相匹配，以有力支撑企业的经营战略，保证薪酬战略能够推动企业薪酬管理工作有效运行。

（2）内部动态管理。要做好企业薪酬体系的内部动态管理，需要做到以下几方面：

第一，适时进行薪酬调查。由于企业竞争程度的变化、劳动力市场供求关系的变化、物价波动等因素的影响，外部薪酬水平也处于不断变化中。企业薪酬设计要满足外部竞争性和公平原则，就必须适时地进行外部薪酬调查，调查对象应确定为那些对本企业构成竞争威胁的以及在行业中的领先企业，尤其是这些企业中相对于本企业来说属于关键性职位的薪酬水平，并依据薪酬调查结果，检查自身的薪酬水平相对于外部薪酬水平是否具有竞争力，从而结合本企业的经营战略及时调整自身的薪酬水平和薪酬战略决策。

第二，合理实施薪酬预算。企业薪酬体系的有效实施需要合理的薪酬预算来支撑。薪酬水平的制定必须考虑企业的经济承受能力，薪酬预算实际上是企业对薪酬管理中就员工方面成本开支的一种预算。通过薪酬预算，了解经营状况和实际支付能力，合理调整员工的薪酬水平，实现薪酬水平的公平性和竞争性，提高员工的满意度和忠诚感，有效降低员工流动率。

第三，有效进行薪酬沟通。在企业的薪酬动态管理过程中有效的沟通是至关重要的。薪酬体系的设计只有在和员工保持有效的沟通下，才能取得员工的理解和支持，并通过他们对薪酬体系运行情况的反馈进行不断完善。如果忽视和员工的全面沟通，就会缺失员工对薪酬体系运行相关方面的理解和配合，这样即使该薪酬体系再完美也不能实现预期的效果。

通过薪酬动态管理，不仅能使企业的薪酬体系处于有效运行过程中，而且能使企业的薪酬体系能够根据内外部环境的变化及时动态地调整，始终做到与企业的经营战略相匹配，提高员工的满意度，以不断获取企业的竞争优势。

五、实证研究

(一) M公司薪酬管理现状分析

1. M公司简介

M公司成立于2009年,秉承"以人为本,稳健经营"的发展理念,不断创新,积极进取。该公司是一家从事原创动画策划、制作、发行及市场开发等内容的专业动漫文化公司。主营业务涉及动漫营销、动漫制作、动漫衍生产品开发、动漫形象品牌授权和动漫渠道运营等个动漫相关领域。公司坚持以市场为导向,以产品为依托,以其迅速增长的经济效益和蓬勃向上的发展势头,获得了业界的好评;员工队伍也从最初的几个人发展到今天已经拥有了一支高素质层次化的年轻队伍,为企业宣传、产品销售和技术服务提供了强有力的保证。目前公司正式人员100人(见表5-9)。

表5-9 M公司人员基本情况

年龄	20~30岁	52人
	30~40岁	33人
	40岁以上	15人
学历	大专以下	11人
	大专	32人
	本科	45人
	硕士及其以上	12人

M公司面对当前复杂多变的竞争环境,精简了原来繁琐的管理层次,实行扁平化组织结构。从而提高了经营决策的灵活性,实现了高层管理者和下属之间的有效沟通,使得公司运营过程中的各种棘手问题能够及时找到根源,并快速采取应变措施,始终掌握公司经营决策的主动权,不断追求企业经营的高效率以提升竞争能力。随着公司的业务快速发展,公司高层开始认识到薪酬体系并没有充分发挥其应有的杠杆作用,从而开始成为制约企业进一步发展壮大的"瓶颈"。

2. M公司薪酬管理现状分析

(1) 薪酬战略与企业经营战略不相匹配。M公司属于创意性公司,创意是其核心，产品创新和技术创新是其主要竞争手段。因此公司将经营战略定为差异化战略，意为走创新之路。工作的挑战性和创新能力成为员工的核心能力，应成为公司薪酬激励的关注点。但现实中公司高层并没有加大对这些因素的激励力度，还是遵循传统的薪酬激励模式，固定薪酬为主，浮动薪酬为辅；短期激励为主，长期激励缺乏。这种薪酬政策不能支持公司的经营战略，同样也不能满足员工的激励需求，使得员工流动率居高不下。

（2）过于忽视非经济性报酬的管理。M公司的报酬主要以经济性报酬为主，非经济性报酬很少运用。这与公司的创意特性严重不符合。M公司员工多数属于创意类员工，这些员工年龄大多集中在20～35岁，个性张扬，创新是其首要技能，经济性薪酬并不是其重点关注点。与其他员工相比，他们对工作是否更具挑战性、能否更大程度地参与工作、是否能拥有灵活的工作时间等更感兴趣，同时他们渴望被认可和被尊重。这些都是经济性薪酬无法实现的，因此怎样通过在薪酬中加大非经济性报酬的实施，增强员工对于企业的忠诚感，降低员工的流动率，吸引更多的专业创造人才已成为M公司今后薪酬设计中一个重要的内容。

（3）福利所占比例较小，且形式过于单一。M公司由于规模、资金等方面的限制，在员工福利方面实施形式单一。半数员工都没有享受到法定福利，现有的只是每年一次的体检和一次为期7天的年假，经营好的时段还会提供短期的假期旅游。这一部分原因可能和员工流动频繁有关。显然这种福利政策并不能满足目前员工多样化的需求，在福利形式方面M公司可以尝试多样化，例如对从事行政、财务等工作性质较为稳定的员工实施法定福利，尽可能多的提供一些休假；对那些创意类员工可根据其具体需求相应安排，其中对喜欢接受挑战性的员工提供相关技能培训和学习，对不喜欢约束的员工提供弹性的工作时间等，这些都是M公司今后应该考虑的地方。

（二）M公司的战略薪酬体系的构建

1. 制定薪酬战略

设计适合M公司的战略薪酬体系，确定清晰的经营战略是首先要解决的问题。就M公司当前情况来说，公司的竞争优势在于能够提供原创性的动漫产品拓展市场路径，以产品的创新来保持可持续发展。M公司实施的经营战略为差异化战略，注重产品的原创性和员工的自主创新能力，在此基础上不断加大产品开发力度和市场路径开拓，实现公司规模的不断发展壮大。在明确了公司的经营战略和目标的基础上，制定相应的薪酬战略。就以上分析可得出M公司的薪酬战略应制定为：注重对员工的创新能力的激励，不仅注重对个人的激励，同时也要加大团队激励的力度，尤其是公司的核心研发团队应作为激励的重点；加大对员工长期激励的比例，使员工与公司的经营共进退。

2. 选择薪酬策略

M公司作为一个创意公司，其经营的重点在于动漫及相关产品的创作、员工的自主创新和产品营销方面。

（1）薪酬激励重点方面：①核心部门。M公司作为一个动漫公司，属于典型的创意类公司，产品的创新能力是公司发展的关键。在各部门中，研发部门进行产品创作，营销部门进行渠道的开辟，它们是保证该公司正常运转的核心部门，也是公司竞争优势的来源地，因此都应该是薪酬激励的重点。②核心员工。M公司从事设计、策划、编辑类员工主要负责动漫开发和制作、动漫衍生产品开发；销售人员主要从事动漫营销，这些员工都是实现公司经营发展的核心动力，因此这些员工应是薪酬激励的重点。

（2）薪酬支付基础方面。M公司根据其内部不同员工所从事的工作性质，可采用多种支付基础并存。其中设计、策划、编辑类员工，由于他们主要是通过自身所拥有的知识和技能去创造具有差异化的产品，赢得企业的竞争优势。企业对这类员工以知识和能力为薪酬支付基础，来吸引、留住创造型人才；销售人员以绩效为薪酬支付基础，这种薪酬支付直接与绩效挂钩，销售业绩越佳，获得的报酬越多，有利于激发员工的工作热情和满足其成就；职能管理人员（行政、管理、财务类），由于他们从事的是根据其该对职位的具体任务的完成量来支付薪酬，这类员工主要以职位为薪酬支付基础；公司高层管理人员的薪酬主要是根据企业的经营状况来确定，因此这类员工以年薪为薪酬支付基础。

（3）在薪酬水平方面。根据M公司目前的经营状况，以及以往几年薪酬的支付情况，选择市场领先策略，以保证吸引和留住更多的公司需要的创意人才。

（4）薪酬组合方面。M公司为了激发设计、策划、编辑类员工的创新能力，降低离职率，打破传统的以固定薪酬为主的薪酬模式，将员工的业绩与薪酬挂钩，薪酬的浮动紧随业绩的高低来确定，对这类员工采用高弹性的薪酬模式；同时从事行政和财务等这些职位的员工工作内容较为稳定，对他们宜采取高稳定薪酬模式。

（5）薪酬制度方面。M公司实行更加开放的薪酬制度，加大了研发类员工在薪酬决策方面参与权，同时提高薪酬体系的透明度，有效提高了员工的执行力度；在短期激励的基础上更倾向于采用长期激励计划，如以收益分享为基础的奖金计划等，真正实现了将员工的利益与公司的利益密切结合，以实现对创新性员工的激励。

3. 薪酬计划安排

（1）薪酬人员计划。M公司通过对内部人力资源环境进行分析，得出在产品的设计和策划方面，人才流动频繁，严重时会出现招不到人的现象。同时随着公司业务的不断开拓，接手的项目数量增多，需要更多的专业人才来进行研究开发。M公司的研发部主管根据本部门的项目数量和规模，拟定出需要增加的设计、策划类岗位和员工数量，交予公司的人力资源部门进行审核。人力资源部门根据研发主管的申请资料，利用德尔菲法成立专家小组进行需求预测。届时，在对专家小组的意见的多次反馈下，确定公司的用人计划。

（2）薪酬财务计划。结合上述薪酬人员计划，M公司主要采用以企业的经济承受能力为基础，以市场薪酬水平为主导的方法来进行薪酬财务计划。M公司处于企业发展的成长期阶段，发展迅速，加上从事的是市场需求旺盛的动漫产品，产品销路开拓顺利，企业的盈利能力较强。在确定本公司拥有较强经济承受能力的基础上，结合外部薪酬市场调查数据，确定了公司的薪酬水平策略为市场领先水平，这也符合多数创意类企业的薪酬水平；进而根据预测的缺失员工人数和岗位拟定相应薪酬额度，最终预算出公司的薪酬总额，并根据企业的经济承受力进行适当调节，制定出公司切合实际情况的薪酬财务计划，以支撑公司薪酬体系的有效运行。

4. 薪酬设计

为满足公司组织结构的扁平化需要，M公司设计了宽带型薪酬结构，将公司岗位根据贡献和责任的大小大体分为四个薪酬等级（A级、B级、C级、D级），其中岗位贡献和责任越大，薪酬级别越高；每一等级又划分为五档（详见表5-10）。

在设计宽带薪酬时，关键是要按照内部一致性原则确定公司中各岗位在薪级中的相对位置。具体步骤为：

首先，将公司中的相关岗位进行序列排序。其中行政和财务类职位，主要通过职位评价确定各职位的相对价值，并依据相对价值从小到大进行排序；销售类职位，主要是通过具体完成的销售额从低到高进行排序，将M公司的销售额划分为四个档次，在薪酬等级中具体表现为：A级（销售额在100万元以上）；B级（销售额在50万元以上）；C级（销售额在30万元以上）；D级（销售额在30万元以下）；设计、策划、编辑等研发类职位，按照完成任务所需要的能力大小进行排序，其中将M公司的研发类人员从级别上划分为四级，分别是研发助理、初级研发人员、中级研发人员和高级研发人员。

其次，对M公司相关序列职位间进行比较、分析，确定出各序列职位在四个薪酬等级上的具体位置。

最后，结合公司外部薪酬调查的数据和本公司以往的薪酬数据，确定四个薪酬等级区间的中值，同时根据相应薪酬等级中职位的外部市场薪酬水平，确定出各个薪酬等级的浮动范围及各等级内部不同档位的薪酬水平。

表 5-10 薪酬结构设计

薪酬等级		一般人员	财务人员	销售人员	研发技术人员	高层管理人员
A	20					总经理
	19				高级技术研发人员	
	18					
	17		财务经理			
	16	人力资源经理		销售经理		
B	15					
	14					
	13			销售主管	中级技术研发人员	
	12		财务主管			
	11	人力资源主管				
C	10					
	9		会计			
	8					
	7	经理秘书	出纳		初级技术研发人员	
	6	人事文员		销售员		
D	5	行政文员			技术助理	
	4			促销员		
	3					
	2					
	1	前台				

另外，就 M 公司来说，应该注意对员工加大非经济型薪酬的比例和实施长期激励计划。就非经济型薪酬方面，可以考虑加大员工对工作的参与程度；提供轻松舒适的工作氛围；就员工的工作技能定期实施培训，为员工提供有挑战性的工作等。就长期激励方面可以考虑实施收益分享计划，真正做到将员工的利益和公司的收益相挂钩，提高员工对公司的忠诚度和凝聚力。

在员工福利方面，首先应积极贯彻执行国家政策规定的法定福利，如五险一金；在企业自主提供的福利方面，应贯彻多样化原则。如考虑在节假日或公司年会这些具有特殊意义的日子，置办一些知名品牌的团购礼品作为员工福利发放给公司内部员工，慰问员工，用情感文化吸引留住员工；在公司内部建立一个小型的读书俱乐部，置买一些与本公司核心专业相关的书籍，以吸引相关员工来阅读并讨论，为员工提供良好的学习环境，还可以增强员工间的合作精神；针对M公司创意员工工作压力大的特点，可以考虑在公司内部设立健身俱乐部，既能缓解压力又能强身健体，有利于提高工作绩效和员工的满意度。

5. 薪酬动态管理

薪酬体系不是一经制定就一成不变的，是处于不断的动态调整过程中。因此M公司应每年对本公司的薪酬体系进行一次调整。公司可在外部薪酬数据调查的基础上，结合公司经营战略的需要和内部人力资源变化情况，并借助薪酬预算来适时调整员工薪酬，以实现对公司薪酬的动态管理。

六、结论

本章以我国中小文化创意企业战略薪酬体系的构建为主要研究对象，以中小文化创意企业薪酬管理的现状及问题为研究出发点，基于对企业战略理论、薪酬理论、战略薪酬管理理论的深入研究分析，尝试构建了中小文化创意企业经营战略的战略薪酬体系模型，并通过M公司的实证研究，进一步论证了该战略性薪酬体系的实践意义，得出以下结论：

（1）中小文化创意企业构建其薪酬体系应该以企业的经营战略为指导。只有在经营战略的指导下构建基于战略的薪酬体系，才能更有效地发挥薪酬的激励作用，为企业经营战略的实施提供有利推动，从而获得竞争优势。

（2）中小文化创意企业的薪酬战略要与其经营战略相匹配。企业通常会根据自身需要制定不同的经营战略来保持和提高其竞争优势。因此，企业需要制定相应的薪酬战略来与之相匹配，这样才能支持企业的经营战略，保证员工的行为不偏离企业的经营目标。

（3）将战略薪酬体系视为一个动态系统。战略薪酬体系不是一经制定就一成不变，而应根据企业内外部的变化进行相应的动态调整，其中外部是由企业战略发生变化而引发的调整；内部是由企业薪酬体系自身引起的调整。通过不时的动态调整，使战略薪酬体系更有力地支持企业的经营发展，以实现经营目标。

参考文献

[1] 杨胤，宗鹏. 中小企业薪酬管理初探 [J]. 安徽文学（下半月），2008（2）.

[2] 雷靖. 浅谈我国中小企业的发展问题 [J]. 知识经济，2010（7）.

[3] 黄清队．试论中小企业薪酬管理［J］．当代经济，2011（7）．

[4] 杨凤鲜，侯军岐．中小文化创意企业发展战略研究［J］．全国商情（经济理论研究），2010（11）．

[5] 闫娜．山东民营文化企业及发展研究［J］．商业环境，2009（6）．

[6] 孟尖宾．浅谈中小企业的薪酬管理与改革［J］．中外企业家，2011（5）．

[7] 姜曼．论中小型民营文化企业的发展现状及前景［D］．首都师范大学硕士学位论文，2011．

[8] 邬子珩．文化创意企业创新成长过程研究［D］．西北大学硕士学位论文，2011．

[9] 马志坚．论我国中小企业薪酬管理［J］．中小企业管理与科学，2011（7）．

[10] 葛安娜．中小文化企业现状及发展对策研究［J］．现代经济信息，2011（6）．

[11] 任雁楠．我国中小企业的发展现状讨论［J］．现代经济信息，2010（3）．

[12] 乐进．论文化创意企业发展机遇［J］．企业家天地，2010（11）．

[13] 覃艳华．创意型企业的人力资源管理模式研究［J］．企业经济，2008（3）．

[14] 王献东．文化创意企业特征与工作压力管理策略分析［J］．太原科技，2009（5）．

[15] 李松泽．健全中小企业薪酬管理体系［J］．合作经济与科技，2008（5）．

[16] 孙维维．中小企业薪酬管理现状分析及对策研究——基于T公司的薪酬调研［J］．人力资源管理，2011（5）．

[17] 焦江涛．企业战略性薪酬管理研究［D］．郑州大学硕士学位论文，2005．

[18] 梁建川．中小企业战略性薪酬管理模式构建研究［J］．商场现代化，2010（3）．

[19] 田亚平，李卓华．创意企业管理创新的新视野［J］．北华航天工业学院学报，2010（3）．

[20] 邓湘南，解朝杰，蔡小于．企业薪酬战略与竞争战略的匹配研究［J］．企业活力，2009（1）．

[21] 胡尊亮．薪酬战略与企业战略的匹配研究［J］．消费导刊，2009（23）．

[22] 杜志平，刘犁子．不同战略下的企业薪酬分析［J］．经营管理者，2009（12）．

[23] 朱晓 企业战略与薪酬政策研究综述及启示［J］．财会通讯，2009（5）

[24] 李军，胡愈．论企业战略和薪酬战略的关系——"普遍性视角"观［J］．商业研究，2007

[25] 孙静．基于企业战略设计的薪酬体系研究［J］．企业经济，2009（9）．

[26] 陈敏．企业战略薪酬设计研究初探［J］．科技信息（科学教研），2008（25）．

[27] 刘洋．浅议企业战略性薪酬管理［J］．黑龙江科技信息，2008（7）．

[28] 金东红．战略性薪酬体系设计及其实证研究［D］．吉林大学硕士学位论文，2007．

[29] 高喜臣．战略性薪酬体系研究［D］．吉林大学硕士学位论文，2006．

[30] 张欣，许多爽．创意企业的工作设计与员工薪酬机制研究［J］．经济管理．2008（18）．

[31] 刘昕．薪酬管理［M］．北京：中国人民大学出版社，2002．

[32] 约瑟夫·J．马尔托奇奥（Joseph J. Martocchio）．战略薪酬管理［M］．刘小刚，童佳译，北京：中国人民大学出版社，2005．

[33] [美] 乔治·T. 米尔科维奇 (Gerge T. Milkovich), [美] 杰里·M. 纽曼 (Jerry M. Newman) 著. 薪酬管理 [M]. 董克用等译, 北京: 中国人民大学出版社, 2002.

[34] [美] 托马斯·J. 伯格曼 (Thomas J. Bergmann), [美] 维达·古尔比纳斯·斯卡佩罗 (Vida Gulbinas Scarpello). 薪酬决策 [M]. 何蓉等译, 北京: 中信出版社, 2004.

[35] 王学力编著. 企业薪酬设计与管理 [M]. 广州: 广东经济出版社, 2001.

[36] Braittk Boyd, Alain Salamin. Stragetic Resource Management: A Contingency Model of Pay System Design [J]. Strategic Management Journal, 2001 (12): 779–790.

[37] O'Connell, Kevin. The Importance of Strategically Designed Compensation Plans [M]. Benefits & Compensation Digest, 2007.

[38] Davis Trenton J. Strategic Compensation: Utilizing Efficiency Wages in the Public Sector [C]. Conference Papers – Midwestern Political Science Association, 2007 Annual Meeting.

[39] Joseph J. Martocchio. Strategic Compensation [M]. Prentice Hall PTR, 2001.

[40] Jeffrey A. Mello. Strategic Human Resource Management [M]. Thomson/South–Westem, 2006.

[41] Alfred Chandler. Strategy and Structure [M]. Cambridge, Mass: MIT Press, 1962.

[42] Lovorka Galetic, Ivana Nacinovic. Compensation Management in Croatian Enterprises: An Empirical Study [J]. The Business Review, 2006 (1).

[43] Milkovich G. A Strategic Perspective on Compensation Management [EB/OL]. http://digitalcommons.ilr.cornell.edu/cahrswp.

[44] Balkin, Gomez Mejia. Matching Compensation and Organizational Strategies [J]. Strategic Management Journal, February 1999, Vol. 11, Iss. 2.

[45] Andrew Dzamba. Compensation Strategies to Use Amid Organizational Change [J]. Compensation & Benefits Management, 2001 (4).

第六篇 印刷企业供应链管理问题研究*

一、绪论

(一) 研究背景

企业管理在不同的时期有着不同的战略重点。从 20 世纪 80 年代起,供应链管理就进入了管理学者的视野并逐渐成为了研究的热门。供应链(Supply Chain,SC)作为一种新的管理模式,在制造业管理中得到了普遍应用。

任何一个企业都不可能包揽所有的业务并成为各方面的佼佼者,对于企业来说,要想提高市场竞争力,除了要从提高服务和降低成本上着手外,还必须联合企业的上下游,形成一条信息互通、经济相连、业务关系紧密的企业供应链以实现优势互补,增强整个供应链企业的竞争力,这样才能更好地应对新的挑战,把握可能出现的机遇。

作为一种新的管理模式,供应链管理从整个供应链的角度对所有节点企业的资源重新进行了集成和协调,强调信息资源集成、战略、伙伴协同、快速响应市场、降低企业成本、增加企业柔性并为客户创造价值等。英国著名的供应链管理专家马丁·克里斯托弗曾经指出:"世界的竞争不再是企业与企业之间的竞争,而是供应链与供应链之间的竞争。"供应链管理把供应链上的相关企业作为一个密不可分的整体,使供应链上各企业所分担的采购、生产、运输和销售职能成为一个协调发展的有机整体。供应链管理更大程度上关注供应链的整体效率,供应链不仅仅是一条价值链,更是一条增值链,物料在供应链上因加工、包装、运输等环节而增值,给供应链相关企业都带来了更多的收益。国际上一些著名企业如

---

* 作者简介:袁清陆,北京印刷学院企业管理专业 2010 级硕士研究生,指导教师为曲德森教授、吴仁群副教授。

沃尔玛、戴尔、IBM、宝洁公司等都将供应链管理思想作为一种强有力的市场竞争武器，并在供应链管理的实践中取得了卓越的成就。总的来说，引入供应链管理理念及方法，在企业界已形成共识。

我国现有各类印刷企业151955家，从业人员300多万人，工业总产值初步估计在1000亿元以上。长期以来，我国印刷业一直存在技术实力不够、低水平生产能力总量严重过剩、印刷市场竞争残酷的现实问题。虽然大多数印刷企业已经意识到了存在的问题，并积极探索解决的途径，如引进先进的技术设备和先进的管理理念，印刷行业的龙头企业也有积极应用供应链管理的相关经验，但随着企业业务的快速增长和市场竞争激烈程度的进一步加剧，印刷企业供应链管理面临着严峻的挑战，其中存在的一些问题已经成为很多印刷企业进一步发展的障碍。

（二）研究内容和方法

本章以供应链的构成为研究基点，从探讨印刷企业供应链管理的特点和问题出发，提出解决印刷企业供应链管理问题的对策。具体的研究内容主要包括以下几个部分：第一部分为绪论，主要包括所研究问题的背景和意义，本章的主要内容和研究方法等。第二部分为理论基础，具体论述供应链管理相关理论，以及在分析印刷行业供应链管理存在问题及解决办法时可能涉及的相关理论。第三部分介绍印刷企业供应链管理的特点及发展趋势。第四部分着重介绍印刷企业供应链管理存在的问题。第五部分针对上述提出的问题给出了可行的解决办法。

本章基于相关理论知识，从分析印刷企业供应链管理的特点入手，提出主要问题并进行进一步分析，由此得出相应对策，同时分析对策实施的可行性及其效果。

（三）印刷企业供应链管理的研究现状

在我国，关于供应链管理理论的研究相对较多，但关于印刷企业构建和管理供应链体系的研究相对较少。

钟泽辉、陈锐标（2003）在《供应链管理在包装印刷企业中的应用》一文中写道：印刷企业实施网络化供应链管理模式，有助于印刷企业提高生产效率，降低企业成本。印刷企业和印刷企业供应链上的相关企业可以实现有效的整合，从而使整个供应链达到一体化的效果，使供应链上各节点企业的信息快速、准确地在供应链上得以传播，从而实现整条供应链的效益最大化。供应链的有效实施还可以帮助印刷企业提高企业整体经营决策水平，适应更加激烈的市场竞争，从而达到从激烈的竞争中脱颖而出的目的。

乔东亮（2003）在《印刷企业建立供应链管理系统的几个问题》一文中指出：现代企业构建供应链管理体系，实现供应链与供应链间的竞争已经是不可抗拒的潮流，印刷企业也不可避免地面对着构建和管理供应链体系，并使整条供应链更加适应市场需求的问题。这就要求印刷企业经营管理者要改变经营管理理念，在思想上、理念上根植供应链竞争的概念。必须要提高对供应链及供应链管理内涵的深刻认识，理清并把握好印刷企业建立供应链管理系统的目标和任务。并积极促成行业集成化的供应网链的成功建立，这是印刷企业供应链管理系统的保证。

潘振明（2006）在《对印刷企业供应链管理整合的思考》一文中指出：我国企业构建供应链管理体系还存在着许多问题。在内外部条件方面，国有企业当前要立即实现全面的供应链管理体系还不具备充分的条件。在外部条件方面，对于印刷企业，尤其是原来直属的印刷企业，虽然有些企业进行了不同程度的改制，但多数还没有完全脱离旧有模式。对于印刷企业构建、管理供应链方面，比较现实可行的做法是一边不断进行企业的内部整合和完善，一边与企业外部的变化相磨合。内外一起提升、延伸，最终达到供应链管理整个链条的全面运行。

杨松、瞿茹芸（2007）在《印刷企业供应链管理系统的分析》一文中写道：印刷企业供应链管理是一个以印刷企业为轴心，通过对印刷企业供应链中物流、信息流、资金流的控制，把材料供应商、分销商、物流公司以及客户连成一个整体的网络结构模式。印刷企业供应链由采购、库存、生产、销售、质量和财务管理等构成的内部网以及供应商和客户等印刷企业供应链中各节点企业构成的外部网组成。在市场经济全球化的背景下，以印刷企业作为核心建立供应链系统，建立市场的快速反应机制，实现资金流、信息流、知识流、物流的集成，有利于印刷企业更好地适应市场的变化，更好地满足人们对高质量、个性化、多样化的环保型印刷品的需求，通过对印刷企业供应链的合理控制，来缩短交货时间，降低库存，降低生产成本、管理成本等，从而提高印刷企业的市场竞争力。

石丽琴、叶春明（2007）在《包装印刷企业供应链管理探析》一文中指出：包装印刷企业实施供应链管理有利于将包装印刷企业、原料供应商、物流公司、客户等有效地整合在一起，使物流、信息流以及资金流快速、准确地流动，使处于供应链管理的各环节通过合作实现"共赢"，从而达到实现包装印刷企业生产运作的良性循环，形成企业品牌和提高经济效益，逐步在行业中形成竞争力的目的。

王明超、范立霞（2011）在《浅析以印刷企业为轴心的供应链管理》一文中指出：由于印刷产业的特殊性，供应链管理一直处于商业链条的服务阶段，在实施过程中，各种问题不断，反而成为企业的负担，因此在印刷产业中并未受到足够重视。在网络化迅速普及，电子商务流行的市场环境下，对印刷企业进行供应链管理研究，有助于降低企业生产经营成本，缩短产品生产周期，提高资金周转率，增加顾客满意度及企业快速反应市场的能力。

（四）创新点与不足

虽然供应链管理的思想引入中国有一段时间了，并且国内学者也对此做了大量的研究，但将供应链管理的理念引入印刷企业的相关研究较少，且大多都是基于某一方面的较为片面的研究，本章从印刷企业供应链管理的特点着手，希望找出在管理和构建印刷企业供应链的过程中可能存在的普遍性问题，并把绿色供应链管理理念和物联网理念引入到印刷企业供应链管理系统中，希望为印刷企业的供应链管理找出切实可行的方案。

由于作者水平有限，接触的实际企业太少，可能对印刷企业供应链存在的问题把握有所偏颇，再者由于实践经验不足，提出的建议难免存在较为学术化、理想化的色彩。

二、研究的概念梳理及理论基础

（一）供应链及供应链管理

1. 供应链及供应链管理的定义

供应链是围绕核心企业，通过对信息流、物流、资金流的控制，从采购原材料开始，制成中间产品以及最终产品，最后由销售网络把产品送到消费者手中的将供应商、制造商、分销商、零售商直到最终用户连成一个整体的功能网链结构模式。供应链管理就是使供应链运作达到最优化，以最少的成本，让供应链从采购开始，到满足最终顾客的所有过程，包括工作流、实物流、资金流和信息流等均能高效率地操作，把合适的产品以合理的价格，及时准确地送到消费者手上。供应链不仅是一条连接供应商到客户的信息链、物流链、资金链，更是一条增值链，物料在供应链上因为加工、包装、运输等过程而增值，从而给关联企业带来收益。供应链管理把供应链上的各个企业作为一个密不可分的整体，使供应链上各相关企业的采购、生产、运输和销售的职能成为一个协调发展的有机整体。

2. 供应链管理的特点

供应链管理的特点是：第一，强调以客户为中心。不断增加的顾客权利对供应链的设计和管理有重要的影响，供应链以提高用户满意度为首要目标，因为顾客需要和期望相对迅速，供应链应该快速和敏捷，而不是缓慢和僵化，所以供应链管理通过降低供应链成本，实现对用户的快速反应，从而获得竞争优势，提升客户的满意度。第二，强调企业间的共同合作与共享信息。供应链管理的一个主要目标是把相关联的企业打造成一个有机的整体，并在整体上优化供应链的绩效，而不是仅仅优化单个企业的绩效，因此供应链的参加者之间的共同合作和信息共享非常重要。企业在抓住自己核心业务的同时，更应该抓好核心资源，从而提高核心竞争力，同时对于非核心竞争力的业务应尽量剥离或采取外包的形式。第三，强调最大程度实现企业间业务流程标准化和集成化。运作良好的供应链从整体上提高单个公司和供应链的长期绩效。对长期绩效的强调表明供应链应该与供应商、顾客、中介和服务性企业等不同的参加者采取长期而不是短期合作。重要的是，长期定位更看重关系型交换，而短期交换倾向于交易型交换。供应链上相关联的企业只有最大程度上实现企业间业务流程的标准化和集成化，才能保障关系型交换的长久和更有效率。第四，强调信息技术的集成运用。因为供应链依靠大量的实时信息，因此信息能够在组织间进行无缝传递是非常必要的。供应链上相关联企业间的信息交流就显得尤为重要，所以供应链上的企业更应该做到信息技术的集成运用。第五，关注供应链的动态优化管理。供应链的整体效率和价值创新能力是供应链上各企业协同产生的。为了维护供应链上所有成员的利益，应该放弃与业绩不佳的少数伙伴的合作，不断地优化供应链。

（二）供应链管理环境下的供应商管理

1. 供应商管理的定义

供应商管理是供应链管理中的一个重要组成部分，是在新的社会经济形势下提出的管理机制。供应链管理环境下的客户关系提倡的是一种战略性合作关系，最终形成一种双赢的竞争合作机制，使供应链上相关企业之间的关系由传统的非合作性竞争走向合作性竞争。合作与竞争并存是当今企业关系发展的一个趋势。供应商管理就是通过对供应链上企业伙伴关系的维护与加强，使供应链上的供需双方进一步发展成为战略性合作伙伴关系，产生新的生产力，提升供应环节价值增值的过程。供应商管理涉及企业与供应市场之间的各种业务活动，如采购、库存、售后服务等。供应商是企业整条供应链的源头，做好供应商的管理对整个供应链的成本控制、过程优化、服务周期缩短及系统间的模块衔接有着重要作用。供应商管理的主要内容包括供应商的评价和选择、采购与供应管理的策略、供应商关系管理、供应商的控制等方面。其管理要素为产品质量、产品价格、交货能力、服务水平、研发和设计能力、信息系统和外部环境等。

2. 供应商管理的重要性及目的

供应商与企业的关系作为供应链上的源头关系，如何对其进行有效的管理、协调和经营是供应商管理的首要任务，这也体现出了供应商管理在供应链中的重要性。供应商管理的重要性及其目的一般体现在以下几点：

首先，做好供应商管理能够帮助企业降低成本、提高产品质量，缩短交货周期。消费者对产品的价格和服务及交货周期的要求越来越重要，降低价格、降低成本、缩短交货周期对企业提高市场占有率起着越来越高的作用。另外，产品或服务的价格及产品的交货周期越来越依赖采购成本和采购质量及供货商与企业的伙伴关系。采用有效和先进的供应商管理策略，可以在产品价格和质量的源头控制产品的成本和质量，使企业在竞争中处于优势地位。

其次，做好供应商管理能提高企业对市场的反应速度。在21世纪，最快的是变化，最高的是消费者的需求。传统的管理方式不能使企业与供应商建立良好的合作伙伴关系，就不能使企业和供应商做到充分的信息共享，共同面对市场及消费者需求的转变，以致企业来不及应对市场和客户需求的快速变化。所以产生了许多新的名词，例如零库存、准时化生产、VMI供应商管理库存等。企业与供应商的伙伴关系意味着新产品/新技术的共同开发、数据和信息的交流和共享、市场机会与风险的共担，在面对市场与消费者需求转变时只有共同应对、快速反应才符合双方的根本利益。

最后，供应商管理能提高客户或顾客对企业的满意度。供应链管理环境下供应商的选择不再只单纯考虑价格，而是更注重选择能通过共同的努力，实现共同的计划和解决共同的问题；更加强调相互之间的信任与合作，做好供应商管理，选择符合供应商管理要求的供应商能使企业更加注重长远利益，更加为客户及顾客考虑，能够使企业无论在服务上还是技术革新上，都能以客户的需求为导向，最大程度地满足客户需求，提升客户的满意度。

3. 供应商管理思想

在供应链环境下进行供应商管理主要包括以下四种思想：

（1）对供应商的选择和评价是企业优化供应链的重要措施。供应商的评价和选择主要是指企业在对供应商的选择过程中，由于不同时期、不同行业对供应商关注的指标不同，如何拟定全面的供应商评价指标并使用合理的选择方法，对供应商表现进行综合评价，来选择适合企业的最佳供应商。供应链管理环境下的供应商评价体系不再仅仅考虑价格和质量这两个传统的关键指标，而全面延伸到供应商能力的各个方面，如交货能力、流程控制水平、服务水平、信息化水平、财务和资信水平等重要指标，并更加注重企业与供应商之间长期合作关系的培养和建立。

（2）更加注重于供应商之间的关系管理，与供应商建立一种长期的、互惠互利的战略合作关系。为了使企业在市场中保持长久的竞争力，必须与自己的供应商队伍建立长久而可靠的战略伙伴关系。这种合作关系保证了企业和供应商之间能够有合作的诚意和共同解决问题的积极性。合作的目的是实现双赢或多赢，必须建立在相互信任和信息共享的基础上。但不可能对所有的供应商都采取同样的关系管理，对所有供应商一视同仁会造成管理成本和时间的上升。所以，企业必须根据自己的需要，与供应商建立不同的关系，并应该建立不同层次的供应商网络，并在与供应商的合作中考评供应商并不断减少供应商的数量，加强与服务、信誉及各方面能力良好的供应商建立合作伙伴关系。一般而言，供应商数量越少越有利于供需双方长期和稳定的合作。制造商应该根据自己的情况选择适当数量的供应商，建立更为有效的供应商网络，维护好与供应商的关系。

（3）建立与供应商的同步化运营，增强供应链管理的敏捷性。增强供应链的同步化运营设计，企业应该更多地参与到供应商的一些环节，如制造商应该参与供应商的设计和质量控制过程，并提供信息反馈和技术支持，共同制定有关产品的质量标准等，使需求信息能更好地体现于供应商的业务活动。

（4）激励供应商参与企业的一些环节。如助企业拓展市场；从原料上保证企业产品的高质量并提高企业的售后服务；基于客户的需求，从原料上保证企业能够不断改进产品和提高服务质量；对制造商的问题做出快速反应；及时报告所发现的可能影响客户服务的内部问题；在满足自身能力需求的前提下，提供部分能力支援制造商。

（三）库存管理的基本概念和方法

1. 库存管理的基本概念

库存是指一个组织所储备的所有物品和资源。库存的主要形态包括原材料库存、零部件以及半成品库存、产品库存等三大类。库存的主要作用在于：保持生产运营过程的连续性、增强生产计划的柔性、分摊订货成本、快速应对客户需求、满足用户订货需求的变化等。对企业来说，库存也存在着硬币的另一面，它发生库存成本，占用了企业大量资金，减少了企业利润，掩盖了企业生产运营中可能存在的问题，甚至导致竞争性亏损。

库存管理是供应链管理的重要内容之一，库存管理就是对库存资料的管理。它是以控制库存为目的的各种操作过程的集合，是对企业库存进行的计划、协调、管理和控制的工作。库存管理主要包括库存成本管理和库存控制管理。库存管理的目标就是依据企业生产计划的要求和库存状况制订采购计划,在保障供应的情况下尽可能地降低成本。并根据实际情况制定库存控制策略,做好库存计划的执行与反馈修改工作,以达到使库存始终保持在合理的水平,以减少资金的占用,提高资金使用率,提高人员的工作效率。

供应链中的不同成员存在着不同的目标,这些目标可能相互冲突。当供应链系统没有系统协调时,供应链各成员只会为自身利益的最大化而行动,这导致供应链整个系统的库存重复建立,无法使整个供应链达到最优。为了实现整条供应链的最优,供应链成员应该协调各自的行为、建立信息共享、利益共享、风险共担的战略联盟。这种双赢的、新型的合作伙伴关系,为供应链的库存管理提供了新颖的、突破传统的管理方法。

2. 供应链库存管理方法

在供应链环境下进行库存管理主要包括以下三种管理方法:

(1)供应商管理库存。供应商管理库存(Vendor Managed Inventory,VMI)系统有时也称为"供应商补充库存系统",其是指供应商在用户的允许下管理用户的库存,由供应商决定每一种产品的库存水平和维持这些库存水平的策略。VMI是建立在客户—供应商合作伙伴关系基础上的供应链库存管理方法,充分体现了供应链的集成化管理思想。供应商与其客户企业进行信息交互,构建信息共享平台,不仅能够降低整条供应链上的库存水平和成本,还可以加速资金和物流的周转,更快速地应对市场和客户的需求变化,达到使供需双方共享利益,实现"双赢"的目标。

(2)联合库存管理战略。联合库存管理是建立在经销商一体化基础之上的一种风险分担的库存管理模式。与VMI不同,它强调供需双方同时参与,共同制定库存管理、控制计划,使供需双方相互协调统一。在联合库存管理模式下,供应链上任何相邻节点需求都是由供需双方相互协调的结果,库存管理不再是以往各自为政的局面,而是真正使库存管理成为供需双方相互连接的桥梁和纽带。

实施联合库存管理要具备以下几个条件:①制造商与供应商应建立供需协调的管理机制。制造商要做有责任的企业,要为供应商提供必要的资源与担保,使供应商相信制造商的诚意,配合供应商的工作。制造商与供应商在合作的过程中应该秉承着互利互惠的原则,建立战略合作伙伴关系,并构建共同的合作目标和利益分配、激励机制,最终实现风险分担和利益共享。②建立顺畅的信息共享与沟通渠道。应大力使用现有的科技升级并完善供应商及制造商的信息平台,并做好双方信息平台的无缝对接,使供需之间建立一个畅通的信息交流系统,使各经销商协调一致,快速响应用户要求。③不同的供货商之间也应建立充分的信息沟通系统,并建立一种良性的竞争合作关系。制造商应做好位于供应链中的各供应商之间的工作，让他们相信加入系统的必要性，并帮助各供应商做好有效的沟通，尽最大可能地发挥每个供应商的作用，使他们在自己的领域为供应链的整体优化及供应链上各企业的共同利益发挥自己的作用，实现联合库存管理的目标。

（3）多级库存优化与控制。多级库存优化与控制是对单级库存控制的进一步发展，它是对供应链资源的全局性优化的库存管理模式。多级库存控制一般至少包括供应—生产—分销三个层次，实施多级库存控制的方法主要有分布式策略和集中式策略两种。分布式策略，是把供应链库存控制分为三个成本中心，即制造商成本中心、分销商成本中心和零售商成本中心，各自根据其库存成本制定优化控制的策略；集中式策略由核心企业依据实际情况制订整个供应链的库存计划，考虑供应链上各相关企业间的库存关系，通过系统协调的方法来进行优化。

实施多级库存优化最重要的是明确控制目标，从而达到供应链库存成本的最小化，即在存储成本、订货成本、缺货成本、运输成本等成本之和达到最小的基础上协调供应链上相关企业的库存水平。在当今越来越复杂、激烈的市场竞争环境下，供应链库存管理更强调敏捷制造和基于时间的竞争及最大限度地快速满足客户需求。但是，无论是基于成本控制的库存管理还是基于时间控制的库存管理，都要体现多级库存控制的库存管理思想，特别要注意的是，在录入库存信息时都要采用"级库存"的概念。即在供应链环境下，各相关企业的库存应等于这一企业现有库存加上转移到或正在转移给供应链上其他企业的库存。在检查库存状态时不仅要检查核心企业的库存数据，而且要检查与这一企业相关的下游需求方的库存数据，这样可以避免信息扭曲现象，减少不必要的库存，提升整个供应链的运作效率。

（四）供应链战略合作伙伴关系

1. 战略合作伙伴关系的定义

供应链战略合作伙伴是指一种基于高度信任，供应链成员间共享竞争优势和利益的长期性、战略性的协同发展关系，它能对外界产生独立的、积极的深远影响。建立供应链战略合作关系不仅能够给合作伙伴，还能给客户带来多方面的益处。

建立供应链成员之间的战略伙伴关系是建立、完善整条供应链管理体系的重点。在现代化的供应链管理环境下，建立供应链成员的战略伙伴关系可以更大地发挥供应链的效用，以达到提高供应链的运作效率、节省供应链的运作成本、减少各参与企业的重复建设和无端浪费，更能降低整条供应链的库存水平、增强供应链参与成员的信息共享程度、顺畅供应链成员的相互沟通、熟悉供应链各成员的操作模式并保持其操作的一贯性以减少相互磨合的时间,并能使整条供应链产生更大的竞争优势,从而实现改善并提高供应链各相关企业的财务状况、产品质量、公司产能、交货期、用户满意度和业绩等。在日益惨烈和复杂的竞争环境下,供应链成员间的战略合作关系强调直接的、长期的、诚信的合作,更加强调风险共担和利益共享。

2. 如何建立战略合作伙伴关系

供应链系统运作的有效性取决于供应链上各相关企业间的配合程度和合作伙伴关系的协调程度,只有具备良好合作伙伴关系且各节点配合默契、相互协调的供应链系统才能发挥其最大的效用。在供应链管理系统中只有充分发挥核心企业的主导作用,加大与供应链各相关企业的合作力度,做好供应链各相关企业间关系的风险识别和风险控制,才能最终实现供应链企业间的双赢甚至多赢。

(1) 平等对待供应链上的各相关伙伴,并尊重供应链上各企业的企业文化,确保供应链上各企业间的相互信任。在供应链上无论是处于主导地位的制造商还是处于辅助地位的供应商、销售商和运输商等其他相关企业,都为供应链系统的整体运作付出了自己应尽的努力。所以处于主导地位的企业要想获得其他相关企业的信任和尊重,并保证整条供应链的协调有序,就必须一视同仁地对待供应链上的各相关企业。这就要求制造商要做到:①合理分配整条供应链运作成果。天下熙熙皆为利来,天下攘攘皆为利往,任何企业做出任何策略首要考虑的都是自身企业的利益。供应链上的所有企业之所以选择构建供应链,其根本目的就是为了获得利益,利益的种类可能不同,如成本的减少、利润的提高、企业市场风险的降低及市场竞争力的增强等,无论哪种,供应链上的企业选择建立供应链必有其内在的利益需求,并在充分发挥各相关企业优势的基础上达成目标,为保证供应链的长期性和供应链上相关企业管理的牢固性,在分配利益时必须要做到公平,这样才能保证合作伙伴关系的牢固和供应链的持续效益。②尊重合作伙伴,并尊重合作伙伴的企业文化。供应链上的相关企业在进行业务联系或其他磋商时,无论对整条供应链效益的贡献是大是小,都应尊重自己的合作伙伴,更应尊重对方的企业文化,只有在相互尊重的基础上,各企业才有相互合作的基础,才能保证合作伙伴关系的牢固。③责权明确。无论是单个企业也好,联合机构也罢,只有权责明确才有助于工作的开展和业务的进行。在供应链上尤为如此,供应链上各成员只有明确了权责才能更好地相互协作、更好地开展工作,才能避免指挥混乱或只争利益而无人履行义务的情况,才能保证整条供应链系统的运行顺畅。

(2) 应运用合理的控制措施。合理的控制措施的运用能够有效地防范供应链上的相关风险，也能够有效地管理供应链上的不同主体。合理的控制措施包括制定完善的合同制度并签署完备的合作合同，以明确供应链上各成员的权利义务关系，保证供应链的有效运行，减少供应链成员间因合同问题引起的相互扯皮和破坏战略合作关系的可能。

合同条款的设置应具有一定的柔性，应该充分考虑合作伙伴的工作及市场变化等相关情况，争取让每个供应链上的相关企业都满意，并明确对合作企业的奖惩情况，争取做到任何涉及相关企业的决定都能有理、有据、有节，从而保证奖惩制度的落实和照顾相关企业的情绪。

在供应链运营的构成中应做好动态检查，消除可能存在的风险，保证供应链运营的效率，对不能达标的合作伙伴应及时做好信息反馈，并限期整改，对多次屡教不改或技术水平无法与供应链相匹配的企业应果断剔除，保证其他相关企业的利益不受损，并保证整条供应链的运营效率。

(3) 构建信息交互平台，顺畅供应链企业间的信息共享。对于供应链间企业伙伴关系的维护首先要做到的是信息沟通的顺畅，各相关企业在信息共享、充分沟通的基础上进行合作，有助于增强供应链各企业间的伙伴关系、保证供应链运营的更加有效。

一般来说，制造商与供应商之间做好信息共享和充分沟通有助于制造商和供应商及时发觉客户需求的变化和市场信息的调整，能够使双方及时采取应对措施，避免受"牛鞭效应"的影响；销售商共享制造商的订单状态、配送计划等信息，可以做到准确把握产品的交货信息，更有利于提高销售的效率和效益。积极利用先进的信息技术，构建信息交互平台，努力提高信息传播的效率和效益，并作好各种信息的及时反馈，能够大幅度地降低因信息交流后相互沟通不畅所引起的供应链上相关企业间的矛盾和隔阂，能够大幅度地降低合作伙伴间的风险，保证供应链的有效运行。

(五) 绿色供应链管理

1. 绿色供应链管理的定义及意义

绿色供应链是"一种在整个供应链内综合考虑环境影响和资源效率的现代管理模式，它以绿色制造理论和供应链管理技术为基础，涉及供应商、生产厂商、销售商和用户，其目的是使产品从物料获取、加工、包装、仓储、运输、使用到报废处理的整个过程中，对环境的影响（负作用）最小，资源效率最高"。绿色供应链就是对产品生命周期中的每一个环节都要尽量关注，以做到尽量减少在产品设计、原料采购、生产制造、包装运输等各个环节对环境可能造成的负面影响，并提高在供应链所有环节中对资源和能源的有效利用效率。在绿色供应链管理中集成管理的思想与系统思想都得到了充分体现,绿色供应链管理的思想已经逐渐得到学术界的重视,并在很多企业中达成了共识。例如,GM、NIKE等全球知名企业已经在绿色供应链管理方面取得了卓有成效的成果。

绿色供应链对改善全球生态环境来说是一个很好的机会。首先,绿色供应链涉及面广,波及范围大。如果在供应链上的每个环节都能做到进步一点,通过供应链上所有相关企业的共同努力,对全球环境改善将有着至关重要的作用。其次,供应链上的相关企业较多且供应链是一条利益相关的链条,供应链上的企业是一个利益同盟。如果在供应链的每一个环节上都加入绿色环保的要求,将比政府的环保政策和法律法规更有作用,毕竟利益是环环相扣的。

绿色供应链管理体系还可以构建一个三赢的体系,首先,可以改善全球的环境,减少供应链各环节的污染,提高供应链上资源和能源的利用效率;其次,对于消费者来说可以买到更加放心实惠的产品;最后,企业还可以通过构建绿色供应链管理体系,对供应链有更准确的认识,准确把握供应链的每个环节,可以进行更好的改善。

2. 绿色供应链切实可行需具备的条件

使一个完整的绿色供应链体系切实可行需具备以下四个条件:

(1) 构建绿色供应链管理体系不能是迎合需求、改善形象而提出的面子工程,它应该有切实可行的办法和严谨的、科学的考评手段及管理指标。要充分考虑在构建绿色供应链管理体系的过程中所选择的方案可能对周边环境和人员产生的各种影响、供应链上的资源是否得到了充分的利用、能源是否得到了有效的节约、废弃物和排放物应采取何种方式进行处理和回收、对环境影响是否做到了真实、有效的评价等。

(2) 制造商必须与供应链上的所有企业构建牢固的合作伙伴关系,并对供应链上的所有企业深入了解。如果不能与供应链上的相关企业建立良好的关系并充分了解相关企业的话,则制造商就很难把握供应链各个环节对环境的影响程度,无法控制或是影响在供应链各环节上对环境产生最大影响的企业,也就很难建立有效的绿色供应链管理体系。这就要求企业在构建供应链时就应该充分利用当下的先进技术完成对合适的合作企业的搜寻,并建立良好的信息交流平台,增进供应链企业之间的联系,并建立良好的战略合作伙伴关系,以实现供应链上企业间的资源共享和优化组合利用,减少重复劳作、节约资源,为建立绿色供应链管理体系打下坚实的基础。

(3) 必须有切实可行的知识和技术上的支撑来帮助企业打造绿色供应链管理体系。在绿色供应链管理体系中物流不在再仅仅是普通的原材料、中间产品和最终产品的传统物流,更是一种"绿色"的物流。在供应链所有环节中产生的废品，无论是在生产环节中产生的废品、废料还是在运输、仓储、销售过程中产生的损坏品及被用户淘汰的、过时的产品等均须回收处理。所有废品经回收处理后可以进行再利用，或者作为原材料重复利用，进而可重新销售，绿色供应链没有终止点。在此过程中需要大量的知识、技术支撑整条绿色供应链的有效运行，这就需要企业在加大自主研发的基础上更应注重相互取经，尤其是先进企业更应该对其他企业提供帮助，为全球环境的改善作出应有的贡献。

（4）绿色供应链管理体系的构建离不开内部的监管、评估体系，并且需要第三方的外部审核。内部的监管、评估体系可以保证绿色供应链管理系统的平稳、持续运行，并可以有效地评估绿色供应链系统的进展，为总结经验和改善不足发挥自己的效用。而外部的评估更有公信力，能够更好地从第三方的角度帮助企业总结经验和面对不足，从而有利于绿色供应链管理体系的有效运行。

（六）物联网

1. 物联网的定义

物联网（The Internet of Things）指的是将各种信息传感设备，如射频识别（RFID）装置、红外感应器、全球定位系统、激光扫描器等装置与互联网结合起来而形成的一个巨大的网络。它使所有物品都与网络联结在一起，系统可以自动、实时的对物体进行识别、定位、追踪、监控并触发相应事件。物联网与互联网相对，但不同于互联网，物联网是物物相联的互联网，用于实现智能化识别和管理：首先，物联网的核心和基础仍然是互联网，是在互联网基础上的延伸和扩展的网络；其次，物联网的用户端基于任何物品与物品之间，进行信息交换和通信。

2. 物联网的应用前景

"物联网"概念的问世打破了之前的传统思维。过去的思路一直是将物理基础设施和IT基础设施分开，而在"物联网"时代，钢筋混凝土、电缆将与芯片、宽带整合为统一的基础设施，在此意义上，基础设施更像是一块新的地球工地，世界的运转就在它上面进行，其中包括经济管理、生产运行、社会管理乃至个人生活。

"物联网"被称为继计算机、互联网之后世界信息产业的第三次浪潮。业内专家认为，物联网一方面可以提高经济效益，大大节约成本；另一方面可以为全球经济的复苏提供技术动力。有机构预计10年内物联网可能大规模普及，这一技术将会发展成为一个上万亿元规模的高科技市场，其产业要比互联网大30倍。

3. 物联网技术的应用对供应链管理的影响

物联网技术在供应链管理系统中的应用主要会对供应链管理系统产生以下四

点影响：

（1）能够使企业更准确地把握消费者的需求动向，满足消费者日益变化的消费需求。当今的市场竞争就是争夺消费者的竞争，应用物联网技术能够及时地发现消费者的需求动向，并及时进行生产调整，满足客户日益个性化的需求，其将在企业争夺市场占有率上起到至关重要的作用。

（2）在供应链管理中应用物联网技术能够大大地提高供应链系统的可视性及供应链管理的信息透明度，使供应链内资源得到有效利用，避免无序、重复生产。以达到在尽可能减少成本的情况下，更加快速、及时、准确地响应客户的需求，从而达到提高供应链整体竞争水平的目的，增强整条供应链的运作效率。

（3）物联网技术可以优化供应链管理的成员，减少供应链的库存量。供应链管理复杂性的直接原因是供应链上成员类型的复杂性和数量较多。通过利用物联网可以最大限度地实现供应链成员间信息共享，并可以充分协调供应链成员的作业计划，从而完成对供应链更有效的集成。应用物联网技术的供应链管理系统被高度优化，可以对合作企业进行及时的评估，在运行过程中可以及时剔除不适合的供应链成员，寻找合适、优秀的伙伴；建立统一的标准，更好地管理供应链的各个环节；对供应链进行整体监控，提高供应链的运作效率。

（4）运用物联网技术可以实现供应链管理与质量控制的智能化集成。供应链管理涉及产品生产的各个环节，每个环节都至关重要，任何一个环节出现问题都将影响产品的最终质量。在物联网技术在供应链管理上得到充分利用后，企业可以实现对产品生产全过程的实时跟踪。通过在每个环节上实现对产品的智能化管理，可以加强对产品质量的控制及追踪，保证企业能够提供尽可能高品质的产品。

运用互联网技术可以使企业更好地为客户服务，从而帮助企业打造服务化供应链。大多数公司在构建和完善供应链管理的过程中更多地把时间和精力集中到了加强资本投入以及采购、物流和生产等上游流程上，却忽视了客户满意度、市场需求的变化等下游流程。面对客户需求的变化，企业可以充分利用物联网技术，在保证采购、物流和生产等上游流程稳定的基础上，通过有效监控商品流动情况，及时读取客户需求的变化，实施基于产品的增值服务，切实提高客户对企业产品的满意度和企业的竞争力。

总之，物联网形势下的企业供应链管理将呈现出利用基于物联网的信息系统，将供应链管理与质量控制进行智能化集成以实现供应链管理的高度敏捷化和集成化，以产品服务化的理念结合更加优化的供应链成员、更小的供给库规模和更快地反应速度满足顾客日益个性化的需求，提高整个供应链价值的发展趋势。

三、印刷企业供应链管理的现状分析

(一) 我国印刷企业的现状

现代印刷是一种为社会全方位服务的加工工业。一个国家的印刷总量主要取决于两个因素：国民经济的发展水平和人口数量。下面谈一谈中国印刷工业的现状：

1. 印刷总产值及印刷设备产值

2003~2011年印刷总产值及印刷设备产值情况如表6-1所示：

表6-1　2003~2011年印刷总产值及印刷设备产值　　单位：亿元

年份	2003年	2004年	2005年	2006年	2007年	2008年	2009年	2010年	2011年
印刷总产值	2309	2800	3100	3800	4400	4750	5150	7700	8500
印刷设备产值	68	98	110	150	175	160	150	180	—

从表6-1我们可以看出，从2003年开始印刷产业的总产值呈逐年上升的趋势，印刷设备的产值虽然在2008年、2009年时因受金融危机的影响有较大的回落，但总体趋势还是在稳步增长的，说明印刷产业在国民经济中所占的比重越来越重，印刷产业已成为了国民经济的重要组成部分。

2. 印刷设备进出口情况

2005~2011年印刷设备进出口情况如表6-2所示：

表6-2　2005~2011年印刷设备进出口情况　　单位：亿美元

年份	2005年	2006年	2007年	2008年	2009年	2010年	2011年
进口	16.69	16.30	14.57	17.30	14.21	22.95	25.85
出口	4.01	5.31	5.00	9.81	5.90	10.96	12.51

印刷设备的发展需要大量的技术作为支撑，虽然我国是传统的印刷大国，并首创了活字印刷术，但在现代印刷技术的发展中，我国处于相对落后的地步，大部分先进的印刷设备都是从日本和德国进口的，虽然最近几年我国也在大力发展印刷设备技术，但相比进口来说，出口所占的比重仍然较小。我国的印刷设备技

术还有待提高。

3. 各印刷类别情况

2010年各印刷类别占印刷总量百分比情况如表6-3所示：

表6-3　2010年各印刷类别情况及占总量百分比情况

印刷类别	2010年亿元	占总量的百分比（%）
印前	280	4.86
书刊印刷	1010	17.53
包装装潢印刷	2000	34.72
本册印刷	180	3.13
商业印刷	210	3.65
外贸印刷	566	9.81
标签印刷	160	2.78
丝网印刷	120	2.17
大型广告	65	1.13
其他印刷	565	9.81
合计	5760	100

从表6-3可以看出，我国印刷的类别主要包括印前、书刊印刷、包装装潢印刷、本册印刷、商业印刷、外贸印刷、标签印刷、丝网印刷、大型广告等。在众多的印刷类别中包装装潢所占的比重最大。

总之，我国印刷市场的潜力巨大，并在国民经济中所占的比重越来越大，印刷企业大有可为。

（二）印刷企业供应链管理的特点

随着科技的进步、经济的发展以及全球竞争的日益激烈，消费者需求的多样化不断增强，导致产品的生命周期不断缩短。印刷行业也正面临着缩短交货周期，提高产品质量和服务水平，降低经营成本等方面的压力。另外，随着社会分工的深入及细化，全球一体化程度的不断增强，企业间的相互依存度日益提升，各企业已不再仅将目光局限于企业内部资源管理和优化配置，更是将触角转向了更广阔的层面，凡是与企业有关系的资源都将纳入企业资源管理的范畴。印刷企业也不可避免地与其他企业发生着密不可分的关系，并建立以自己为核心的供应链管理系统，以印刷企业为核心的供应链管理体系呈现着自己的多样特点。

印刷术在我国发展史上占有相当重要的地位。对于一个印刷企业来说，它并不仅仅是以盈利为目的，同时它还肩负着传递思想、文化等方面的作用。随着我国经济发展和人民生活水平的不断提高，对文化的需求也日益增强，尤其是随着信息化社会的到来以及人们审美观念、欣赏水平的不断提高，这一切都促进了印刷企业的迅速发展。印刷业已经成为社会进步、经济发展至关重要的一环。了解印刷企业的供应链管理，抓住印刷企业供应链管理的特点，对于发展印刷企业，使其更加适应日益激烈的市场竞争有着至关重要的作用。印刷企业的供应链管理呈现以下几方面的特点。

1. 供应商管理方面

印刷企业印刷所需原材料除纸张外，油墨等物资都为专用品，且不易保存。且印刷企业产品的时效性较高，这就要求供应商必须缩短其供货周期，这就加大了整条供应链管理的难度，导致在以印刷企业为核心的供应链管理系统中所需要的供应商数量非常庞大，且供应商的种类也很多。众所周知，供应链管理复杂性的直接原因就是供应链上的相关企业数量较多，不易管理，这一点在以印刷企业为核心的供应链管理体系中表现的尤为突出。而且在以印刷企业为核心的供应链管理中，原材料的成本比重较高。这就要求加强对原材料的采购供应管理，做好对供应商所供产品的价格和质量认证，认真筛选供应商。所以做好供应商的选择和管理是印刷企业供应链管理的关键一环。

2. 制造商管理方面

一方面，印刷企业大多是按订单组织生产，印刷企业生产的成品大多只能专属于某一客户，不能更换和处理。这就对每项订单的生产、专项跟踪、管理、核算提出了严格的要求。另一方面，印刷产品的品种本来就繁多，由于大多数产品都是按订单组织生产，订货量无论大小，都要分别对待，这就导致生产安排及核算工作量大；还有基本每个客户的产品都要定制生产，都要有针对客户的需求进行工艺、工序的设计，这就对印刷企业产品生产、设计的能力提出了较高的要求。此外，几乎所有客户对定制的印刷品都提出了较高的时间要求，如果不能按时完工、交货，可能导致客户拒收并根据合同追究制造商的相关责任，生产出来的产品如果被拒收则只能报废，会给企业造成较大的经济损失。这就对生产安排以及质量保证提出了很高的要求。对于处于供应链核心的印刷企业来说，如何做好内部管理，优化内部资源，又快又好地服务于顾客对整条供应链来说起着至关重要的作用。

3. 库存管理方面

印刷品的库存保管与其他产品较为不同。首先，印刷品如果长期存放可能会发生化学变化，影响品质，所以应尽量减少库存。这就要求产品库存管理历史记录必须完备，并要求进行有效期管理。其次，印刷品在保存上对产品的安全性有较高的要求,印刷企业生产的产品大多都是根据客户的需求进行定制生产的,而许多客户定制的产品是受商标法等法律保护的,因此生产的产品无论是在原料构成方面还是在产品生产过程中甚至是成品以后都要求进行严格的安全保证。这就要求在供应链的所有节点都要做好保护工作,并加强产品生产过程中的现场管理和原料、半成品及成品的入库管理。要求做好及时清点和入库,历史记录要完备准确。最后,印刷企业的生产必须按客户订单进行,这就导致生产车间不可能用下一批生产的产品来冒充上一批产品,使得生产过程的消耗可能要到不再生产该类产品时才反映出来,从而难以准确考核。这就加大了原材料库存管理的难度。要做到真实反映生产消耗,就要求加强对生产过程的管理控制以及订单完工时的及时核算,这需要准确的历史记录和异常控制分析,以便及时做好库存的调整,尽量较少库存、缩减成本。

(三) 印刷企业供应链管理的发展趋势

1. 绿色供应链管理思想

随着时代的发展,人们对环境的重视程度日益提高,绿色印刷在印刷企业中如何体现、如何促进印刷企业的生产与生态环境的协调已经成为印刷企业不得不直面的一个问题。

随着信息技术和数字传媒的大力发展以及公众的环保意识的日益提高,无一不冲击着传统印刷企业的生存空间。公众及政府在面对印刷行业与环境之间的冲突时,已不再是仅仅要求印刷企业做好废物处理,更要求印刷企业革新技术,减少废弃物的生产,做到绿色印刷并在整条供应链管理上做好绿色管理。在政府法令、公众压力及企业的社会责任感等多重因素下,印刷企业打造绿色供应链管理体系、进行绿色印刷已经是迫在眉睫的选择了。这就要求印刷企业要重新定义印刷企业的供应链管理,调整印刷企业供应链流程,把环境问题融入整个供应链,打造自己的绿色供应链管理体系,并把环保意识渗透到供应链的各个环节,运用供应链的独特作用,影响与印刷企业相关的供应链上各个环节的企业,共同维持、运行并完善绿色供应链管理体系。

2. 智能化技术的应用

随着网络的发展和信息化时代的到来,印刷企业的供应链管理技术也在不断向智能化和多样化的方向发展。如物联网技术的应用,能够及时对产品进行跟踪,无论是在原材料阶段还是在产品生产阶段或产品库存阶段,甚至是产品到达消费者手中之后都能进行及时的信息追踪和反馈,为整条供应链的有效运行提供详尽的信息支撑。再如智能化网络集成器的运用,它能检测未来供应和需求的不匹配,识别多层供应商中的潜在问题。对有问题的公司提出警告,并为问题的解决提出可行计划或途径,从而通过智能化推进供应链管理系统,促使供应链管理的有效运行。同样,在充分了解印刷企业供应链成本的基础之上,如何做好印刷企业产品和服务的价格及相关的税收优化工作、如何将反映按不同的产品类型和顾客划分所获得的收入进行优化、如何将价格决策和供应链决策很好地集成,将是一个很重要的命题。而智能化的出现将成为沟通价格和供应链管理的桥梁,价格和税收管理就是在供应链管理中运用职能化管理的一个产物。

智能的运用可以使印刷企业供应链管理与产品质量控制更好的集成。产品质量的竞争是当代企业市场竞争的一个重要因素,印刷企业也不例外。制作精良的印刷品更容易打动客户抢占市场份额,甚至可以帮助印刷企业跳出竞争的红海。质量控制在印刷企业供应链管理中也被看做是重中之重,印刷企业的产品大多都是定制生产,若因为质量不过关而导致客户拒收,将造成整条供应链的巨额损失。因此在印刷企业供应链管理体系中要做好供应链中所有节点的质量控制,这就意味着在供应链中全部企业必须使用相互兼容的质量体系、模式和工具。ISO9001 质量管理体系是在供应链中巩固产品和服务质量的最有希望的系统。实现 ISO9001 是印刷企业在供应链中能够得到可接受的产品或服务的基本保证。

智能化将容许印刷企业供应链管理技术进行自动设计协作。设计思想、新产品概念、设计和制造接口、新材料使用、可选物料清单和市场接收等都可以通过电子市场来帮助交易,从而大大节省了人力和物力,有利于整个印刷企业供应链成本的减少,提高印刷企业供应链的运行效率。

四、印刷企业供应链管理存在的主要问题

基于我国印刷企业的现状,并不是每一个企业都有能力实施供应链管理。现代印刷企业供应链管理是基于 Internet 的虚拟供应链管理,它将供应链管理的理论集成于互联网之中,将传统的商务物流电子化、数字化,以电子流代替实物流。这除了企业本身应具备一定的规模外,还应具备庞大的网络设备、软件资源、人才资源等各方面条件。此外,较高的管理水平也是应该具备的重要条件。因此,印刷企业实现供应链管理并非易事,主要存在以下几方面的问题。

(一) 从印刷企业自身角度来看

从印刷企业自身角度来看,印刷企业供应链管理主要存在以下四个方面的问题:

1. 管理观念问题

企业往往对自身使命、价值缺乏正确的认识。印刷企业的使命和价值与其他行业略有不同，它除了要满足客户的需求外，还担负文化传播和社会精神文明发扬的重任。所以印刷企业的价值就是要在满足根据客户的要求为客户提供符合客户各项需求的产品及其相应的服务、扩大企业的市场份额、获取客户信任的同时，还要担负起社会所赋予印刷企业的独特责任。

印刷企业的产品生产大多是根据客户的定制进行生产的，这就要求当客户的经营环境发生改变时，处于供应链核心地位的印刷企业能够通过协调合作伙伴的积极性，使供应链系统具备快速反应市场、尽最大程度满足客户的能力。这就要求印刷企业能够通过快速组合供应链上相关企业的业务流程，加快对客户需求变化的反应速度。印刷企业再也不能遵循传统国企的老的管理理念了，应该迅速适应市场环境的这种变化，积极应对市场的变化。另外，管理理念滞后，机构设置不合理，采购管理缺乏科学性，库存量大，积压资金较多，并缺乏相应的供应绩效考评标准，运输物流规划不合理，且运输成本较高，客户服务滞后，客户关系管理僵化等现象普遍存在，严重影响印刷企业的进一步发展，并严重制约着印刷企业供应链管理的有效性和柔性。

2. 信息化建设问题

随着科技的迅猛发展，信息时代、资讯时代的到来为企业的快速发展、科学管理、寻找商机等提供了非常便利的条件，但是信息化基础薄弱、新技术、新理念的运用匮乏仍然是大多数印刷企业所共同面临的问题。由于现代印刷企业的转型较慢，适应市场的时间较短，大多数印刷企业在生产、经营、管理、运作等方面的变革仍然较为缓慢、滞后，不仅行外人士，甚至许多行内人士仍然没有转变思路，还是将印刷企业视为传统企业，这就导致大多数印刷企业没有将信息化建设的重要性看透，导致印刷企业信息化建设严重滞后。虽然信息化技术已经在印刷企业得到了方方面面的运用，但是，能够完全实现这些信息化建设并充分应用信息化技术的印刷企业依然是凤毛麟角。不少印刷企业已经开始实施这些项目，甚至某些大型的印刷企业也尚处于起步阶段。信息化基础的建设问题严重影响企业现代化发展的步伐，但信息化建设势在必行，印刷企业无路可退。

3. 缺乏一个有效的供应链绩效评价指标体系

在印刷企业中，现行绩效评价指标大多只适用于单个企业内部，评价的对象也仅局限于某个具体企业的内部职能部门或者印刷企业职工个人，这主要表现在三个方面：一是现行印刷企业绩效评价指标的数据主要来源于财务结果，在时间上略为滞后，不能反映供应链动态运营情况和相关联企业的运作效率；二是现行印刷企业绩效评价指标主要是评价企业内部职能部门工作完成情况和企业内部员工的工作效率，不能对印刷企业整个业务流程进行评价，更不能直观、科学、客观地评价整个供应链的运营情况和关联企业的工作效率；三是现行印刷企业的绩效评价指标很难做到对供应链的业务流程进行适时评价、分析和结果反馈，而是侧重于事后分析，因此当供应链的运行出现偏差时，其危害和损失已经造成，并且往往很难补偿。

4. 供应链上缺乏相关人才

供应链管理思想引入中国的时间还相对较短，国内企业界人士对此知之尚浅。印刷企业虽然也已经把供应链管理的思想引进到企业的日常管理当中，但对供应链管理的认识并没有深入，大多仅停留在表面的层次。印刷企业内供应链管理方面的人才更是稀缺，大多数印刷企业内部的员工大都是操作层面的员工或者是销售层次上的人才，缺乏对供应链管理系统的系统认识，对供应链管理方面的智能化认识更是严重缺乏，目前这种情况严重影响了供应链管理思想在印刷企业的发展、传播和实施，更加阻碍了印刷企业参与市场竞争，抢占市场份额的步伐。

（二）从印刷企业供应链上相关企业之间的合作角度考虑

从印刷企业供应链上相关企业之间的合作角度来考虑，印刷企业供应链管理主要存在以下四个方面的问题：

1. 信用体系不健全

有效的供应链管理体系要求供应链上各相关企业必须相互信任，要有诚信。诚信是企业的立足之本，对企业所创造的价值是无形的。对于供应链来说更是要求相互合作的企业之间要有诚信，这是构建有效的供应链体系的基础。而目前我国信用交易的比例很小，在印刷企业中所占份额更小。

印刷企业的供应链与其他企业较为不同，印刷企业的生产主要是产品定制，且定制产品的原材料之间相差较大，很难做到替换使用，而且原材料在整个印刷企业供应链上占到了成本的很大一部分，这就要求在印刷企业供应链中处于核心地位的印刷企业与其相关联的供应商之间应该建立起良好的诚信体系，才能使印刷企业与供应商之间能够做到合作无间，及时应对客户的需求。印刷企业的产品大多是定制产品，且时效性较高，这就要求客户与印刷企业间应该建立良好的信用体系，相互信任及时沟通。制造商应保质保量完工，而客户也应该做到及时汇款，以保证整条供应链的有效运行。当前大多数以印刷企业为核心的供应链都没有建立良好的信用体系，导致供应商与印刷企业间的不信任，从而供货不及时或相互扯皮的事件时有发生；而印刷企业与客户间信用程度也不够，导致沟通不到位、汇款不及时等问题时有发生。这已经成为困扰印刷企业供应链有效运行的一个重要因素。

2. 供应链伙伴关系不牢固

在当前日益激烈、复杂的市场竞争环境下，印刷企业的市场竞争已经不单单是公司与公司之间的竞争，而更多的表现为供应链与供应链之间的竞争。这就要求印刷企业供应链中的每一个环节、每一个节点都必须尽可能的牢固。这就需要印刷企业在构建供应链的每一个阶段、每一个环节都应该尽可能的选择最优秀的公司与之合伙，还需要建立新的适应印刷企业供应链管理体系的商业系统和运作流程，以使产品、信息和资金的流动更为合理、有效。从长远来看，很多高层管理者都认为印刷企业供应链上的相关企业之间应该建立相互信任的战略合作伙伴关系，以更好地实现信息的交换和共享，并进行充分的相互沟通，而且要在所有成员之间分享投资成果，这样才有利于供应链的长远和有效的运行。但是，在目前的印刷企业供应链中很难做到构建牢固的供应链战略伙伴关系，作为印刷企业供应链核心地位的印刷企业大多以商务协作的方式与供应链上的其他企业进行着有限的合作。价格协商导致核心印刷企业向分包商和供应商的订货延迟，进而产生订货信息的中断。同时，来自客户、设计小组、主承包商的订货变动也经常发生。物料的生产按照供应企业的方式进行，却没有考虑真正的装配需求。因此，在整个供应链系统中存在较为严重的浪费问题，但是，这些问题没有得到充分的认识，各企业只关心自己的利益，保证自身业务流程顺利，而忽视了自己行为对供应链上其他环节的影响，从而严重影响了印刷企业供应链管理中各企业间合作伙伴关系的构建，更影响了整条供应链的运作效率。

3. 信息共享困难

有效的印刷企业供应链需要做好供应链上各企业间的信息共享和充分沟通，且要求印刷企业供应链上各节点企业的各个业务接口的相互配合、密切地结合。对于我国大部分印刷企业，特别是中小型的印刷企业来说，由于转型的时间较短，信息化技术的应用不够，与之相关联的企业的规模和技术能力不够，很难构建有效的信息交流平台，不能很好地实现信息共享。因此，印刷企业供应链运作时，供应链上的企业间不能及时分享信息，密切进行业务沟通。这严重阻碍了印刷企业供应链的有效运行和供应链上各相关企业的密切合作。

4. 运作流程集成问题

供应链集成的主要功能在于物流、信息流、知识流与资金流的通畅与便捷。由于各企业的组织结构有所差别，导致供应链的组织结构也有所不同。不同职能部门、不同企业之间在进行信息交换、共享时，很容易造成信息的传播滞后。此外，在印刷企业供应链中所有相关联的企业都是相互依存的，不同企业在规模、技术、文化等诸多方面各有差别，因而会选择不同的供应链模式进行匹配，这也会影响印刷企业同各合作伙伴进行供应链流程的集成。因此，印刷企业在推行供应链管理之前，必须提升企业素质，加强企业规模管理，增进与供应商的关系，进行持续的供应商绩效评价，推进企业信息化建设。如企业 ERP 建设、EDI 技术使用以及互联网的接入。此外，还需要加强客户关系管理，培养客户忠诚度；加强商务协调；重视信息、知识、物资、资金在各企业间流通的及时性与便捷性，以便为供应链系统的改善提供有利条件。

（三）从构建绿色供应链角度分析

绿色印刷目前已逐渐成为印刷企业行业内的共识，在发展绿色印刷的过程中，建立绿色供应链管理体系已成为印刷企业不可避免的任务。

目前，供应链管理的理论日趋完善，对绿色供应链管理的研究已逐渐成为热门。随着经济的发展、社会的进步，人们对环境的要求和重视程度越来越高，绿色生产已逐渐成为政府和民众的诉求，虽然印刷企业才刚刚转型完毕，还有许多内在和外在的问题需要解决，但政府和民众对印刷企业的要求却不会因其内在原因而改变，构建印刷企业绿色供应链管理体系，实现绿色印刷已被提上了日程，但对印刷企业而言，构建绿色供应链管理体系还存在着多方面的困难，主要包括以下几点。

1. 从印刷企业内部及供应链上相关企业而言

首先，大多数印刷企业处于市场竞争的红海，长期面临生存压力，推行绿色理念须自上而下的进行。一个企业如果要想真正的追求绿色竞争力，在绿色供应链中担当社会责任，企业的最高领导人必须有非常强大的理念作用其中。否则是很难达到真正在执行层面上去追求这样一个概念。我国的大部分印刷企业现在还为生存而在忙碌着，很难有这样的魄力和决心去构建绿色供应链管理体系。其次，大部分印刷企业还存在资源浪费现象、生产技术亟待提升。我国大多数的印刷企业在进行生产时还是应用着传统的技术方法和管理流程，在生产过程中浪费、污染等情况较为严重，虽然绿色印刷的理念已经得到了大多数印刷企业的理解和认同，但真正进行绿色印刷和为绿色印刷提高技术水平、生产流程的企业并不多，大多数企业仍处于观望状态，甚至还抱着转型前的心态等着政府的政策和资金，这严重影响了印刷企业构建绿色供应链管理系统的步伐。最后，很难做到对供应链上相关企业的管控，很难做到协同建设绿色供应链管理体系。在构建绿色供应链管理体系中，不管是采购商还是生产商还是其他相关企业都还存在着一定的困难。比如采购商普遍存在不能切实了解所有的供应商的情况，而这些供应商与采购商之间还隔着一些中间商和分销商，那些对环境造成很多污染的工厂，采购商们并不知道。尤其是印刷企业的供应链，印刷企业在生产构成中需要的很多原料如油墨、纸张等，如果印刷企业不擦亮眼睛看着整个供应链系统如何运作，则很有可能与对环境有着严重污染的企业建立伙伴关系。

2. 印刷企业构建绿色供应链管理系统存在着很多障碍性因素

首先是成本问题。构建绿色供应链管理体系，需要对整个供应链体系进行调整，并需要采用大量的、先进的、有益于环境的技术，这无疑将大大地增加整条供应链的成本。其次是信息披露障碍。绿色供应链的运营往往要求其成员提供有关环境因素的信息，这一要求导致供应商将要面对来自客户大量而频繁的审计和问卷调查，不仅可能造成企业与客户因繁琐的报告要求导致沟通的冲突，而且企业具有竞争优势的技术及商业机密存在曝光的危险。最后是技术障碍。对各行业而言，实施绿色供应链对技术的要求是不同的。为了满足减少有毒物质的要求，许多供应商经常发现他们难以找到替代材料，或替代材料无法实现相同的功能与绩效，这客观上为绿色供应链的推动制造了障碍。

3. 印刷企业实施供应链管理的配套环境有待加强

印刷企业实施绿色供应链管理需要基础设施、信息平台、相关政策和一些配套设施。虽然有些印刷企业已经具备了实施绿色供应链管理的条件，但是这些条件还有待进一步的加强。一方面，国家对于碳税收、碳交易制度方面的相关政策还比较少，低碳政策还没有贯彻落实到印刷企业当中，虽然印刷企业已经认识到低碳环保的重要性，但是没有相关政策的支持，使得绿色供应链的实施缺乏保障措施。另一方面，充分而有效的信息是供应链管理成功的关键。印刷企业只有对各方面的信息进行全面准确的把握，才能够寻求供应链的最优化、合理化，从而实现供应链最大利益，才能够快速响应客户需求，抓住机遇发展企业。目前，供应链网络上单个企业对于整合信息技术的应用仍然是个难题，它们仍然面临着信息缺失和难以收集等问题，这无疑给绿色供应链的实施增加了难度。

五、印刷企业完善供应链管理的主要对策

（一）印刷企业应进行内部调整

完善印刷企业供应链管理体系要求作为供应链管理核心的印刷企业做好自身的改造，使其适应供应链管理的要求，这要求其做好以下几点：

1. 根据自身现状，进行企业内部结构调整

所有的企业都是处于一定的组织环境之中的，企业的内部结构对供应链的构

建和运行有着至关重要的影响。印刷企业在构建及实施供应链管理的过程中,应尽力调整企业的内部构架、运作机制使之与外部环境相适应。只有这样,才能促进印刷企业发展,构建运行有效的供应链管理机制,形成良性的互动循环。印刷企业在调整内部结构时可以通过 SWOT 战略分析模型,找出印刷企业自身存在的优势与弱势,以及印刷企业可能面临的机会及存在的挑战,从而明确企业结构调整的方向,使企业内部的供应链管理趋于完善,并能够与外部环境相匹配。

2. 转变观念,诚信经营,树立良好的企业形象

印刷企业建立供应链系统,优化供应链管理,已经到了非做不可的时候,但在我国存在着一些事情它们难以开始或者开始之后运作缓慢,究其原因,存在着这样或那样的借口,但关键还是理念问题。我国印刷企业刚刚转型完毕,但长期以来受到计划经济体制、老国有企业做派和风气的影响,接受新的理念、转变经营方式的困难较大,并且还有较大一部分的印刷企业对于供应链的认识不够深入,管理理念没有及时转变。

我国的印刷企业也应走出"小而全"的误区,克服传统观念,积极参与到供应链管理当中,与供应链上的相关企业建立密切的关系,树立合作共赢的价值观。因此,印刷企业应与供应链上的相关企业建立相互信任、相互依存、合作互利的观念,将有限资源集中于自己的主业中,积极寻找值得合作的战略伙伴,并建立长期的合作关系。因此,我国印刷企业就必须树立良好的企业形象。讲究诚信、提高经营诚信度、合作互利,才能吸引优质的企业,将其融入印刷企业的供应链管理体系中。

3. 加快人才队伍的建设

虽然供应链管理理念引入中国的时间较早,但对于供应链管理的研究还尚浅,企业对于供应链管理的应用也还处于探索的阶段,印刷企业对于供应链的应用则时间更短,还没有较为成熟的供应链管理模式可以借鉴,而企业中更是缺乏供应链管理方面的专门人才,这一点在印刷企业中更是尤为突出。印刷企业刚刚完成转型,对于计算机知识、互联网知识及现代企业管理模式较为熟悉的人才较为短缺,对于适应供应链管理的复合型人才更是匮乏,这大大制约了印刷企业构建和管理供应链并使之有效运行的脚步。

这就要求印刷企业及与印刷企业供应链相关的企业必须改变自己的人才培养模式,加大人才引进及培养的力度,侧重对于供应链管理方面人才的引进,这主要可以通过两方面的途径进行解决:一是印刷企业可以通过与高校和科研机构联合,为其提供科研和实习的场地,通过与高校的交流寻找符合自己要求的人才;二是印刷企业应积极组织培训,在自己的人才队伍中寻找头脑灵活、上进心较强的员工,组织其学习供应链管理的相关知识,在实践中探索真知,培养适合印刷

企业实际的供应链管理方面的人才,以达到供应链管理的要求。

4. 加快印刷企业的信息化建设

供应链管理作为一种新的运作与管理模式,如果没有信息技术、网络技术作支撑是不可能有效运行的。所以如何建立供应链上相关企业间的信息有效、及时沟通的平台是供应链管理的一个关键。印刷企业在构建及实施供应链管理的过程中也应加快自身及供应链上相关企业的信息平台的构建,实现信息交流的及时、有效的无缝对接。在印刷企业供应链管理中,应以印刷企业为核心,充分与供应链上的每个节点企业,甚至是客户做好信息的交流和共享,将其视为一个整体运营的企业。这样可以有效地降低企业库存、缩减供应链成本。通过信息化建设,可以改善供应链上的所有环节,减少不必要的中间环节,避免重复作业及重复建设,大大降低人力、物力、财力的投入,削减供应链上所有企业的成本,增加客户"价值"以及企业反应市场的速度,提高客户满意度。

印刷企业实施供应链管理的实质是通过供应链上相关企业的互补,实现快速开发和制造产品,快速应对市场需求,满足多样化、个性化的市场需求,追寻企业的自我价值和供应链的整体价值。要达到上述目的,就离不开先进技术的支持,尤其是信息技术、网络技术的大力应用。由于我国的印刷企业刚刚完成改制,即使是规模较大的印刷企业,其信息技术和网络技术的应用仍很不到位,与印刷企业相关联的很多企业起步更是较晚,再加上这方面人才较少和技术落后等原因,印刷企业通过自主开发的难度较大,因此可以考虑通过与高校及相关研究所联合,进行信息化建设,并结合自身实际,充分利用政府政策进行供应链管理,充分利用供应链中资源来提升印刷企业自身实力。

(二)印刷企业应加强与供应链各节点企业的相互合作

若要实现印刷企业供应链管理的有效运行,则必须要做好印刷企业与供应链上各相关企业的有效合作,并建立良好的战略合作伙伴关系,这就要求印刷企业及供应链上各节点企业必须做好以下几点:

1. 与供应链上的其他企业建立战略合作伙伴,进行供应链系统的优化与构建

现代企业的竞争已不再是单个企业的竞争,更表现为供应链之间的竞争。印刷企业要想在未来的市场竞争中保有一席之地,就必须建立自己的供应链,并使供应链得到有序的运行。印刷企业在供应链管理过程中,供应链上相关企业的可靠度、合作的协调性将直接关系到整条供应链是否盈利,是否能够满足市场竞争的需求。印刷企业必须以自身为轴心,积极调动供应链上相关企业,整合供应链的内外部资源,加强与供应链上相关企业的协同管理。

在印刷企业供应链中使供应链上的相关企业建立战略合作伙伴关系存在着一个很大的问题。信用问题一直是困扰企业间建立战略合作伙伴关系的重要因数之一，信用体系、信用认证机制的缺失，使中国企业之间很难建立一种信任感，生怕受骗上当。在印刷行业及与印刷行业相关的其他行业中也存在着这样的问题，在这种状态下，印刷企业的供应链管理将很难进行，供应链上相关企业的战略合作伙伴关系也将很难建立和维持。所以，印刷企业实施供应链管理，并使印刷企业供应链得到有效运行的一个基本条件就是信任度，这要从每个企业自身做起。

印刷企业在构建供应链时应该妥善选择供应链成员，并在供应链运行时及时剔除不适合的、没办法建立战略合作伙伴关系的企业。研究表明，在供应链运行过程中的大部分浪费和问题是在供应链的另一端引起，而不是在问题发现地产生的。如果印刷企业选择合作企业不当，不仅会大大降低印刷企业的利润，还会致使整个供应链的运行受到很大的影响，严重时会发生"劣币驱逐良币"，使企业失去与其他优质企业合作的机会，无形中遏制了印刷企业竞争力的提高。选择合适的合作伙伴作为供应链中的一员，是加强供应链管理中最重要的一个环节。供应链中战略伙伴的选择，可以遵循以下原则：战略伙伴必须拥有各自可资利用的核心竞争力，供应链上的各企业形成优势互补；拥有大体相同的企业价值观及战略思想，能够寻找到相同的利益契合点；战略伙伴尽量少而精，双方的实力和规模应相适应。

因此，在确定供应链之后，重组、控制、协调各企业之间的关系，并随时做好供应链上各企业的评估，及时驱逐影响供应链运行的企业，并与优质企业建立战略合作伙伴关系是实现供应链管理的有效途径。

2. 实现供应链上各相关企业间的信息共享

信息共享不畅是制约印刷企业供应链有效运行的一个重要因素，因信息交流不畅而带来的"牛鞭效应"问题在给供应链造成巨大浪费的同时，更会破坏供应链上各企业的战略合作伙伴关系。因此，印刷企业在构建和管理供应链体系时应着重解决供应链上各节点企业间的信息共享问题，具体应做到以下几点：

（1）印刷企业及各节点企业应做好信息化建设。印刷企业刚刚完成改制，新技术、新理念的应用还很不到位，对于信息技术和互联网技术的应用还位于探索阶段。与印刷企业相关联的企业，很多规模较小，受制于资金及技术方面等因素，信息化技术的建设和应用也较为滞后，因此要想使得供应链系统的有效运行则必须投入资金及人力、物力，做好企业自身的信息化建设的问题。

（2）构建信息共享平台，并做好平台的维护工作。印刷企业及相关节点企业在完成自身的信息化建设后，应打造供应链上各企业可以相互进行信息沟通的平台，以确保各企业间信息交流的无缝对接，并做好信息平台的维护工作，确保信息交流的畅通化。

3. 建立用户服务方面的评价标准与激励机制，形成有效的市场响应机制

加强客户关系管理是构建成熟、有效的供应链系统的重要方面之一。随着市场竞争的激励程度的不断加剧，科学技术的不断创新，各种替代品的不断涌现，印刷市场也不可避免地由卖方市场步入到了买方市场，市场占有率的比例，客户资源的多寡已经不可避免地成为了衡量一个企业的标准。特别是对关键客户的把握及是否能与之建立良好的合作共赢的伙伴关系，已经越来越成为很多印刷企业进行客户维护的重点。

印刷企业刚刚改制完成，不可避免地带有很多老国有企业的烙印，部门主义思想泛滥，太多关注本企业的利益而忽略关键客户的感受，并缺乏有效的客户评价指标及激励客户、维护客户的机制，已经成为了制约印刷企业发展的重要障碍。

印刷企业必须更加重视对用户的服务，并建立专门的用户服务评价指标和考核机制，将服务客户作为企业文化，自上而下地进行贯穿和管理。印刷企业在构建和管理供应链时也应该将服务客户思想带入整个供应链，在进行服务考评时不应该仅仅只针对某个企业，而是应该将供应链当做一个整体去考评，把客户当做上帝，将客户的需求放在首位。建立供应链拉式系统，确定需求，按需生产，减少供应链的库存和浪费，并及时与客户沟通，保质保量完成客户需求，并时刻关注客户需求的变化，做好市场的快速反应，实现供应链与客户的共赢。

（三）印刷企业应大力应用物联网技术

当今的市场竞争，实质上就是对消费者、客户的争夺，谁能快速地反映客户，及时地满足客户的需求，谁就能得到客户的信任，甚至借此脱离竞争残酷的红海，打造自己的蓝海，印刷企业也是如此。

在印刷企业供应链管理中应用物联网技术，能够使印刷企业更准确地把握消费者的需求动向，满足消费者日益变化的消费需求，当今的市场竞争就是争夺消费者的竞争。应用物联网技术能够及时地发现消费者需求的动向，及时进行生产调整满足客户日益个性化的需求，对印刷企业争夺市场占有率、提高客户满意度方面起到至关重要的作用。

物联网技术在印刷企业供应链上的应用主要体现在以下几个环节：

1. 运输环节

印刷企业产品的生产主要是根据客户的订货，客户对产品的时效性及产品的数量都有着严格的要求。利用信息共享技术及物联网技术，在运输印刷品的车辆上安装 GPS 定位系统可以使印刷企业及客户及时把握车辆的行驶路线及所处的位

置,如遇突发事件便于印刷企业及时改变运输路线并告知客户,使客户始终准确地把握货物的位置及到达时间做好接货准备;同时运用物联网技术将 EPC 标签贴在运送给客户的货物上及运输车辆上,可以准确地获取所运输货物的基本信息及在途情况,还可及早发现和预防货物在运输过程中丢失或被盗的现象。特别对于价值高的物品、危险易燃的物品、需要封箱运输的物品等,均可采用主动式RFID 技术,将其封装在箱内;如果出现非正常开箱,印刷企业及客户即可获得物品状况,及时报警,减少危害和损失。

2. 仓储环节

在印刷企业供应链管理中,仓储环节是一个重要的环节,印刷企业在生产过程中需要的原料种类较多,且印刷品在保存上对产品的安全性有较高的要求,印刷企业生产的产品大多是根据客户的需求进行定制生产的,而许多客户定制的产品是受《商标法》等法律保护的,因此生产的产品无论是在原料构成方面还是在产品生产过程中甚至是成品以后都要求进行严格的安全保证。应用物联网技术,将产品的基本信息及仓储要求写入将要入库品的 EPC 标签,可以对货物从入库到库存再到出库的全过程做好有效的监控,可以及时发觉原材料的不足或材料的过剩,并对需要特殊保存的产品进行实时监督,有效地提高了产品的安全性,并随着物联网在仓储环节的应用,还可以有效地利用库存空间,降低库存成本,了解库存的情况并及时更新,大大提高仓储管理的科学性和有效性,对降低整个供应链的成本也有着至关重要的作用。

3. 生产环节

印刷企业产品的生产大多是根据客户的需要进行的定制生产,生产的环节及生产的工序都要根据客户需求的变化而变化,这就导致在印刷企业中很难进行标准化的生产,生产管理环节较为薄弱。物联网技术在印刷企业的有效应用,可以克服这方面的不足。应用物联网技术可以实现对产品生产全过程的有效监督,可以及时监控工作点的情况,在遇到突发事件时会及时报警,以便控制产品的质量,使之达到客户的要求。物联网技术还可以实时监控物料的使用情况,当物料不足时及时发出补充物料的信号,大大提高产品生产的效率。

4. 配送、分销环节

印刷企业的生产大多是定制生产,不同产品间很难相互替代,这就对产品配送和分销的速度和准确度提出了较高的要求。而物联网技术的应用,将会使这不再成为一个难题。在印刷品上贴上 EPC 标签,并将产品的基本信息及产品的配送、分销的渠道信息输入其中,将大大提高产品配送和分销过程的准确度,将大大提高配送和分销的速度和效率,并可减少不必要的浪费,也能大大提高客户的满意度。

(四) 印刷企业应构建绿色供应链管理体系

随着经济的发展、社会的进步，人们对环境的重视程度也越来越高。政府及公众对印刷企业的要求已不仅仅是处理好产生的污染物，更是要求印刷企业能够进行绿色生产。在这样的背景之下，印刷企业构建绿色供应链管理体系已经成为了其题中应有之义。印刷企业构建绿色供应链管理体系应给做好以下几点：

1. 印刷企业的上层人士必须达成进行绿色生产的共识

绿色供应链管理体系的构建要想在印刷企业中得以实施，企业老总的观念必须转变，必须有构建绿色供应来管理体系，进行绿色生产的决心，只有自上而下地坚决推行绿色供应链管理体系，其才能真正在印刷企业得以生根发芽。

印刷企业的竞争，实质上就是对客户的争夺。随着文化的进步、信息化时代的到来，客户已不再仅仅关注产品的价格，更加关注产品的质量、商家的信誉及企业社会责任感。印刷企业除了是企业，还担负着文化宣传的重任。印刷企业的上层领导必须深刻地认识到消费者观念的转变和对印刷企业期望的提高，印刷企业只有成为一个负责任的企业，才会拥有众多的客户支持，因此印刷企业的经营者必须树立绿色印刷、坚定构建绿色供应链的理念，为社会作出自己应有的贡献。

2. 印刷企业必须改进生产技术，大力发展绿色印刷

构建绿色供应链管理体系除了要在观念上转变外，更要在技术上进行革新。印刷企业刚刚改制完成，信息化技术及绿色印刷的技术还有待发展，更有许多印刷企业多为中小型企业，本身技术实力就不够雄厚，要想在印刷企业发展绿色供应链，技术的革新将是制约很多印刷企业的关卡。

加强印刷企业绿色印刷能力，更新绿色印刷技术的途径主要有两个方面，首先，应着眼于企业自身现状，对于自身技术实力及资金实力较为雄厚的大型印刷企业，应该更加注重自主开发，发展适合企业本身的绿色印刷技术，并组织培训与学习，锻造适合绿色供应链发展体系的人才。更应该充分利用供应链的整合优势，推动供应链上相关企业的技术革新。其次，对于技术实力相对较弱的企业，应加大人才引进的力度，突破原有国企的桎梏，实行能者上、庸者下的策略，进行人才储备的更新，使企业人才适应绿色供应链的发展。再者，还应加大与科研机构及高校的联系，为专业的院校提供实习及科研场所，实现企业与高校的共赢。

3. 实施印刷企业供应链系统各环节的生态设计

印刷企业的竞争不再仅仅是单个企业的竞争，更是印刷企业供应链之间的竞争。构建绿色供应链管理体系对于印刷企业获得消费者的首肯，得到政府的认

同,有着至关重要的主用。当今的消费者对于环境、健康的关注程度将会日益提高,印刷企业实行绿色供应链管理系统,进行绿色印刷可能会大大增加企业的成本,提高产品的价格,但从市场发展的形式及国家政策的走向可以看出,只要对环境有益,对消费者身体健康有益的产品,即使价格相对较高也会获得消费者的认同,更会得到国家的鼓励。所以实施绿色供应链管理体系有助于印刷企业摆脱竞争日益加剧的红海,进入属于企业自身的蓝海,这更是印刷企业所不可避免的成长之路。

印刷企业要想实施绿色供应链管理,就必须做好印刷企业供应链各个环节的生态设计,供应链是一个有机的整体,只有整体的各个环节都实行绿色生产,才能保证整条供应链的绿色生产。这就要求印刷企业要与供应链上的所有相关企业进行密切的合作,在信息共享、充分沟通并有效控制的基础上保证印刷产品的生产从源头到中间环节再到最后到达消费者手中的所有环节都是绿色的。

实施印刷企业供应链各环节的生态设计可以从以下几个方面入手:

首先,印刷企业应该挑选合适的合作伙伴,印刷企业供应链的构成不是由一两个企业来完成的,可能由多个不同类型的企业共同组成,挑选合适的、符合绿色供应链管理要求的企业作为合作伙伴,将使印刷企业在构建绿色供应链管理体系中事半功倍。其次,选择合适的评价指标,对供应链上所有企业进行绿色评价。选择合适的企业固然重要,更重要的是对供应链上相关企业的管理,在印刷企业构建及管理绿色供应链管理体系时,应该选择合适的评价指标,定期或不定期地对供应链上的相关企业进行抽查,对不符合绿色供应链管理的企业应及时提出整改通知,限期整改。对多次不达标的合作企业应果断剔除,以保证整个绿色供应链运行的效率。最后,应保障供应链上各企业,能够实现利益共享。供应链上所有企业之所以要构建绿色供应链管理体系,除了自身的社会责任感外,更有着利益方面的考量。印刷企业在构建及管理绿色供应链体系时,应做到利益共享,只有这样才能保证绿色供应链的运行稳固和效率,才能保障绿色供应链的持续运行。

六、结 语

在网络技术、信息技术迅速发展的今天,电子商务越来越受到企业的青睐。印刷企业刚刚改制不久,对新的市场竞争形势的适应能力还相对较差,本章主要研究了印刷企业供应链管理的特点,提出了印刷企业供应链管理中存在的问题,并给出了相应的解决办法。本章主要对印刷企业供应链管理自身存在的问题、印刷企业供应链上各相关企业合作的问题及印刷企业构建绿色供应链管理方面的问题进行了研究，并给出了相应的解决办法。但基于篇幅和作者学术水平的限制，对印刷企业供应链管理的问题很难做到面面俱到，尤其是对印刷企业供应链管理各相关节点如何构建战略合作伙伴关系的问题，研究的并不深入，这将是作者以后研究的重点。

　　印刷企业供应链管理的关键在于如何建立供应链各节点企业间的战略合作伙伴关系、如何实现印刷企业供应链上各节点企业之间有效的协作。在日益激烈的市场竞争环境下，在市场竞争由单个企业的竞争到供应链间的竞争转移的前提下，建立供应链上节点企业间的战略合作伙伴关系显得尤为重要。在印刷企业中构建和实施供应链管理体系，并依托供应链管理的思想大力发展网络技术、信息技术，将供应链集成于电子商务之中，实现与供应链各节点企业的信息共享，并建立战略合作伙伴关系，有利于将印刷企业、原料供应商、分销商、客户及供应链各节点企业有效地整合起来，使物流、信息流、资金流、知识流得到充分利用。实现供应链上各节点企业的"共赢"并建立快速的市场反应机制和协调机制，可以使印刷企业在供应链竞争中处于不败之地，甚至帮助印刷企业打造属于自己的"蓝海"。

参考文献

　　[1] 董安邦，廖志英．供应链管理的研究综述 [J]．Industrial Engineering Journal，2002，5 (5)．

　　[2] 迈克尔·波特著．竞争战略 [M]．陈小悦译．北京：华夏出版社．1997：2-32．

　　[3] 马士华，王一凡，林勇．供应链管理对传统制造模式的挑战 [J]．华中理工大学学报（社会科学版），1998 (2)．

　　[4] 陈剑，肖勇波．供应链管理研究的新发展 [J]．Journal of University of Shanghai for Science and Technology，2011，33 (6)．

　　[5] 桑娟萍．关于物联网的供应链管理发展趋势研究 [J]．China Business & Trade，2012 (1)．

　　[6] 高色．基于 EPC 物联网技术的水产品供应链管理体系研究 [D]．中国海洋大学硕士学位论文，2010．

　　[7] 张荣杰，张健．可持续供应链管理研究现状综述 [J]．生态经济，2012 (1)．

　　[8] 韩佳．企业供应链管理存在的问题及改善措施 [J]．现代营销，2012 (1)．

　　[9] 吴清一．现代物流概论 [M]．北京：中国物资出版社，2005．

　　[10] 邓彦．关于企业实施供应链管理的思考 [J]．商场现代化，2006 (9)．

　　[11] 李祝涛．企业供应链管理——以 AZPC 公司为例 [J]．现代企业文化，2012 (11)．

[12] 陈子侠,蒋长兵,胡军. 供应链管理[M]. 北京:高等教育出版社,2011.

[13] 陈仁保,崔强. 我国企业供应链管理发展现状浅析[J]. 经济理论研究,2008(4).

[14] 管晶. 浅谈物流供应链管理[J]. 华章,2011(3).

[15] 高维,吴刚. 现代物流管理导论[M]. 北京:科学出版社,2008.

[16] 祁泽新. 供应链管理在企业物流管理中的应用[J]. 经营管理,2011(4).

[17] 吴双芳. 浅谈现代企业的新竞争模式——供应链管理[J]. 广东交通职业技术学院学报,2012,11(1).

[18] 曾逸群. 浅析供应链管理提高企业竞争力策略[J]. 现代营销,2012(4).

[19] 周晓杰. 浅析如何发展供应链与供应链管理[J]. 商情,2011(25).

[20] 许远明,于明. 供应链管理:大型房地产开发企业的管理创新[J]. 建筑经济,2009(4).

[21] 何美,冯东梅,石振. 基于信息熵的模糊知识发现在房地产供应链合作伙伴选择中的应用研究[J]. 价值工程,2009(1).

[22] 左娜. 基于"直采"的超市生鲜农产品供应链管理研究[D]. 暨南大学硕士学位论文,2009.

[23] 何晓兰. 基于JMI模式的农产品供应链管理研究[J]. 中国管理信息化,2009,12(17).

[24] 张学志,陈功玉. 我国农产品供应链的运作模式选择[J]. 中国流通经济,2009(10).

[25] 杨扬. 中小企业供应链管理的探析[J]. 中国商贸,2010(16).

[26] 林玲玲. 供应链管理[M]. 北京:清华大学出版社,2008.

[27] 刘琼华. 我国中小企业供应链管理分析[J]. 时代金融,2011(5).

[28] 朱伟华. 金融危机冲击下中小企业供应链管理问题及对策研究[J]. 改革与开放,2011(4).

[29] 石利琴,叶春明. 包装印刷企业供应链管理探析[J]. 出版与印刷,2007(2).

[30] 潘振明. 对印刷企业供应链管理整合的思考[J]. 中国印刷物资商情,2006(1).

[31] 王明超,范立霞. 浅析以印刷企业为轴心的供应链管理[J]. 印刷质量与标准化,2011(4).

[32] 王卫宏. 物联网的发展与相关产业价值链[J]. 电信工程技术与标准化,2009(12).

[33] 邓亦涛. 物联网技术在供应链管理中的应用[J]. 物流科技,2010,33(9).

[34] 周敏,师源,徐祯炜,张华. 基于物联网的供应链管理应用研究[J]. 价值工程,2010,29(26).

[35] Simon Croom. Supply Chain Management:An Analytical Framework for Critical Literature Review[J]. European Journal of Purchasing & Supply Management,2000(6):67-83.

[36] Keah Choontan. A Framework of Supply Chain Management Literature[J]. European

Journal of Purchasing & Supply Management, 2001 (7): 39 -48.

[37] Seicuk Erenguc S., Simpson N. C., Asoo J. Vakharia. Integrated Production / Distribution Pl anning in Supply Chain: An Invited Review [J]. European Journal of Operational Research, 1999 (115): 219 -236.

[38] Chen J., Xu H. Y., Liu L. M. Heterogeneous Sales Force Compensation and Price Regulation [R]. Beijing: Tsinghua University, 2009.

[39] Taylor T. A. Supply Chain Coordination under Channel Rebates with Sales Effort Effects [J]. Management Science, 2002, 48 (8): 992 -1007.

[40] Caldentey R., Haugh MB. Supply Contracts with Financial Hedging [J]. Operations Research, 2009, 57 (1): 47 -65.

[41] Erol I., Sencer S., Sail R. A New Fuzzy Multi-Criteria Framework for Measuring Sustainability Performance of a Supply Chain [J]. Ecological Economics, 2011, 70 (6): 1088 -1100.

[42] Bayiikozkan G., Cifo G. A Novel Fuzzy Multi-Criteria Decision Framework for Sustainable Supplier Selection with Incomplete Information [J]. Computers in Industry, 2011, 62 (2): 164 -174.

[43] Carter C. R., Rogers D. S. A Framework of Sustainable Supply Chain Management: Moving toward New Theory [J]. International Journal of Physical Distribution and Logistics Management, 2008, 38 (5): 360 -385.

[44] De Benedetto L., Klemes J. The Environmental Performance Strategy Map: An Integrated LCA Approach to Support the Strategic Decision-Making Process [J]. Journal of Cleaner Production, 2009, 17 (10): 900 -906.